汉语阅读实训教程

Hanyu Yuedu Shixun Jiaocheng

崔凤珍　乌云高娃　主编

高等教育出版社·北京

内容简介

本书是为民族地区编写的汉语阅读实训教程：选文经典，皆是中外名篇佳作；作品艺术性极高，令人爱不释手；针对性强，关注了少数民族学生的文化心理，特意选择了一些与少数民族生活方式等相关的题材。在整体构架上，既有经典的选文，也有相关的注释、拓展阅读等，方便读者了解选文产生的时代背景、作者个人的写作风格及思想等。“思考与练习”板块既注重加深对作品的理解与写作方法的学习，也渗透着爱国主义、集体主义教育以及优秀民族精神的养育。

图书在版编目（CIP）数据

汉语阅读实训教程 / 崔凤珍，乌云高娃主编. -- 北京：高等教育出版社，2019.11（2020.11重印）

ISBN 978-7-04-052848-0

Ⅰ. ①汉… Ⅱ. ①崔… ②乌… Ⅲ. ①汉语-阅读教学-少数民族教育-教材 Ⅳ. ①H194

中国版本图书馆 CIP 数据核字(2019)第 227297 号

策划编辑 姜兰志　　责任编辑 姜兰志　　封面设计 王 鹏　　版式设计 王艳红

责任校对 王 雨　　责任印制 刘思涵

出版发行 高等教育出版社

社　　址 北京市西城区德外大街 4 号

邮政编码 100120

印　　刷 北京汇林印务有限公司

开　　本 787mm × 960mm　1/16

印　　张 20

字　　数 370 千字

购书热线 010-58581118

咨询电话 400-810-0598

网　　址 http://www.hep.edu.cn

http://www.hep.com.cn

网上订购 http://www.hepmall.com.cn

http://www.hepmall.com

http://www.hepmall.cn

版　　次 2019 年 11 月第 1 版

印　　次 2020 年 11 月第 2 次印刷

定　　价 36.00 元

物 料 号　52848-00

编写说明

《汉语阅读实训教程》是大学汉语文课程系列教材之一，大学汉语文课程为第二语言文字教学课程，是针对少数民族学生开设的公共基础实践课程。本教程侧重在教学中突出基础性、针对性和实践性的特点，目的在于使学生学习专业课的同时，注重提高汉语言文字的听、读、说、写等实践能力。

该教材以汉语言的运用为宗旨，致力于培养和提高少数民族各专业学生的汉语言文字综合运用能力，以培养和提高学生适应社会实际生活、工作需要的汉语言文字实践能力——口语表达与书面语表达能力为根本目的，同时增强少数民族学生的人文素养和审美情趣。

本教材在选编时以开阔的视野选取了古今中外的优秀文学作品，又针对少数民族学生古代文学知识薄弱的问题，增加了古典诗歌和散文的篇目，增强学生对中国传统文化的理解。同时也适当选入了民族文学作品，以引发学生的民族自豪感，增强爱国主义情怀。全书共包括五个单元，按照文学体裁分类，精心遴选了古今中外优秀名篇，同时注重吸收当代文学中有着强烈当代意识的文质兼美的作品，接近学生生活，使学生积极地思考人生、思考社会，进一步拓宽视野，增广见闻。教材的作家简介、注释、练习均与学生的自主学习紧密结合，以开放性的思考与练习设计，引导学生主动去学习课外的相关知识，力求充分发挥学生的主观能动性和自主创新能力。

我们希望以此教材为出发点，让广大学生进入汉语阅读的广阔空间，夯实学生的汉语言知识，增强人文素养和审美能力，提高个人综合素质和综合学习能力，树立正确的人生观、价值观。

本教材由五个单元构成，编写任务分工如下：

第一单元、第二单元由崔凤珍编写，第三单元由李萨如拉编写，第四单元由乌云高娃编写，第五单元由王玉霞编写。在教材编写与出版过程中得到了呼和浩特民族学院教师发展与教学评估中心胡毕斯哈拉图主任的大力支持，在此表示感谢。

由于编写时间仓促，书中有疏漏和不当之处，敬请有关专家和广大师生提出宝贵意见和建议。

编者

2019 年 10 月

目 录

第一单元　古代诗词

采　薇

《诗　经》

采薇采薇，薇亦作止[1]。曰归曰归，岁亦莫止[2]。
靡室靡家，猃狁之故[3]。不遑启居[4]，猃狁之故。

采薇采薇，薇亦柔止[5]。曰归曰归，心亦忧止。
忧心烈烈，载饥载渴[6]。我戍未定，靡使归聘[7]。

采薇采薇，薇亦刚止[8]。曰归曰归，岁亦阳止[9]。
王事靡盬，不遑启处[10]。忧心孔疚，我行不来[11]。

彼尔维何？维常之华[12]。彼路斯何？君子之车[13]。
戎车既驾，四牡业业[14]。岂敢定居？一月三捷[15]。

驾彼四牡，四牡骙骙[16]。君子所依，小人所腓[17]。
四牡翼翼，象弭鱼服[18]。岂不日戒？猃狁孔棘[19]。

昔我往矣，杨柳依依[20]。今我来思，雨雪霏霏[21]。
行道迟迟[22]，载渴载饥。我心伤悲，莫知我哀[23]。

（选自《十三经注疏》本《诗经》卷九之三，上海古籍出版社，1997年版）

【注释】

[1] 薇：野生豌豆，嫩苗可食。亦、止：为语助词。作：发芽生长。

［2］曰：说。岁亦莫止：即年终。莫：通“暮”。

［3］靡室靡家：没有房子没有家。靡：无，没有。猃狁（xiǎn yǔn）：我国北方古族名，为周之劲敌。

［4］不遑：没有闲暇。遑：闲暇。启居：安居休息。启：古人双膝着地挺直腰身而坐。

［5］柔：嫩，言指薇菜苗长得正嫩。

［6］烈烈：火势猛烈的样子。这里比喻忧闷的心情像火烧一样。载饥载渴：又饿又渴。

［7］戍：防守，这里指驻防的地方。归聘：带回问候家人的音信。聘：探问，问候。

［8］刚：坚硬，指薇菜嫩的茎叶变粗变硬了。

［9］岁亦阳止：岁月到了十月了。阳：指农历十月。

［10］王事：戍守之事，指当兵打仗。盬：停止。启处：与上文“启居”同义。

［11］“忧心”二句：我满怀忧愁太痛苦，恐怕从此回不了家。孔：很，非常。疚：痛苦。来：同“勑”，慰勉。

［12］“彼尔”二句：那开得茂盛的是什么花儿？那是棠棣之花。尔。通“薾”（ěr），繁花盛开的样子。维何：是什么。常：棠棣。即棠梨树，一种木本植物，花开有红白两色。华：古“花”字。

［13］“彼路”二句：那什么车儿高又大？那是将军乘的高大战车。路：通“辂”（lù），高大的车。斯何：与“维何”同义。君子：指领兵的将帅。

［14］戎车：战车，兵车。牡：雄马。业业：高大的样子。

［15］“岂敢”二句：在边地怎敢图安居？一个月不知要打多少回仗。捷：通“接”，与敌人接战。三捷：泛指战事频繁。

［16］骙骙（kuí）：马匹强壮的样子。

［17］依：依靠，这里指乘坐。小人：这里指士兵。腓：隐蔽，掩护。

［18］翼翼：行列整齐的样子。象弭（mǐ）：用象牙装饰两端的弓。鱼服（fú）：用鱼皮做成的箭袋。服：通“箙”，装箭的袋子。

［19］日戒：天天都处在战备状态。孔棘：很紧急。棘：通“急”。

［20］昔：过去，指离家远征的时候。依依：杨柳随风摇曳的样子。

［21］“今我”二句：如今回来的路途中，大雪满天飞扬。雨（yù）雪：下雪。雨，动词。霏霏：大雪纷飞的样子。

［22］行道：行路。迟迟：行动迟缓。

［23］“我心”二句：我满心伤感，没有人理解我的悲哀伤痛。

【导读】

《诗经》作为一部诗歌集，被儒家奉为“六艺”之一。《诗经》犹如我国古代社会的百科全书，广泛地反映了当时的社会生活，具有极高的文学价值和社会研究价值，堪称我国古典诗歌的光辉起点，历代有成就的诗人无一不受到它的熏陶和影响。《诗集传》注解说：“赋者，敷陈其事而直言之也”。“比者，以彼物比此物也”。“兴者，先言他物以引起所咏之词也”。赋就是铺陈直叙，即诗人把思想感情及有关的事物直接表达出来，雅、颂中常用此手法。比就是比喻，说明事物时借另一个事物来做比喻。客观事物触发了诗人的情感，引起诗人歌唱，所以“兴”大多是诗歌的开端句。“赋”和“比”是一切诗歌中最基本的表现手法，而“兴”则是《诗经》乃至中国诗歌中比较独特的手法。后代的诗人翻陈出新，构成中国古典诗歌的一种特殊味道。甚至可以说，“兴”已经成为中国诗歌的一种思维方式。

采薇选自《诗经·小雅》，是一首戍边诗，表现了西周后期抵御猃狁侵扰时战士们的生活和情感。《诗经》是我国最早的一部诗歌总集，收录了西周初年至春秋中叶（公元前 11 世纪至公元前 6 世纪）大约 500 年的诗歌 305 篇。原称“诗”或“诗三百”，西汉被尊为经典，始称《诗经》。根据音乐的不同，分为“风”、“雅”、“颂”三部分。“风”也叫“国风”，共 160 篇，由周南、召南、邶风、鄘风、卫风、王风、郑风、齐风、魏风、唐风、秦风、陈风、桧风、曹风、豳风组成，称为十五国风，大部分是黄河流域的民歌，小部分是贵族加工的作品；“雅”包括大雅 31 篇、小雅 74 篇，共 105 篇，这些是周王朝直接统治区域内的乐歌，基本上是贵族的作品，只有小雅的一部分来自民间。“颂”包括周颂、鲁颂和商颂，共 40 篇，是用于宗庙祭祀的乐歌。《诗经》内容丰富，全面反映了周代王朝政治的兴废和各阶层的社会生活，是中国现实主义诗歌的光辉起点。创作上以四言为主，多用重章叠字和赋、比、兴的表现手法，讲求节奏和声韵，具有很强的时代特色和艺术感染力，为我国后代诗歌创作奠定了坚实的基础。《诗经》传本在汉代原有齐、鲁、韩、毛四家，今仅存《毛诗》。

本诗通过一个士兵在归途中的回顾和自述，描述了士兵征战生活的艰苦，末章抒发归途遇雪，忍饥受渴的辛苦和悲伤，反映了战士保家卫国与思亲思乡的复杂内心感受。全诗以“采薇”托物起兴，“薇”发芽到变老的过程暗示季节的变化推移，从而把战士戍期漫长、久戍不归的思乡之情含蓄复杂地表现出来；大量的重章叠字，渲染了情绪，增强了诗的节奏感和韵律美。

【拓展阅读】

蒹　葭[1]

《诗　经》

蒹葭苍苍[2]，白露为霜。所谓伊人，在水一方[3]。
遡洄从之[4]，道阻且长[5]；遡游从之，宛在水中央[6]。

蒹葭萋萋[7]，白露未晞[8]。所谓伊人，在水之湄[9]。
遡洄从之，道阻且跻[10]；遡游从之，宛在水中坻[11]。

蒹葭采采[12]，白露未已[13]，所谓伊人，在水之涘[14]。
遡洄从之，道阻且右[15]；遡游从之，宛在水中沚[16]。

（选自《十三经注疏》本《诗经》卷六之四，上海古籍出版社，1997年版）

【注释】

［1］该篇选自《诗经·秦风》。这是一首怀念人的诗。诗中写追寻所怀念的人，但终于是可望而不可即。

［2］蒹葭：芦苇。苍苍：茂盛的样子。蒹，荻，像芦苇。葭，芦苇。

［3］伊人：那人。在水一方：在水的另一边。

［4］遡，通“溯”，逆着河流往上走。洄，弯曲的水道。遡洄：逆流向上。从：追寻，探求。

［5］阻：险阻；崎岖。

［6］遡游：顺流而下。游，流，指直流的水道。宛：好像、仿佛。

［7］萋萋：茂盛状。

［8］晞：干。《毛传》：“晞，干也。”

［9］湄：水草交接处，即岸边。

［10］跻：升高，登上高处。

［11］坻（chí）：水中小洲或高地。

［12］采采：茂盛鲜明的样子。

［13］已：止，指干了。

［14］涘：水边。《毛传》：“涘，厓也。”

［15］右：向右转，也就是说道路弯曲。

[16] 沚：水中小沙滩，比坻稍大些。

氓[1]

《诗　经》

氓之蚩蚩[2]，抱布贸丝[3]。匪来贸丝，来即我谋[4]。送子涉淇，至于顿丘[5]。匪我愆期，子无良媒[6]。将子无怒[7]，秋以为期。

乘彼垝垣[8]，以望复关[9]。不见复关，泣涕涟涟[10]。既见复关，载笑载言[11]。尔卜尔筮[12]，体无咎言[13]。以尔车来，以我贿迁[14]。

桑之未落，其叶沃若[15]。于嗟鸠兮，无食桑葚[16]。于嗟女兮，无与士耽[17]。士之耽兮，犹可说也[18]；女之耽兮，不可说也！

桑之落矣，其黄而陨[19]。自我徂尔[20]，三岁食贫[21]。淇水汤汤，渐车帷裳[22]。女也不爽[23]，士贰其行[24]。士也罔极[25]，二三其德[26]。

三岁为妇，靡室劳矣[27]。夙兴夜寐，靡有朝矣[28]。言既遂矣，至于暴矣[29]。兄弟不知，咥其笑矣[30]。静言思之，躬自悼矣[31]。

及尔偕老，老使我怨[32]。淇则有岸，隰则有泮[33]。总角之宴[34]，言笑晏晏[35]。信誓旦旦[36]，不思其反。反是不思，亦已焉哉[37]！

（选自《十三经注疏》本《诗经》卷三之三，上海古籍出版社，1997年版）

【注释】

[1] 该篇选自《诗经·卫风》。这是一首弃妇诗，诗的主人公是一位被丈夫遗弃的妇女，她回忆自己的婚恋生活，抒发了对负心丈夫的怨怒和决绝之情。这首诗抒情与叙事、描写交织，感情充沛，情境具体生动，还显示出女主人公一定的性格特点，堪称《诗经》抒情诗中的成功之作。

[2] 氓：民。蚩蚩：同“嗤嗤”，象声词，笑声，此指笑嘻嘻的样子。

[3] 抱布贸丝：用布来换丝。

[4] “匪来”二句：并非真是要来买丝，而是要来接近我，向我求婚。匪，通“非”。即，就，接近。谋，当指商量结婚之事。

[5] “送子”二句：与你一起蹚过淇水，把你一直送到家。子，你，女子对男子直称的口吻。淇，淇水，卫国境内的河流。顿丘，高堆，后转为地名，在淇水南，疑是男子居住之地。

[6] “匪我”二句：不是我拖延错过婚期，是你还没找到好媒人。

[7] 将（qiāng）：请求。

[8] 乘：登上。垝垣（guǐyuán）：坍塌的墙壁。垝，毁。

［9］复关：返回的车子。关，车厢。此以男子乘坐的车子代指男子。

［10］泣涕涟涟：泪流不断。

［11］载笑载言：又说又笑。载，则。

［12］尔：你，指男子。卜、筮：指占卜婚期。古代占卜用龟甲曰卜，用蓍草曰筮。

［13］体：指兆体卦象。咎：不吉，祸凶。

［14］贿：财物，此指嫁妆。

［15］“桑之”二句：以桑叶尚未凋落时的茂盛润泽暗喻自己年轻貌美之时。沃若，肥泽貌。

［16］“于嗟”二句：以劝鸠不要贪食桑葚（shèn），比喻下两句所言女子不可过于沉醉于与男子相爱。于嗟（xūjiē），即“吁嗟”，感叹词。于，通“吁”。鸠，一种喜吃桑葚的小鸟，吃多了就会昏醉。桑葚，桑树的果实，味甜。

［17］士：男子的通称。耽：过分地贪乐。

［18］说：读为“脱”，摆脱、解脱。

［19］“桑之”二句：以桑叶由黄而落暗喻自己年老色衰。

［20］徂：往。“徂尔”谓嫁到夫家。

［21］三岁：三年此泛指多年。食贫：过着穷日子。

［22］“淇水”二句：似是被遗弃后返回娘家时再过淇水的情景。主人公触景生情，于是引出了下面进一步的感叹。

［23］汤（shāng）汤，水势浩大急流貌。渐，浸湿。帷裳，车帷子。

［24］女：主人公自指。爽：差错。士：指自己的丈夫。贰：当为“忒”的误字。忒，错。行：行为。

［25］罔极：没准，无常。罔，无，没有。

［26］二三其德：三心二意。

［27］“三岁”二句：多年做主妇，从来没有不愿操劳家务。妇，媳妇。靡，没有。室，指室家之事。劳，在此当为意动用法，以……为劳。

［28］“夙兴”二句：早起晚睡，天天都是如此。夙，早晨。靡有朝，此指不可用一朝一夕计。

［29］“言既”二句：日子久了，你的态度就变得暴虐起来。言，语首助词。遂，长久。

［30］“兄弟”二句：娘家兄弟不知内情，见自己被休弃，一定会嘲笑不已的。咥，笑貌。

［31］躬自悼：自己伤悼自己。躬，身体，引申为自身。

［32］“及尔”二句：当初曾和你相约白头偕老，现在却使我如此忧怨。

［33］“淇则”句：淇水再宽总有个岸，隰地再大也有个边，反喻自己的痛苦却无边无际。隰（xí），低湿的地方。泮（pàn），通“畔”，边。

［34］总角：古代未成年的人把头发扎成髻叫“总角”，此指童年时代。宴：欢乐。

［35］晏晏：温和貌。

［36］信誓旦旦，发起誓来很诚恳的样子。此指男子曾海誓山盟。旦旦，诚恳貌。

［37］亦已焉哉：那就算了。

【思考与练习】

1. 感受《采薇》第六节情景交融的特色。

2. 背诵《采薇》。

行行重行行

《古诗十九首》

行行重行行[1]，与君生别离[2]。
相去万余里，各在天一涯。
道路阻且长，会面安可知。
胡马依北风，越鸟巢南枝[3]。
相去日已远[4]，衣带日已缓[5]。
浮云蔽白日，游子不顾反[6]。
思君令人老，岁月忽已晚。
弃捐勿复道[7]，努力加餐饭。

（选自《文选》，梁·萧统编，唐·李善注，上海古籍出版社，1986 年版）

【注释】

［1］行行：不停地前行。

［2］生别离：分开。

［3］“胡马”二句：意思是连动物都不忘故土，何况人呢！胡马，产于阴山之北胡地的马。越鸟，南方百越之地的鸟。

[4] 日：指日复一日。
[5] 缓：宽松。
[6] 反："返"的古字。
[7] 弃捐：丢开。指抛开令人老的相思意绪。

【导读】

《古诗十九首》始见于南朝萧统《文选》，代表了汉代文人五言诗的最高成就。它继承了《诗经》、《楚辞》善用比兴的传统，吸收了汉乐府民歌善于委婉细腻地表现内心情感的技巧，造就了更加幽深、隽永的意境。其语言朴素清新，把主观的感情表现得淋漓尽致。

本诗为"十九首"之第一首，原无题，据首句加。这是一首反映东汉末年动荡岁月的相思之歌，表达了女子对长期在外的丈夫的思念，语言朴素，情深意笃。"情真、景真、事真、意真"（陈绎曾《诗谱》），正是这首诗具有永恒艺术魅力之所在。

【拓展阅读】

迢迢牵牛星

《古诗十九首》

迢迢牵牛星，皎皎河汉女。纤纤擢素手，札札弄机杼。终日不成章，泣涕零如雨。河汉清且浅，相去复几许？盈盈一水间，脉脉不得语。

（选自《文选》，梁·萧统编，唐·李善注，上海古籍出版社，1986年版）

【思考与练习】

1. 试以《行行重行行》为例，分析古诗十九首的艺术成就。
2. 指出"胡马依北风，越鸟巢南枝"一句的艺术手法。

短歌行

曹操

对酒当歌[1]，人生几何[2]！譬如朝露，去日苦多[3]。慨当以慷，忧思难忘。何以解忧？唯有杜康[4]。青青子衿[5]，悠悠我心。但为君故，沉吟至今[6]。呦呦鹿鸣，食野之苹。我有嘉宾，鼓瑟吹笙[7]。明明如月，何时可掇？忧从中来，不可断绝。越陌度阡[8]，枉用相存。契阔谈宴[9]，心念旧恩。月明星稀，乌鹊南飞。绕树三匝，何枝可依？山不厌高，水不厌深。周公吐哺[10]，天下归心。

（选自《先秦汉魏晋南北朝诗》，逯钦立辑校，中华书局，1983年版）

【注释】

［1］当：对着。

［2］几何：指岁月有多少。

［3］“譬如”二句：人生特别短暂，就像早晨的露水见日即干，逝去的岁月太多，让人感到痛苦。

［4］杜康：古代最初造酒之人，此用以代酒。

［5］“青青”二句：表示对贤才的思慕。衿，衣领。青衿，周代学生穿的服装。悠悠，长远貌，形容思念深沉。

［6］沉吟：沉思吟咏。

［7］“呦呦”四句：用《诗经·小雅·鹿鸣》成句。原意是鹿看到艾蒿，相呼而食；我有好友，设宴奏乐，盛情接待。此谓渴望得到贤才。呦呦，鹿叫声。苹，艾蒿。鼓，弹。瑟，古代一种弦乐器。笙，一种管乐器。

［8］“越陌”二句：贤才屈驾远道前来问候。陌、阡，指道路。枉，枉驾，屈尊。用，以。存，问候。

［9］契阔：聚散。

［10］“周公”二句：要像周公一样虚心接待贤才，如此则天下归服。周公，周文王之子、周武王之弟。他为接待贤才，曾经自称“一沐三捉发，一饭三吐哺，起以待士，犹恐失天下之贤人”。吐哺，吐出嚼着的食物。

【导读】

曹操（155—220），字孟德，沛国谯郡（今安徽亳州）人。建安元年（196）迎献帝至许昌，为大将军，削平北方割据豪强，任丞相，封魏王。曹丕称帝，追尊为魏武帝。擅诗能文，有《魏武帝集》。

此诗写流光易逝，功业未就的苦闷，欲得贤才以早建功业。感情充沛，立意深远，悲而不伤，慷慨激昂。

【拓展阅读】

归园田居[1]（其一）

陶渊明

少无适俗韵[2]，性本爱丘山。误落尘网中，一去三十年[3]。羁鸟恋旧林[4]，池鱼思故渊[5]。开荒南野际[6]，守拙归园田[7]。方宅十余亩，草屋八九间。榆柳荫后檐，桃李罗堂前。暧暧远人村[8]，依依墟里烟[9]。狗吠深巷中，鸡鸣桑树巅。户庭无尘杂[10]，虚室有馀闲[11]。久在樊笼里[12]，复得返自然。

（选自《先秦汉魏晋南北朝诗》，逯钦立辑校，中华书局，1983年版）

【注释】

［1］《归园田居》是反映陶渊明辞官归田生活的组诗，共五首，此诗为第一首

［2］适俗韵：投合世俗的性情。

［3］三十年：一说应作“十三年”，自陶为江州祭酒（393年）至弃彭泽令（405年），共十三年。

［4］羁鸟：关在笼中之鸟

［5］故渊：原来生活的深水潭。

［6］际：间。

［7］守拙：谦词。意为安守愚拙的本性。

［8］暧暧：依稀可见貌。

［9］依依：轻柔上飘貌。墟里：村落。

［10］户庭：门庭，院子。尘杂：尘俗杂事。

［11］虚室：空寂的居室。

［12］樊笼：笼子，此喻官场。

寄王琳[1]

庾信

玉关[2]道路远，金陵信使疏[3]，独下千行泪，开君万里书[4]。

（选自《先秦汉魏晋南北朝诗》，逯钦立辑校，中华书局，1983年版）

【注释】

［1］本诗写出了对友人和故国的思恋。王琳，字子珩，平侯景有功。梁末大厦将倾，王琳倾力勤王。陈霸先篡梁，王琳举兵相抗，兵败被杀。

［2］玉关：玉门关，在今甘肃省敦煌市西。

［3］金陵：梁朝国都，今南京市。信使：犹云使者。疏：少。

［4］君：指王琳。万里书：万里之外来的信。

敕勒[1]歌

北朝民歌

敕勒川，阴山[2]下，
天似穹庐[3]，笼盖四野。
天苍苍，野茫茫，
风吹草低见[4]牛羊。

（选自《汉魏六朝诗选》，余冠英编，中华书局，2012年版）

【注释】

［1］敕勒：古代中国北部的少数民族部落之一，匈奴的后裔，南北朝北齐时居朔州（在今山西西北部）。

［2］阴山：绵亘内蒙古自治区中、西部，东与小兴安岭相接。

［3］穹庐：古代游牧民族居住的毡帐，今称蒙古包。

［4］见：“现”的古字，呈现。

【思考与练习】

1. 认真体会曹操在这首诗中的忧思。

2. 曹操用了怎样的手法表达他的思想？

春江花月夜

张若虚

春江潮水连海平，海上明月共潮生。滟滟随波千万顷，何处春江无月明。

江流宛转绕芳甸[1]，月照花林皆似霰[2]。空里流霜不觉飞，汀上白沙看不见。江天一色无纤尘，皎皎空中孤月轮。江畔何人初见月，江月何年初照人。人生代代无穷已，江月年年只相似。不知江月待何人，但见长江送流水。白云一片去悠悠，青枫浦上不胜愁。谁家今夜扁舟子[3]，何处相思明月楼[4]。可怜楼上月徘徊[5]，应照离人妆镜台。玉户帘中卷不去，捣衣砧上拂还来。[6]此时相望不相闻，愿逐月华流照君。鸿雁长飞光不度，鱼龙潜跃水成文。昨夜闲潭梦落花，可怜春半不还家。江水流春去欲尽，江潭落月复西斜。斜月沉沉藏海雾，碣石潇湘无限路[7]。不知乘月几人归，落月摇情满江树。

［选自《全唐诗》（增订本），清·彭定求等编，中华书局，1999 年版］

【注释】

［1］芳甸：花草丛生的原野。

［2］霰：细小的雪粒。此以形容洁白月光照映下的花朵。

［3］扁舟子：指漂泊江湖的游子。

［4］相思明月楼：月夜下的闺楼，指闺中思妇。

［5］月徘徊：月照妆楼，思妇徘徊难眠。出自曹植《七哀诗》：“明月照高楼，流光正徘徊。上有愁思妇，悲叹有余哀。”

［6］玉户：华美的屋子。捣衣砧：洗衣用的石头。

［7］碣石：山名，在今河北省昌黎县。潇湘：水名，在湖南，湘江流到湖南零陵与潇水会合，称潇湘。碣石与潇湘一南一北，暗指路途遥远，相聚无望。

【导读】

张若虚（约 660—720），是初、盛唐之交的一位诗人，大致与陈子昂等人同时登上诗坛。由于新、旧《唐书》均无传，其生平事迹不详。据《旧唐书》贺知章传载，知其为扬州人，做过兖州（今属山东）兵曹这样的小吏。唐中宗神龙年间（705—706），与贺知章、包融、张旭并称“吴中四士”，驰名京师。他们创作的诗歌文辞俊秀，意境清美，反映出盛唐前期的社会风貌和时代气息。

《全唐诗》仅存张若虚诗作二首，一首是五言排律《代答闺梦还》，写少妇春思之情，艺术水准较为一般。另一首便是“诗中的诗，顶峰上的顶峰，孤篇压全唐”的抒情杰作《春江花月夜》。《春江花月夜》为古乐府《清商曲辞·吴声歌曲》旧题，本为吴地民歌。据宋郭茂倩《乐府诗集》卷四十七引《晋书·乐志》云，此曲被引入南朝陈的宫廷，成为陈、隋以来浮艳宫体诗久相沿袭的诗题之一。张若虚以富有生活气息的清丽之笔，通过春、江、花、月、夜五种诗歌中常用意象，勾勒了一幅令人心驰神往、朦胧空灵的画卷，强烈地吸引读者探寻美的真谛。

【拓展阅读】

望月怀远

张九龄

海上生明月，天涯共此时。情人怨遥夜，竟夕起相思。灭烛怜光满，披衣觉露滋。不堪盈手赠，还寝梦佳期。

（选自《唐宋诗举要》，高步瀛选注，上海古籍出版社，1959 年版）

南行别弟

韦承庆

澹澹长江水，悠悠远客情。落花相与恨，到地一无声。

（选自《唐人绝句一千首》，刘忆萱、管士光评注，辽宁教育出版社，1997 年版）

【思考与练习】

1. 如何看待“月”在全诗中的统摄作用？
2. 诗人是怎样将诗情、画意、哲理融合为一体的？
3. 谈谈对“人生代代无穷已，江月年年只相似”的理解。

将　进　酒[1]

李　白

君不见黄河之水天上来，奔流到海不复回。君不见高堂明镜悲白发，朝如青丝暮成雪。人生得意须尽欢，莫使金樽空对月。天生我材必有用，千金散尽还复来。烹羊宰牛且为乐，会须[2]一饮三百杯。岑夫子，丹丘生[3]，将进酒，杯莫停。与君歌一曲，请君为我侧耳听[4]。钟鼓馔玉不足贵[5]，但愿长醉不愿醒。古来圣贤皆寂寞，惟有饮者留其名。陈王昔时宴平乐[6]，斗酒十千恣欢谑[7]。主人何为言少钱，径须沽取对君酌[8]。五花马[9]，千金裘，呼儿将出换美酒，与尔同销万古愁。

［选自全唐诗（增订本），清·彭定求等编，中华书局，1999 年版］

【注释】

［1］将进酒：汉乐府旧题。将：请。

［2］会须：正应当。

［3］岑夫子：岑勋。丹丘生：元丹丘。二人均为李白的好友。

［4］倾耳听：一作"侧耳听"。

［5］钟鼓馔玉：指富贵生活。钟鼓，富贵人家宴会中奏乐使用的乐器。馔玉，形容食物精美如玉。

［6］陈王：指陈思王曹植。平乐：观名，在洛阳西门外，为汉代富豪显贵的娱乐场所。曹植《名都篇》："归来宴平乐，美酒斗十千。

［7］恣：纵情，任意。欢谑：嬉笑作乐。

［8］径须：只管。沽：买。

［9］五花马：指名贵的马。

【导读】

李白（701—762），字太白，号青莲居士，自称祖籍陇西成纪（今甘肃天水秦安）人。先世于隋唐徙居西域，李白诞生于中亚碎叶城（今托克马克城）。李白素有"诗仙"之称，是继屈原之后最杰出的浪漫主义诗人。其诗多猛烈抨击当时的黑暗政治，深切关怀时局安危，同情下层人民，鄙夷世俗，蔑视权贵，是盛唐社会现实和精神生活面貌的艺术写照。李白善于从民间文学中吸取营养，其诗想象丰富奇特，风格豪放飘逸，语言清新自然。杜甫评价其诗为"笔落惊风雨，诗成泣鬼神"。今有《李太白集》传世。

《将进酒》属汉乐府旧题，内容多写宴饮游乐，咏唱放歌的事。此诗是李白与友人岑勋、元丹丘相会时登高饮宴所作。诗歌借酒以发兴，淋漓酣畅地抒发了诗人深广的忧愤，非常形象地表现了李白桀骜不驯的性格。他一方面对自己充满自信，孤高自傲，一方面在政治前途出现波折后又流露出纵情享乐的思想。全诗气势豪迈，感情奔放，语言流畅，气象不凡，具有很强的感染力。

【拓展阅读】

行路难[1]（其一）

李　白

金樽清酒斗十千[2]，玉盘珍羞直万钱[3]。停杯投箸不能食，拔剑四顾心茫然[4]。欲渡黄河冰塞川，将登太行雪满山[5]。闲来垂钓碧溪上，忽复乘舟梦日边。行路难！行路难！多歧路[6]，今安在？长风破浪会有时，直挂云帆济沧海[7]。

［选自《全唐诗》（增订本），清·彭定求等编，中华书局，1999 年版］

【注释】

［1］行路难，本乐府“杂曲歌辞”。原题三首，此为第一首。

［2］清酒：酒分清、浊，清酒即美酒。斗十千：一斗酒值十千钱，即万钱。极言酒美价贵。

［3］珍羞：美味佳肴。羞，是“馐”的古字。直：同“值”。

［4］“停杯”二句：鲍照《拟行路难十八首》其六：“对案不能食，拔剑击柱长叹息。丈夫生世会几时，安能蹀躞垂羽翼。”二句本此。投箸，放下筷子。

［5］太行：山名，绵延山西、河南、河北三省交界处。

［6］歧路：岔路。

［7］济：渡。沧海：大海。

把酒问月

李　白

青天有月来几时，我今停杯一问之。
人攀明月不可得，月行却与人相随。
皎如飞镜临丹阙[1]，绿烟灭尽清辉发[2]。
但见宵从海上来[3]，宁知晓向云间没[4]。
白兔捣药秋复春[5]，嫦娥孤栖与谁邻[6]。
今人不见古时月，今月曾经照古人。
古人今人若流水，共看明月皆如此。

唯愿当歌对酒时[7]，月光长照金樽里[8]。

［选自《全唐诗》（增订本），清·彭定求等编，中华书局，1999 年版］

【注释】

［1］丹阙：朱红色的宫门。

［2］绿烟：指遮蔽月光的浓重的云雾。

［3］但见：只看到。

［4］宁知：怎知。没：隐没。

［5］白兔捣药：是古代的神话传说，西晋傅玄《拟天问》："月中何有，白兔捣药"。

［6］嫦娥：传说中后羿的妻子，她偷吃了后羿的仙药，成为仙人，奔入月中（见《淮南子·览冥训》）。

［7］当歌对酒时：在唱歌饮酒的时候。曹操《短歌行》："对酒当歌，人生几何？"

［8］金樽（zūn）：精美的酒具。

【思考与练习】

1. 诗篇抒发了怎样的人生哲理？体现了诗人怎样的思想感情？

2. 请阅读李白诗歌中描写月亮的作品。

秋兴八首[1]（其一）

杜　甫

玉露凋伤枫树林[2]，巫山巫峡气萧森[3]。
江间波浪兼天涌[4]，塞上风云接地阴。
丛菊重开他日泪[5]，孤舟一系故园心[6]。
寒衣处处催刀尺[7]，白帝城高急暮砧[8]。

［选自《全唐诗》（增订本），清·彭定求等编，中华书局，1999 年版］

【注释】

［1］秋兴：秋日感兴。

［2］玉露：指霜。

［3］巫山巫峡：这两处均在今重庆市巫山县。

［4］江间：指巫峡。兼：连。

［5］“丛菊”句：是说客居夔州（今重庆奉节）已经两年，东归之愿仍未实现，每见菊花开绽就伤心落泪。开：有双关语义，既指花开，又指引发诗人伤心落泪。他日泪：因回忆往事而落泪。

［6］“孤舟”句：既以孤舟长系岸边不发，暗示不能启行东归；又以孤舟自喻虽飘零在外，而此心长系故园。一系：长系。系，语义双关，就船而言，是停系不发；就心而言，是牵系不忘。故园心：东归长安的心愿，杜甫以长安为第二故乡。

［7］刀尺：指做衣裳的工具。

［8］白帝城：在今重庆市奉节县。砧：捣衣石。

【导读】

杜甫（712—770），字子美，自号少陵野老，原籍湖北襄阳，生于河南巩县（今河南巩义市）。盛唐伟大的现实主义诗人，与李白并称“李杜”。其诗全面而真实地反映了唐王朝由盛转衰的历史过程，充满强烈的忧国忧民感情，被誉为“诗史”。风格以“沉郁顿挫”为主而兼具多种格调。古近律绝、长篇短制等各体皆精，创作了《三吏》、《三别》等大量优秀的诗篇。今存诗一千四百余首。有《杜工部集》。

这首诗是代宗大历元年（766）杜甫寓居夔州时所作。诗中通过对巫山巫峡衰残、动荡、阴森的深秋景色的描绘，抒发了诗人忧国忧时的情怀和个人因战乱而长年流落他乡、不能东归长安的迟暮飘零之感。悲秋是古代诗歌中常见的主旨，而杜甫此诗，不但悲自然之秋，更是悲人生之秋和国运衰落之秋，充溢着身世之感和家国之思，含蕴尤为深厚。诗歌感情沉郁，境界苍凉而不失开阔。

全诗最显著的特色是融情于景，因景寄情，情景交融。杜甫“晚节渐于诗律细”（《遣闷戏呈路十九曹长》），这首诗章法谨严，语言练达，对偶精当工稳，句式富于创新变化。尤其是颈联遣词造句，笔墨老成，出神入化。本诗是杜甫七律中的代表作。

【拓展阅读】

哀 江 头[1]

杜 甫

少陵野老吞声哭[2]，春日潜行曲江曲[3]。江头宫殿锁千门，细柳新蒲为谁绿？忆昔霓旌下南苑[4]，苑中万物生颜色[5]。昭阳殿里第一人，同辇随君侍君侧[6]。辇前才人带弓箭[7]，白马嚼啮黄金勒。翻身向空仰射云，一笑正坠双飞翼[8]。明眸皓齿今何在？血污游魂归不得[9]。清渭东流剑阁深[10]，去住彼此无消息[11]。人生有情泪沾臆，江水江花岂终极[12]。黄昏胡骑尘满城，欲往城南望城北[13]。

［选自《全唐诗》（增订本），清·彭定求等编，中华书局，1999 年版］

【注释】

［1］此诗为至德二载（757）春日羁居长安作。哀江头，指站在曲江边上心中涌起的哀情。

［2］少陵野老：杜甫自指，少陵，汉宣帝后许后的葬地，在今陕西西安长安区，杜陵东南十余里。

［3］曲江：又称曲江池，本天然池沼，汉武帝造宜春苑于此，以池水曲折，故名曲江。唐时重加疏凿与建设，成为长安第一胜景。

［4］霓旌：仪仗中的一种彩旗，此代指帝王。南苑：指芙蓉园。隋时改宜春苑而成，唐因之。唐玄宗以为行宫。

［5］苑中万物：唐康骈《剧谈录》称，曲江池花卉环周，烟水明媚。

［6］“昭阳”二句：咏唐玄宗宠幸杨贵妃事。昭阳殿里第一人，原指汉成帝后赵飞燕，此代指杨玉环。昭阳殿，汉宫殿名，赵飞燕所居。同辇，《汉书·外戚传》称，汉成帝游于后庭，想与班婕妤同辇而行，班婕妤以“贤君”之理加以拒绝。此暗讽唐玄宗荒唐而杨玉环专宠。

［7］才人：宫中女官，初唐为正五品，唐玄宗改为正四品，掌燕寝等事。

［8］“翻身”二句：言才人射中飞鸟而贵妃为之一笑。

［9］“明眸”二句：言贵妃在随玄宗西逃入蜀途中被赐死马嵬坡事。即白居易《长恨歌》所谓：“六军不发无奈何，宛转蛾眉马前死。”

［10］清渭东流：指贵妃葬渭滨。马嵬坡南滨渭水。剑阁深：指明皇入蜀。

［11］去住：指生死。此句谓明皇贵妃从此生死相隔。

［12］岂终极：即没有终极。此句言花草无知，当时而自开自长。诗意一同上文之“细柳新蒲为谁绿”。

［13］望城北：指站在曲江池北望皇城。

蜀　相

杜　甫

丞相祠堂何处寻，锦官城外柏森森。映阶碧草自春色，隔叶黄鹂空好音。三顾频烦天下计，两朝开济老臣心。出师未捷身先死，长使英雄泪满襟。

［选自《全唐诗》（增订本），清·彭定求等编，中华书局，1999 年版］

【思考与练习】

1. 《秋兴八首（其一）》的主旨是否可以用“悲秋”二字概括？

2. 具体分析这首诗的艺术特色。

白雪歌送武判官归京[1]

岑　参

北风卷地白草折[2]，胡天八月即飞雪。忽如一夜春风来，千树万树梨花开[3]，散入珠帘湿罗幕，狐裘不暖锦衾薄。将军角弓不得控[4]，都护铁衣冷难著[5]。瀚海阑干百丈冰[6]，愁云惨淡万里凝[7]。中军置酒饮归客[8]，胡琴琵琶与羌笛。纷纷暮雪下辕门[9]，风掣红旗冻不翻[10]。轮台东门送君去，去时雪满天山路。山回路转不见君，雪上空留马行处。

［选自《全唐诗》（增订本），清·彭定求等编，中华书局，1999 年版］

【注释】

［1］时岑参赴安西北庭节度使封常清幕任节度判官，武判官回京，岑为其送行而作此诗。

［2］白草：西域草名，其干熟时色白，冬枯而不萎，性至坚韧。

［3］梨花：喻雪。

［4］角弓：劲弓。不得控：拉不开。

[5] 都护：镇守边疆的长官。铁衣：犹铁甲。著：穿。

[6] 瀚海：沙漠。唐有瀚海军，在北庭都护府，封常清时兼瀚海军使。阑干：纵横貌。

[7] 惨淡：阴暗。凝：冻结。

[8] 中军：主帅亲自率领的军队，此指主帅营帐。饮：宴饮，谓饯行。归客：指武判官。

[9] 辕门：军营门。

[10] "风掣"句：谓红旗被雨雪所湿，冻结僵硬，风吹而不能飘扬。

【导读】

岑参（715—770），江陵人。少孤贫，笃学。天宝三载（744）登进士第，授右内率府兵曹参军。八载，入安西四镇节度使高仙芝幕任掌书记。十三载，又在封常清幕任安西北庭节度判官，后迁支度副使。在西北多年的军旅生活，是其一生中最富传奇色彩的重要时期，边塞名篇多作于此时。他为盛唐边塞诗派的代表作家，与高适齐名，并称"高岑"。今存诗约四百首，有《岑嘉州集》。

诗中着重描绘西疆壮丽雪景，烘托出与友人的依依惜别之情。全诗奇景奇语，奇思奇笔，很能代表岑参的创作水平。

【拓展阅读】

卖　炭　翁[1]

白居易

卖炭翁，伐薪烧炭南山中[2]。满面尘灰烟火色，两鬓苍苍十指黑。卖炭得钱何所营？身上衣裳口中食。可怜身上衣正单，心忧炭贱愿天寒。夜来城上一尺雪，晓驾炭车辗冰辙[3]；牛困人饥日已高，市南门外泥中歇。翩翩两骑来是谁？黄衣使者白衫儿[4]。手把文书口称敕[5]，回车叱牛牵向北[6]。一车炭，千余斤，宫使驱将惜不得[7]。半匹红纱一丈绫，系向牛头充炭直[8]。

[选自《全唐诗》（增订本），清·彭定求等编，中华书局，1999年版]

【注释】

[1]《新乐府》五十首是元和四年（809）任左拾遗时作。此诗是第三十二首。宫中用品本来由官吏采办，中唐以后，改由宦官掌管采购。他们在东西

两市以低价抢购货物，或拒不付钱，甚至让人把货物送进去，还勒索“门户钱”。故此诗小序云：“苦宫市也。”

［2］南山：即终南山。在今陕西西安市南。

［3］辗：滚压。

［4］黄衣使者：指宦官。唐代宦官品级较高的穿黄衣，无品级的穿白衣。因为自称是皇帝派出来的，所以称使者。

［5］敕：皇帝的命令。

［6］“回车”句：唐长安东西二市在宫城南，故回车入宫曰“牵向北”。

［7］将：语助词。

［8］直：“值”的古字。

【思考与练习】

1. 说说这首边塞赠别诗的艺术特色。

2. 试着写一首赠别诗。

元和十一年自朗州召至京戏赠看花诸君子

刘禹锡

紫陌[1]红尘拂面来，无人不道看花回；玄都观里桃千树，尽是刘郎[2]去后栽。

［选自《全唐诗》（增订本），清·彭定求等编，中华书局，1999年版］

【注释】

［1］紫陌：京城的街道。红尘：大路上扬起的尘埃。

［2］刘郎：指作者自己。

【导读】

刘禹锡（772—842）字梦得，洛阳人，为匈奴族后裔。唐代著名的文学家、哲学家和诗人。晚年任太子宾客，世称“刘宾客”。他和柳宗元一同参与唐朝永贞年间的政治改革，结果一同贬谪远郡，顽强地生活下来，晚年回到洛阳，仍有“马思边草拳毛动”的豪气。刘禹锡在政治上主张革新，是王叔文派政治革新活动的中心人物之一。永贞革新失败后，刘禹锡被贬为朗州司马。十年后，被朝廷“以恩召还”，回到长安。这年春天，他去京郊玄都观赏桃花，写下了《玄都观桃花》这首诗，不料又因诗句“玄都观里桃千树，尽是刘郎去后栽”触怒新贵，再次被贬为连州刺史。

这是一首政治讽刺诗。诗人在作品里把玄都观的千株桃树比作朝廷中的新贵，因此作品一起笔便暗示了新贵声势显赫、满朝趋奉的情景；后面两句则讽刺他们是作者离开朝廷后才爬上高位的政治暴发户，表示了极大的鄙视。

【拓展阅读】

再游玄都观绝句并引

刘禹锡

余贞元二十一年为屯田员外郎时，此观未有花。是岁出牧连州，寻贬朗州司马。居十年，召至京师。人人皆言，有道士手植仙桃，满观如红霞，遂有前篇以志一时之事。旋又出牧，今十有四年。复为主客郎中，重游玄都观，荡然无复一树，唯兔葵燕麦动摇于春风耳。因再题二十八字，以俟后游。时大和二年三月。

百亩庭中半是苔，桃花净尽菜花开。种桃道士归何处？前度刘郎今又来。

［选自《全唐诗》（增订本），清・彭定求等编，中华书局，1999 年版］

【思考与练习】

仔细体会作者借景抒情的艺术手法。

无　　题[1]

李商隐

昨夜星辰昨夜风，画楼西畔桂堂东[2]。
身无彩凤双飞翼，心有灵犀一点通[3]。
隔座送钩春酒暖[4]，分曹射覆蜡灯红[5]。
嗟余听鼓应官去[6]，走马兰台类转蓬[7]。

［选自《全唐诗》（增订本），清・彭定求等编，中华书局，1999 年版］

【注释】

［1］以“无题”为诗题，是李商隐的创造。其内容或因不便明说，或因

难用一个恰当的题目表现，意义大都比较隐晦，有的可能别有寄托，也可能有恋爱本事以为依托。本诗多被认为是爱情诗。

［2］画楼、桂堂：都是比喻富贵人家的屋舍。

［3］灵犀：旧说犀牛有神异，角中有白纹如线，直通两头。这里比喻双方心心相印，彼此心领神会。

［4］送钩：也称藏钩，古代的一种游戏，分二曹以较胜负。把钩互相传送后，藏于一人手中，令人猜。

［5］分曹：分组。射覆：也是古代的一种游戏，在覆器下放着东西令人猜。分曹、射覆未必是实指，只是借喻宴会时的热闹。

［6］鼓：指更鼓。应官：即上班。

［7］兰台：即秘书省，掌管图书秘籍。李商隐曾任秘书省正字。这句从字面看，是指作者参加宴会后，随即骑马到兰台，感觉自己类似飞转的蓬草，实则隐含自伤飘零之意。

【导读】

李商隐（约813—约858），字义山，号玉溪生，又号樊南生。原籍怀州河内（今河南沁阳），自祖辈迁居荥阳（今属河南）。晚唐著名诗人之一，与杜牧齐名，世称“小李杜”。其诗多抒写对社会黑暗的感慨、个人失意的心情，多篇咏史诗托古讽今，往往流露出浓厚的消极感伤情绪。所作无题诗最为后人传诵，影响巨大。有《李义山诗集》、《樊南文集》、《樊南文集补篇》等传世。这是一首爱情诗。诗人通过追忆昨夜参与的一次宴会，表达了与意中人席间相遇、怀想和惆怅。全诗感情深挚缠绵、抒情委婉含蓄。着重抒写主人公的心理活动，事件与场景的描述常常打破时空次序，随着心理活动的变化来展现。此外该诗除尾联外，都用了对仗，而又对得既精巧又圆熟。

【拓展阅读】

咏　史

李商隐

历览前贤国与家，成由勤俭败由奢。
何须琥珀方为枕，岂得珍珠始是车。
运去不逢青海马，力穷难拔蜀山蛇。

几人曾预南薰曲，终古苍梧哭翠华。

［选自《全唐诗》（增订本），清·彭定求等编，中华书局，1999 年版］

【思考与练习】

1. 阅读李商隐其他“无题”诗，以“解读李商隐‘无题’诗”为题写一篇短论文。

2. 分析这首《无题》诗的艺术手法。

渔家傲[1]（秋思）

范仲淹

塞下秋来风景异，衡阳雁去无留意[2]。四面边声连角起[3]，千嶂里[4]，长烟落日孤城闭。　　浊酒一杯家万里，燕然未勒归无计[5]。羌管悠悠霜满地，人不寐，将军白发征夫泪。

（选自《全宋词》，唐圭璋编，中华书局，1965 年版）

【注释】

［1］此词作于作者任陕西经略副使镇守西北边关期间（1040—1043）。据魏泰《东轩笔录》载：“范文正公守边日，作《渔家傲》乐歌数阕，皆以‘塞下秋来’为首句，颇述边镇之劳苦。”现存仅此一首。作品境界开阔，风格苍凉悲壮，在宋初词坛上别开生面。

［2］衡阳雁去：塞下的雁向衡阳飞去。湖南衡阳有回雁峰，传说雁飞至此不再南下。无留意：以雁无留意表现边塞的荒寒。

［3］连角起：军中的号角声与边境上的各种声音，如马鸣、笳笛声等连成一片。

［4］千嶂：如屏障般重叠的山峰。

［5］燕然未勒：功业未建。东汉大将窦宪曾大破匈奴，北上至燕然山刻石记功而还。（见《后汉书·窦宪传》）

【导读】

范仲淹（989—1052），字希文，吴县（今江苏苏州）人。北宋著名政治家，官至枢密副使，参知政事。谥号文正。其文学成就亦可观，散文、词皆有名作传世。有《范文正公集》。

【拓展阅读】

鹊踏枝[1]（“槛菊愁烟兰泣露”）

晏　殊

槛菊愁烟兰泣露[2]，罗幕轻寒，燕子双飞去[3]。明月不谙离恨苦，斜光到晓穿朱户[4]。　　昨夜西风凋碧树[5]，独上高楼，望尽天涯路。欲寄彩笺兼尺素，山长水阔知何处[6]？

（选自《全宋词》，唐圭璋编，中华书局，1965年版）

【注释】

［1］词牌《鹊踏枝》又作《蝶恋花》，以女子的口吻写闺阁的离愁别恨。

［2］槛菊愁烟兰泣露：谓苑中秋菊被烟雾笼罩着，似乎含愁；兰草沾满露珠，如人饮泣。槛，栏杆。

［3］罗幕：丝制的帷帘。

［4］谙：熟悉，知晓。朱户：红色的门。

［5］凋碧树：使树上的绿叶凋落。

［6］彩笺、尺素：皆指书信。彩笺，彩色的笺纸，可供题诗和写信之用。尺素：古人书写用素绢，通常为一尺。

少年游（“重阳过后”）

晏　殊

重阳过后，西风渐紧，庭树叶纷纷。朱阑向晓，芙蓉妖艳，特地斗芳新。霜前月下，斜红淡蕊，明媚欲回春。莫将琼萼等闲分，留赠意中人。

（选自《全宋词》，唐圭璋编，中华书局，1965年版）

【思考与练习】

1. 作者是如何在表达离情别恨的婉约词中写出寥廓高远的境界的？

2. 王国维借用词中“昨夜”三句来描述古今成大事业、成大学问的第一种境界，这是怎样的一种境界？

踏莎行（“候馆梅残”）

欧阳修

候馆[1]梅残，溪桥柳细，草薰风暖[2]摇征辔。离愁渐远渐无穷，迢迢不断如春水。

寸寸柔肠，盈盈粉泪，楼高莫近危阑倚。平芜尽处是春山，行人更在春山外。

（选自《全宋词》，唐圭璋编，中华书局，1965 年版）

【注释】

［1］候馆：指旅舍。

［2］薰：指草的香味。

【导读】

欧阳修（1007—1072），北宋时期政治家、文学家、史学家和诗人。字永叔，号六一居士。历任高官，卒谥文忠。“唐宋八大家”之一，有《欧阳文忠公集》。

词用别致的手法写离情，上阕由远行者落笔，下阕设想对方“寸寸柔肠，盈盈粉泪”相思之形，盖当初离别时即已目睹此景。

【拓展阅读】

山园小梅（其一）

林　逋

众芳摇落独暄妍[1]，占尽风情向小园。
疏影横斜水清浅，暗香浮动月黄昏。
霜禽[2]欲下先偷眼，粉蝶如知合断魂。
幸有微吟可相狎[3]，不须檀板[4]共金樽。

（选自《全宋诗》，傅璇琮等编，北京大学出版社，1991 年版）

【注释】

［1］暄妍：形容花鲜艳、美好。

［2］霜禽：指天空中飞翔的白鹤。

［3］相狎：亲近。
［4］檀板：用檀木做的拍板，演奏时用来打拍子。

【思考与练习】

1. 作者是如何写离情的？
2. 略谈诗中对梅花品格的塑造有何深远意义？

八声甘州（“对潇潇暮雨洒江天”）

柳　永

对潇潇[1]暮雨洒江天，一番洗清秋。渐霜风[2]凄紧，关河冷落，残照当楼。是处红衰翠减，冉冉物华休[3]。惟有长江水，无语东流。　不忍登高临远，望故乡渺邈[4]，归思难收。叹年来踪迹，何事苦淹留[5]？想佳人、妆楼颙望[6]，误几回[7]、天际识归舟。争[8]知我、倚栏杆处，正恁凝愁。

（选自《全宋词》，唐圭璋编，中华书局，1965年版）

【注释】

［1］潇潇：雨势急躁貌。洗清秋：言秋雨将秋日的天空清洗了一番。
［2］霜风：秋风。
［3］是处红衰翠减，冉冉物华休：谓花叶到处飘落。是处，到处。红，指花。翠，指叶。冉冉，渐渐。物华休，美好的景物随时光消失。
［4］渺邈：遥远貌。
［5］淹留：久留。
［6］颙（yóng）望：凝望，久久地望。
［7］误几回：设想对方从妆楼远望天际多少回错把远处驶来的船只当作了爱人的归舟。
［8］争：通“怎”。恁：如此。凝愁：愁思凝结不解。

【导读】

柳永（约984—约1053），北宋著名词人，婉约派创始人。原名三变，字耆卿，福建崇安人。少年时出入歌楼酒馆，为歌伎乐工填词写曲，有浪子作风，应进士试被黜落，遂自称“奉旨填词柳三变”，放浪于汴京、苏杭等地。

饱经风霜后遂改名柳永，宋仁宗景祐元年（1034）中进士，官至屯田员外郎，世称“柳屯田”。是北宋第一个专力写词的大家，所作词多反映都市繁荣景象和中下层市民及遭遇坎坷的读书人的生活，也善于写“羁旅行役”的离愁别恨。作者通晓音律，长于慢词，词风细致含蓄，多用民间俚语及铺叙手法，推动了词体的发展。有“凡有井水饮处即能歌柳词”之说。有《乐章集》。

本篇描写了羁旅行役生活，境界开阔，情感真挚。作为一个封建时代中下层的落魄文人，作者在词中表现了萍踪飘泊的坎坷人生经历，也吐露了有家难归、功业无成的内心苦闷。

【拓展阅读】

雨霖铃（“寒蝉凄切”）

柳　永

寒蝉凄切，对长亭晚，骤雨初歇。都门帐饮无绪，留恋处、兰舟催发。执手相看泪眼，竟无语凝噎。念去去、千里烟波，暮霭沉沉楚天阔。　　多情自古伤离别。更哪堪、冷落清秋节。今宵酒醒何处，杨柳岸、晓风残月。此去经年，应是良辰好景虚设。便纵有、千种风情，更与何人说？

（选自《全宋词》，唐圭璋编，中华书局，1965年版）

【思考与练习】

1. 柳永为何自称“奉旨填词柳三变”？
2. 词的上阕是如何层层铺叙的？下阕如何运用“对想双收”的手法？

兰陵王[1]（柳）

周邦彦

柳阴直，烟里丝丝弄碧。隋堤上[2]、曾见几番，拂水飘绵送行色。登临望故国[3]，谁识，京华倦客”[4]。长亭路，年去岁来，应折柔条过千尺。

闲寻旧踪迹，又酒趁哀弦，灯照离席[5]。梨花榆火催寒食[6]。愁一箭风快，半篙波暖，回头迢递便数驿[7]。望人在天北。　　凄恻，恨堆积。渐别浦萦回，津堠岑寂[8]，斜阳冉冉春无极[9]。念月榭携手，露桥闻笛。沉思前事，似梦里，泪暗滴。

（选自《全宋词》，唐圭璋编，中华书局，1965 年版）

【注释】

［1］兰陵王：词牌名。

［2］隋堤：汴河之堤，隋炀帝时所筑，两岸遍栽柳树。这里是北宋时京城旅客来往必经之路。

［3］故国：故乡。

［4］京华：京城。京华倦客：作者自称。

［5］离席：饯别的宴会。

［6］榆火：唐宋时朝廷在清明日取从榆柳木上钻取的新火以赐百官，称榆火。寒食：节令名，清明前一日或二日。寒食日禁火、禁烟，节后须另取新火。

［7］迢递：遥远貌。驿：驿站，这里指水驿。

［8］津堠：渡口上可供守望、住宿的处所。岑寂：冷清寂寞。

［9］冉冉：缓慢状。无极：无边无际。

【导读】

周邦彦（1056—1121），字美成，号清真居士，钱塘（今浙江杭州）人。少时即遍涉百家之书，宋神宗时献《汴都赋》，为神宗所赏，擢为太学正。徽宗时因通晓音律，能自度曲，提举大晟府。词作以羁旅闲愁、离别相思等题材为多。长于铺叙，风格典雅，上承温庭筠、柳永之风，下开吴文英、史达祖一派，时誉甚高。有《片玉词》（又名《清真集》）。

此词写于词人最后一次离开汴京之时。词中托柳起兴，抒写了伤离别恨之情和身世飘零的喟叹。词写欲留不得，非去不可，以柳发端，以行为愁，今昔回环，情、景、事交错，备极吞吐之妙，具有沉郁顿挫的风格。从结构上看，此词分为三片。第一片写自我的漂泊，挽合今昔。第二片写目前送别情景，既有往事的回忆，又有别后愁苦的设想。第三片又由眼前景折回到前事。

【拓展阅读】

少年游（“并刀如水”）

周邦彦

并刀如水[1]，吴盐胜雪[2]，纤手破新橙。锦幄初温[3]，兽烟不断[4]，相对坐调笙。　　低声问，向谁行宿，城上已三更。马滑霜浓，不如休去，直是少人行[5]。

（选自《全宋词》，唐璋编，中华书局，1965 年版）

【注释】

［1］并刀：并州（今山西太原一带）产刀以锋利著称，光洁似水。
［2］吴盐：吴地产盐洁白如雪。
［3］锦幄：锦缎帐幔。
［4］兽烟：兽形香炉袅袅的香烟。
［5］直是：正是。

【思考与练习】

1. 有人认为周邦彦是“词中老杜”，为什么？
2. 这首词艺术性表现在哪里？

桂枝香（金陵怀古）

王安石

登临送目，正故国晚秋，天气初肃。千里澄江似练[1]，翠峰如簇。征帆去棹残阳里，背西风、酒旗斜矗。彩舟云淡，星河鹭起，画图难足。　　念往昔、繁华竞逐，叹门外楼头[2]，悲恨相续。千古凭高，对此谩嗟荣辱。六朝旧事随流水，但寒烟、芳草凝绿。至今商女，时时犹唱，《后庭》[3]遗曲。

（选自《全宋词》，唐圭璋编，中华书局，1965 年版）

【注释】

［1］谢朓《晚登三山还望京邑》：“余霞散成绮，澄江静如练。”

［2］杜牧《台城曲》：“门外韩擒虎，楼头张丽华”指隋灭陈事。韩擒虎是隋朝开国大将，他兵临金陵城下时，陈后主尚与宠妃张丽华在结绮阁上赋诗作乐。

［3］杜牧《夜泊秦淮》：“商女不知亡国恨，隔江犹唱《后庭花》”歌曲《玉树后庭花》，传为陈后主所作。

【导读】

王安石（1021—1086），字介甫，号半山，封荆国公。江西临川人，北宋时期政治家、思想家、文学家。有《临川集》。

词上阕写登临所见，下阕抒登临所感。

【拓展阅读】

浪淘沙令（“伊吕两衰翁”）

王安石

伊吕两衰翁[1]。历遍穷通。一为钓叟一耕佣[2]。若使当时身不遇，老了英雄。　　汤武偶相逢。风虎云龙[3]。兴王只在笑谈中。直至如今千载后，谁与争功。

（选自《宋词选》，刘乃昌、朱德才选注，人民文学出版社，2003 年版）

【注释】

［1］伊，指伊尹，伊尹名挚，传说他是一个弃婴，商汤娶有莘氏之女，他作为陪嫁奴隶归于商朝，后受到商汤重用，伐夏建商，被尊为阿衡（宰相）。事见《史记·殷本纪》。吕，指吕尚，姓姜名尚，字子牙，号太公望。他年老而穷，钓于渭水，为文王看中，辅佐文王武王，完成灭商兴周大业。事见《史记·齐太公世家》。

［2］“一为”句：写伊尹、吕尚二人的出身。

［3］风虎云龙：形容人才与明主相遇相从，出现兴盛局面。《易·乾·文言》：“云从龙，风从虎，圣人作而万物睹。”

梅　　花

王安石

墙角数枝梅，凌寒独自开。遥知不是雪，为有暗香来。

（选自《王安石诗文选评》，高克勤选评，上海古籍出版社，2002 年版）

【思考与练习】

1. 本词运用哪些典故？

2. 本词表达了作者怎样的思想？

定风波[1]（“莫听穿林打叶声”）

苏　轼

三月七日，沙湖[2]道中遇雨。雨具先去，同行皆狼狈[3]，余独不觉。已而[4]遂晴，故作此词。

莫听穿林打叶声，何妨吟啸[5]且徐行。竹杖芒鞋[6]轻胜马，谁怕？一蓑烟雨任平生[7]。　料峭[8]春风吹酒醒，微冷，山头斜照却相迎。回首向来萧瑟处[9]，归去，也无风雨也无晴。

（选自《全宋词》，唐圭璋编，中华书局，1965年版）

【注释】

［1］定风波：词牌名。

［2］沙湖：在今湖北黄冈东南三十里，又名螺丝店。

［3］狼狈：形容进退两难的窘况。

［4］已而：过了一会儿。

［5］吟啸：放声吟咏。

［6］芒鞋：草鞋。

［7］一蓑烟雨任平生：即便一生都披着蓑衣处在风雨之中也无所谓。意为不畏坎坷，笑对人生。

［8］料峭：风力微寒的样子。

［9］萧瑟：风雨吹打树叶声。

【导读】

苏轼（1036—1101），字子瞻，号东坡居士，眉州眉山（今四川眉山）人。自幼便立有报国大志。宋仁宗嘉祐二年（1057）进士。因不赞同王安石的变法主张，先后通判杭州，历知密州、徐州和湖州。在地方任上体恤民情，修堤救灾，广为民众所拥戴。元丰二年（1079），作诗讽刺新法，被逮捕入狱。后贬为黄州团练副使。哲宗继位，起用旧党，苏轼入朝，升任翰林学士，兼侍读。因主张“校量利害，参用所长”，不同意完全废除新法，与执政者发生分歧，自请出知杭州、颍州等地。新党再度执政，又被远谪惠州、儋州。后遇赦北还。次年卒于常州，谥文忠。苏轼博学多才，善文，工诗词，书画俱佳。其词意境开阔，突破晚唐五代和宋初以来“词为艳科”的传统樊篱，以诗为词，开创豪放清旷一派，对后世产生巨大影响。苏轼一生积极进取，志向坚定，把传统的儒、道、释思想与本人的个性融合贯通，构成了乐观旷达的人生境界。

《定风波》通过在途中偶遇风雨的寻常事，表现了词人在坎坷的人生中旷达超脱的胸襟。上片着眼于雨中，下片着眼于雨后，寄寓着超凡脱俗的人生理想。意境深邃，内蕴丰富。

【拓展阅读】

鹊桥仙（“纤云弄巧”）

秦　观

纤云弄巧[1]，飞星传恨[2]，银汉迢迢暗度[3]。金风玉露一相逢[4]，便胜却、人间无数。　　柔情似水，佳期如梦，忍顾鹊桥归路[5]。两情若是久长时，又岂在、朝朝暮暮。

（选自《全宋词》，唐圭璋编，中华书局，1965 年版）

【注释】

[1] 纤云弄巧：谓天上云朵变化出各种图案。

[2] 飞星：指牵牛、织女二星。传恨：因牛郎织女一年只有一次相会，长期不得相见。

[3] 银汉：银河。迢迢：遥远貌。

[4] 金风：秋风。秋天在五行中属金，故云。玉露：白露。

[5] 忍顾：不忍回顾。鹊桥：传说喜鹊在天河上搭成的长桥。牛郎、织女即通过此相约。

【思考与练习】

1. 《定风波》这首词中表现了怎样的人生态度？

2. 背诵这首词。

摸鱼儿（“更能消、几番风雨”）

辛弃疾

淳熙己亥，自湖北漕移湖南，同官王正之置酒小山亭，为赋。

更能消、几番风雨[1]，匆匆春又归去。惜春长恨花开早，何况落红无数。春且住[2]，见说道、天涯芳草迷归路[3]。怨春不语[4]。算只有殷勤，画檐蛛网，尽日惹飞絮[5]。　长门事，准拟佳期又误。蛾眉曾有人妒。千金纵买相如赋，脉脉此情谁诉[6]。君莫舞。君不见、玉环飞燕皆尘土[7]。闲愁最苦[8]。休去倚危栏，斜阳正在，烟柳断肠处[9]。

（选自《全宋词》，唐圭璋编，中华书局，1965年版）

【注释】

［1］消：禁得起。

［2］且住：暂时留下来。

［3］“见说到”二句：听说天边长满了芳草，阻断了春天的归路。

［4］怨春不语：惋惜春在无言中消失。

［5］“算只有”三句：以蛛网沾惹飘飞的柳絮，好像要把春天留住似的。柳絮象征着即将逝去的春天。

［6］“长门事”五句：陈皇后失宠于汉武帝，幽居长门宫，闻司马相如善文，以千金请作《长门赋》。武帝读后感悟，于是陈皇后再度受宠。蛾眉，借指美人。

［7］玉环：杨贵妃的小名，唐玄宗宠幸的妃子。飞燕：赵飞燕，汉成帝宠爱的皇后，失宠后废为庶人，自杀身亡。

［8］闲愁：受人冷落、不被重用的苦恼。

［9］“斜阳”句：喻指南宋国势的衰微。

【导读】

辛弃疾（1140—1207），字幼安，号稼轩，历城（今山东济南）人。宋高宗绍兴三十一年（1161），中原掀起抗金高潮，辛弃疾聚集二千人，参加耿京领导的抗金起义军，任掌书记之职。不久军中叛徒张安国杀耿京降金，辛弃疾星夜急驰，率众闯入金营，生擒张安国归宋。南归后，历任湖北、湖南、江西安抚使等职，力主北上抗金，反对投降、妥协。为当政者忌恨，被劾罢职，退居江西上饶、铅山近二十年。其间曾两度被起用，但时间都不长，最后带着一腔悲恨，抑郁而终。

辛弃疾是南宋伟大的爱国词人，他继承和发展了苏轼的豪放词风，使之成为南宋词坛的主流。现存词六百余首，有《稼轩长短句》和《稼轩词》。

此词作于“暮春”，淳熙六年（1179）春，辛弃疾奉命由湖北转运副使改调湖南转运副使，他的友人王正之在鄂州为其治酒饯行，辛弃疾于是写下此词。上片通过抒写对春惋惜之情，表达了对南宋国势的忧虑；下片以宫怨的形式对朝内得势的小人进行了斥责。

【拓展阅读】

南乡子（登京口北固亭有怀）

辛弃疾

何处望神州？满眼风光北固楼。千古兴亡多少事，悠悠。不尽长江滚滚流。　　年少万兜鍪，坐断东南战未休。天下英雄谁敌手？曹刘。生子当如孙仲谋。

（选自《全宋词》，唐圭璋编，中华书局，1965年版）

【思考与练习】

1. 作者是怎样表达惜春之情的？
2. 背诵这首词。

钗头凤[1]（“红酥手”）

陆　游

红酥手，黄縢酒[2]，满城春色宫墙柳[3]。东风恶，欢情薄，一怀愁绪，几年离索[4]。错，错，错！　　春如旧，人空瘦，泪痕红浥鲛绡透[5]。桃花落，闲池阁。山盟[6]虽在，锦书难托[7]，莫，莫，莫！

（选自《全宋词》，唐圭璋编，中华书局，1965年版）

【注释】

[1] 钗头凤：这首词包含着一个悲剧性的爱情故事。据周密《齐东野语》

卷一载："陆务观初娶唐氏，闳之女也，于其母夫人为姑侄。伉俪相得，而弗获于其姑。既出，而未忍绝之，则为别馆，时时往焉。姑知而掩之，虽先知挈去，然事不得隐，竟绝之，亦人伦之变也。唐后改适同郡宗子士程。尝以春日出游，相遇于禹迹寺南之沈氏园。唐以语赵，遣致酒肴。翁怅然久之，为赋《钗头凤》一词，题园壁间……实绍兴乙亥岁也。"这首词在极尽感伤的同时，对破坏美满婚姻的封建家长制度，表示了极度的愤慨和抗议。

［2］红酥手：红润而白嫩之手。黄縢酒：宋代官酒以黄纸封口，又名黄封酒。

［3］满城春色宫墙柳：以上三句回忆往昔与唐琬同游沈园，夫妻生活美满幸福之旧事。

［4］东风恶：喻指其母对自己美好姻缘的破坏。

［5］泪痕红浥鲛绡透：意谓沾染了脸上胭脂的红泪把手帕湿透，鲛绡，传说海上鲛人（人鱼）所织的绡，指丝绸的手帕。

［6］山盟：盟誓如山，不能移易。

［7］锦书难托，书信难通。唐婉另嫁，按照旧时礼法，是不能再通音信的。

【导读】

陆游（1125—1209），字务观，号放翁，越州山阴（今浙江绍兴）人。与尤褒、杨万里、范成大并称"南宋中兴四大家"。二十九岁取进士第一，由于名列秦桧孙之前，且喜论恢复，触怒了秦桧，竟被黜落，直至秦桧死后才出仕。陆游一腔热血化为抑郁悲情，寄托于诗，创作最富，自言："六十年间万首诗。"他在南宋词坛也堪称名家，其词风格各异，内容以爱国、情思为主。他的散文也有较高成就。有《剑南诗稿》、《渭南文集》（其中包括词二卷，单独行本名为《放翁词》）。

词人把眼前景、现在事融为一体，又贯之以悔恨交加的心情，着力描绘出一幅凄怆酸楚的感情画面。全词节奏急促，声情凄紧，词风缠绵悱恻，情真意切，大有恸不忍言、恸不能言的情致，是一首别开生面、催人泪下的作品。

【拓展阅读】

钗头凤（“世情薄”）

唐　琬

世情薄，人情恶，雨送黄昏花易落。晓风干，泪痕残。欲笺心事，独语斜阑。难，难，难！　　人成各，今非昨，病魂尝似秋千索。角声寒，夜阑珊。怕人寻问，咽泪装欢。瞒，瞒，瞒！

（选自《全宋词》，唐圭璋编，中华书局，1965 年版）

【思考与练习】

1. 分析《钗头凤》运用隐喻、对比手法的特点
2. 作品是如何表达悲愤凄苦之情的？

虞美人（听雨）

蒋　捷

少年听雨歌楼上，红烛昏罗帐。壮年听雨客舟中，江阔云低，断雁叫西风。

而今听雨僧庐下，鬓已星星也。悲欢离合总无情，一任阶前、点滴到天明。

（选自《全宋词》，唐圭璋编，中华书局，1965 年版）

【导读】

蒋捷（约 1245—1305 后），南宋末年人，字胜欲，自号竹山，阳羡（今江苏宜兴）人。咸淳十年（1274）进士；宋覆亡后，遁迹不仕，卒于元代，年六十五岁。有《竹山词》集。

这是蒋捷自己一生的真实写照。词人曾为进士，过了几年官宦生涯。但宋朝很快就灭亡。他的一生是在颠沛流离中度过的。本词上片感怀已逝之岁月，下片慨叹目前之境况，由少年在歌楼听雨，壮年在客舟听雨，如今寄居僧庐、鬓发星星。三个时期，三种心境，读来使人凄然。这首词将作者自己漫长而曲

折的经历，以三幅象征性的画面，概括了从少到老在环境、生活、心情各方面所发生的巨大变化。

【拓展阅读】

一剪梅（舟过吴江）

蒋　捷

一片春愁待酒浇，江上舟摇，楼上帘招。秋娘渡与泰娘桥，风又飘飘，雨又萧萧。　　何日归家洗客袍，银字笙调，心字香烧。流光容易把人抛，红了樱桃，绿了芭蕉。

（选自《全宋词》，唐圭璋编，中华书局，1965 年版）

【思考与练习】

1. 词中以“听雨”为线组成的三幅画卷，词人是如何表达人生情境的？
2. “听雨”在词中的作用是什么？

永遇乐（元宵）

李清照

落日熔金[1]，暮云合璧[2]，人在何处？染柳烟浓[3]，吹梅笛怨[4]，春意知几许？元宵佳节，融和天气，次第岂无风雨[5]？来相召，香车宝马，谢他酒朋诗侣[6]。

中州盛日[7]，闺门多暇[8]，记得偏重三五[9]。铺翠冠儿[10]，捻金雪柳[11]，簇带争济楚[12]。如今憔悴，风鬟霜鬓[13]，怕见夜间出去。不如向帘儿底下，听人笑语。

（选自《全宋词》，唐圭璋编，中华书局，1965 年版）

【注释】

[1] 熔金：日落时金黄灿烂的颜色。
[2] 暮云合璧：形容日落后，红霞消散，云像白玉般合成一片。
[3] 染柳：指春柳翠绿如染。

［4］吹梅：吹《梅花落》曲。笛怨：指笛中发出幽怨而哀伤的声音。

［5］次第：不久、转眼间。

［6］香车宝马：华美的车马。

［7］中州：指汴京。

［8］闺门：指闺中女子的内室。

［9］重：重视。三五：古人常称阴历十五为“三五”，此处代指元宵节。

［10］铺翠冠儿：妇女们戴的翡翠珠子镶的帽子。铺：镶的意思。

［11］捻金雪柳：宋朝妇女元宵节插戴的装饰品，用纸和绢做成，捻以金线。

［12］簇带：宋时方言，插戴满头之意。带：通“戴”。济楚：也是宋时方言，整齐美丽。

［13］风鬟霜鬓：形容头发蓬松散乱。

【导读】

李清照（1084—约1155），号易安居士，北宋济南（今山东济南市）人。生于书香之家，生活以南渡为界，分为两个时期，早年安乐，晚年寓居杭州，比较凄凉。李清照诗文俱佳，尤以词擅名。前期词多写自然景物及闺情相思，用语清新；后期转为深沉的身世之叹、故国之思，情调凄苦低沉。词风典雅，工于造语，巧于创意，极富情致，人称“易安体”。后人辑其词为《漱玉词》。

这是李清照晚期词的代表作之一，是历来描写元宵词中的佳作，通篇采用对比衬托来抒写离乱之后愁苦寂寞的情怀。上片从眼前景物抒写心境，采用“以乐景写哀”的艺术手法；下片以今昔对比来抒发国破家亡的感慨，表达沉痛悲苦的心情。

【拓展阅读】

醉花阴（重阳）

李清照

薄雾浓云愁永昼，瑞脑消金兽。佳节又重阳，玉枕纱厨，半夜凉初透。

东篱把酒黄昏后，有暗香盈袖。莫道不消魂，帘卷西风，人比黄花瘦。

（选自《全宋词》，唐圭璋编，中华书局，1965年版）

【思考与练习】

1. 李清照的词作是用什么手法来抒发相思情怀的？

2. 谈谈古典诗词中的“以乐景写哀”的艺术手法。

墨　梅

王　冕

我家洗砚池边树，个个花开淡墨痕。
不要人夸好颜色，只留清气满乾坤。

（选自《全元诗》，杨镰主编，中华书局，2013 年版）

【导读】

王冕（1287—1359），字元章，浙江诸暨人。元末明初著名画家、诗人、书法家。王冕以画梅著称，尤工墨梅。王冕诗多同情人民苦难、谴责豪门权贵、轻视功名利禄、描写田园隐逸生活之作。

这是一首题画诗。题为《墨梅》，意在述志。诗人将画格、诗格、人格有机地融为一体。作者字面上在赞誉梅花，实际上是赞赏自己的立身之德，表达了作者鄙视流俗、坚贞自守的高尚情操。

【拓展阅读】

南归偶书[1]

余　阙

帝城[2]南下望江城，此去乡关[3]半月程。
同向春风折杨柳[4]，一般离别两般情[5]。

（选自《全元诗》，杨镰主编，中华书局，2013 年版）

【注释】

［1］偶书：偶然写成。

［2］帝城：指大都（北京）。江城：指作者家乡庐州，庐州濒临长江。

［3］乡关：即家乡。“程”，指路程。

［4］折杨柳：古代折柳赠别，以示惜别之情。

［5］两般情：这次离别的心情和往日不一般，因是回家乡。语极平易自

然，但感情真挚，喜气洋溢。

【思考与练习】

1. 学习作者托物言志的艺术手法。
2. 背诵这首诗。

永宁南原秋望[1]

元好问

浩浩[2]西风入敝衣[3]，茫茫野色动清悲[4]。
洗开尘涨雨才定[5]，老尽物华[6]秋不知。
烽火苦教乡信断，砧声偏与客心期。
百年人事登临地，落日飞鸿一线迟。[7]

（选自《全元诗》，杨镰主编，中华书局，2013 年版）

【注释】

［1］永宁：今河南省洛宁县。南原：作者《竹林弹院记》载："南原当大川之阴，壤地衍沃，分流交贯，嘉木高荫，良谷美稷，号称河南韦杜。"

［2］浩浩：本指水盛大的样子，此处借指风大。

［3］敝衣：破烂之衣。

［4］动清悲：触发了凄苦的心情。

［5］洗开句：意为大雨初定，河水涨满，尘埃被一洗干净。

［6］物华：万物之精华。

［7］这两句用杜甫《登高》："万里悲秋常作客，百年多病独登台"之诗意。

【导读】

元好问（1190—1257），鲜卑族，字裕之，太原秀容（今山西忻县）人。因在遗山（今山西定襄县城东十八里）读过书，故自号遗山山人。其先祖系北魏拓跋氏，北魏孝文帝迁都洛阳后，遂改姓为元。好问八岁能诗，公元 1221 年中进士，官至尚书省左司员外郎，金亡不仕。著有《遗山集》，编有《中州集》。其诗词风格沉郁，多伤时感事之作。有论诗绝句三十首，崇尚天然，反对雕饰，在文学批评史上颇有影响。他是我国金元时期一位杰出的诗人。

【拓展阅读】

昭君怨（雪）

完颜亮

昨日樵村渔浦。今日琼川银渚[1]。山色卷帘看。老峰峦[2]。锦帐美人贪睡。不觉天孙剪水[3]。惊问是杨花。是芦花。

（选自《全金元词》，唐圭璋编，中华书局，1979年版）

【注释】

[1] 此句谓大雪覆盖了整个大地。

[2] 这句意思是峰峦被大雪所覆盖，看起来好像老人的白头。

[3] 天孙：传说织女是天帝的孙女。

【思考与练习】

背诵《昭君怨》。

思　　亲

贯云石

天涯芳草亦婆娑[1]，三釜[2]凄凉奈我何。
细较十年衣上泪，不如慈母线痕多。[3]

（选自《全元诗》，杨镰主编，中华书局，2013年版）

【注释】

[1] 婆娑：形容枝叶摇曳的样子。

[2] 三釜：古代低级官吏的俸禄。一釜为六斗四升。这里借用“三釜”表达作者对仕途经济的厌倦，并不一定是嫌俸禄太少。

[3] 这句用唐代孟郊《游子吟》：“慈母手中线，游子身上衣。临行密密

缝，意恐迟迟归。谁言寸草心，报得三春晖”之诗意。

【导读】

贯云石（1286—1324），西域畏兀人，元世祖忽必烈时的光禄大夫阿里海涯之孙，本名小云石海涯，父名贯只哥，遂以贯为姓，号酸斋，又号芦花道人。曾任元朝两淮万户府达鲁花赤、翰林侍读学士、知制诰。二十九岁辞官归隐，以后就长住杭州。公元1324年殁于钱塘正阳门外海鲜巷寓所。著有《酸斋集》。

贯云石侍母极孝，这首诗充分表达了他对母亲的深切怀念之情。这是一首仕宦之子思亲落泪的亲情诗，自己独处天涯，形单影只，茕茕孑立，形影相吊，与那随风飘沉的蓬蒿何异？况无情野草尚能繁茂婆娑，叶叶相依，而仕子与母亲却天各一方，一种相思，两处哀愁。

【拓展阅读】

上京即事[1]（九）

萨都剌

紫塞[2]风高弓力强，王孙[3]走马猎沙场。
呼鹰腰箭[4]归来晚，马上倒悬双白狼。

（选自《全元诗》，杨镰主编，中华书局，2013年版）

【注释】

[1] 此题十首，这组诗作于元顺帝元统二年（1334），不但记录了元上都（今内蒙古正蓝旗境内）的宫廷礼仪，还描写了蒙古族的生活习俗和祖国北地的草原风光。此首原列第九，写狩猎。

[2] 紫塞：指长城。

[3] 王孙：古代贵族子弟的通称。

[4] 腰箭：腰上挎着弓箭。

【思考与练习】

背诵《上京即事》（九）。

解佩令（自题词集）

朱彝尊

十年磨剑，五陵[1]结客，把平生涕泪都飘尽。老去填词，一半是空中传恨，几曾围、燕钗蝉鬓[2]。　　不师秦七，不师黄九，倚新声玉田差近[3]。落拓江湖，且分付、歌筵红粉[4]。料封侯白头无分。

（选自《全清词钞》，叶恭绰编，中华书局，1982 年版）

【注释】

［1］五陵：汉代高祖、武帝等五位皇帝的陵墓，在今陕西咸阳市附近。

［2］燕钗；指燕形钗。蝉鬓：古代妇女的一种发式。

［3］秦七：秦观。黄九；黄庭坚。玉田：张炎。以上三人均为宋代词人。

［4］红粉：本指胭脂和铅粉，女子的化妆品，这里借指歌伎。

【导读】

朱彝尊（1629—1709），字锡鬯，号竹垞，浙江秀水（今浙江省嘉兴市）人。清圣祖康熙十八年（1679），举博学鸿词科，授翰林院检讨，曾参与纂修《明史》。朱彝尊是经学家，也兼长诗、文、词。其诗与王士祯齐名。他是清代浙西词派的创始人，作词主张宗南宋姜夔和张炎，讲究字句声律，风格雍容典雅。著有《曝书亭诗文集》等。

这首词题为《自题词集》，即表明是作者抒写个人思想感情的作品。上阕重在概括自己的一生。十年磨砺，老来著述，空有满腔经纶却无处施展，惟有向天抒发愤懑，以表达不得用世的苦闷。下阕侧重抒写对作词的看法，表明他填词师从张炎和以词寄情的特点，也再次流露出仕途不畅，不得用世，转而寄情于填词的无奈心情。

【拓展阅读】

长相思（“山一程”）

纳兰性德

山一程，水一程，身向榆关那畔行，夜深千帐灯。　　风一更，雪一更，聒碎乡心梦不成，故园无此声。

（选自《纳兰词笺注》，张秉戌笺注，北京出版社，2000 年版）

【思考与练习】

1. 这首词是怎样表现作者苦闷的心情的？
2. 背诵这首词。

第二单元　古代散文

涉　江

屈　原

余幼好此奇服兮，年既老而不衰[1]。带长铗之陆离兮[2]，冠切云之崔嵬[3]。被明月兮珮宝璐[4]。世溷浊而莫余知兮[5]，吾方高驰而不顾。驾青虬兮骖白螭[6]，吾与重华游兮瑶之圃[7]。登昆仑兮食玉英[8]，与天地兮同寿，与日月兮同光。哀南夷之莫吾知兮[9]，旦余济乎江湘。

乘鄂渚而反顾兮[10]，欸秋冬之绪风[11]。步余马兮山皋[12]，邸余车兮方林[13]。乘舲船余上沅兮[14]，齐吴榜以击汰[15]。船容与而不进兮[16]，淹回水而疑滞[17]。朝发枉陼兮[18]，夕宿辰阳[19]。苟余心其端直兮，虽僻远之何伤。

入溆浦余儃佪兮[20]，迷不知吾所如。深林杳以冥冥兮[21]，猨狖之所居[22]。山峻高以蔽日兮，下幽晦以多雨。霰雪纷其无垠兮[23]，云霏霏而承宇[24]。哀吾生之无乐兮，幽独处乎山中。吾不能变心而从俗兮，固将愁苦而终穷。

接舆髡首兮[25]，桑扈臝行[26]。忠不必用兮，贤不必以[27]。伍子逢殃兮[28]，比干菹醢[29]。与前世而皆然兮，吾又何怨乎今之人！余将董道而不豫兮[30]，固将重昏而终身！

乱曰[31]：鸾鸟凤皇[32]，日以远兮。燕雀乌鹊[33]，巢堂坛兮[34]。露申辛夷[35]，死林薄兮[36]。腥臊并御[37]，芳不得薄兮[38]。阴阳易位[39]，时不当兮。怀信侘傺[40]，忽乎吾将行兮！

（选自《楚辞》，林家骊译注，中华书局，2010年版）

【注释】

[1] 衰：衰退，懈怠。

[2] 长铗：长剑。陆离：形容其所佩带宝剑之长。

[3] 冠：本指帽子，这里释为“戴”。切云：一种很高的帽子。崔嵬：形容高的样子。

[4] 被：穿在身上或披在身上的意思。明月：一种夜间能发光的宝珠。珮：犹“佩”，佩带。璐：玉。

[5] 溷：混乱。

[6] 虬：一种有角的龙。骖：本义指一车驾三马。又特指驾车时服马两边的马。这里指驾驭车两旁的白螭。螭：一种无角的龙。

[7] 重华：古史传说中的五帝之一舜的名号。瑶：美玉。圃：这里的“瑶之圃”或即《离骚》之“县圃”，是神话传说中天帝及众神居住的地方。

[8] 昆仑：古代神话传说中西方神山的名称。英：花。

[9] 南夷：当时楚国江南一带的土著民族。

[10] 鄂渚：地名，在今湖北鄂州。

[11] 欸：感叹，叹息。绪风：大风。

[12] 步：使行走。皋：水泽，引申为水边之地。

[13] 邸：停留。方林：面积广大的树林。

[14] 舲船：有窗子的船。上：这里是沿沅水逆流而上的意思。

[15] 吴榜：船桨。一作“大棹”。汰：水波。

[16] 容与：徘徊不前的样子。

[17] 淹：停留，滞留。回水：江中急流回旋而形成的涡流，即漩涡。疑滞：即“凝滞”，停滞不前。

[18] 枉陼：地名，沅水中的一个河湾，在辰阳以东，沅水下游，今属湖南常德。

[19] 辰阳：地名，在今湖南辰溪。

[20] 溆浦：地名，在今湖南溆浦一带，或因溆水而得名，因其在溆水之滨的缘故。儃佪：徘徊不前。

[21] 杳以冥冥：意即幽深晦暗。“杳”与“冥”意义相近，都是幽暗、昏暗的意思。

[22] 猨：一种猕猴。狖：猿猴的一种。

[23] 霰：小雪珠。垠：边际，涯岸。

[24] 霏霏：这里形容云气很盛的样子。承宇：指山中云气旺盛而与屋檐相承接。宇，屋檐。

[25] 接舆：春秋时楚国人，佯狂避世。髡首：剃去头发。

[26] 桑扈：古代隐士。臝行：意即裸体而行。臝，同“裸”。

[27] 以：用。

［28］伍子：即伍子胥，春秋末吴国大夫，名员，字子胥。曾辅佐吴王阖闾攻破楚国。继事吴王夫差，力谏灭越国，夫差不纳。后遭太宰伯嚭诬陷，被逼自杀。

［29］比干：殷末纣王的叔伯父。菹醢：肉酱，这里指剁成肉酱。菹、醢，均有肉、肉酱的意思。

［30］董：正。豫：犹豫。

［31］乱：乐曲的最后一章叫乱。古时诗乐不分，故诗文中最后总括全篇要旨的一段文字也被称作乱。

［32］鸾鸟凤皇：古人心目中神异的鸟类，这里比喻贤能之士。

［33］燕雀乌鹊：都是普通常见鸟类，这里比喻谗佞小人。

［34］巢：鸟窝，这里是搭窝的意思。堂：古时天子以及诸侯议政、祭祀的朝堂、庙堂。坛：用土筑起的高台。

［35］露申：一种香草。辛夷：一种香草。

［36］薄：草木丛生的地方。

［37］腥臊：恶臭秽浊的气味，这里比喻奸邪小人。御：进用。

［38］薄：靠近，接近。

［39］阴阳易位：这里比喻当时社会忠奸不辨，是非不分，从而使君子贤士失位，奸邪小人得志。

［40］怀信：怀抱忠贞诚信之心。侘傺：惆怅失意的样子。

【导读】

屈原（约前339—约前278）战国时楚国丹阳（今湖北秭归）人，名平。又自云名正则，字灵均。楚公族。事楚怀王，曾任左徒、三闾大夫等职。学问博，见识广，彰明法度，举贤授能，为怀王所信用。主张联齐抗秦。子兰（怀王幼子）、上官大夫等害其能，短于王。王乃疏原。曾谏怀王不可入秦，怀王不听，信子兰，入秦被拘，死于秦。顷襄王时再次受谗，被放逐于沅湘一带。原既痛国之危亡，又感理想之无法实现，乃投汨罗江而死。著有《离骚》、《九章》、《九歌》等，开楚辞之体。今存刘向所编集《楚辞》。

《涉江》为顷襄王时期，屈原远放江南时，为记叙征程和抒写怨愤而作。记述了他渡过大江，溯沅水而上达溆浦一带，幽然独处于深山的旅程，也穿插了在行程中及到达目的地后的所思所感。本文的特色是用一大段纪行文字，描写了沅水流域的山川景物，抓住带有特征性的景象，寥寥数语勾勒，便高度概括地写出深山密林险峻幽邃的景象，而这一景象又恰到好处地映衬烘托了作者寂寞悲怆的心情。

【拓展阅读】

1.《管锥编·楚辞洪兴祖补注》，钱钟书，三联书店，2008年版。
2.《名家讲解楚辞》，殷义祥、麻守中，长春出版社，2009年版。

【思考与练习】

1.《涉江》表现了屈原怎样的思想情怀？
2. 写作一篇短文，分析并阐明作者以景衬托心境的抒情方法。

论语（七章）

《论　语》

（一）

子[1]曰："学而时习[2]之，不亦说[3]乎？有朋自远方来，不亦乐乎？人不知而不愠[4]，不亦君子[5]乎？"

（二）

曾子[6]曰："吾日三省[7]吾身：为人谋[8]而不忠[9]乎？与朋友交而不信乎？传[10]不习乎？"

（三）

子曰："朝闻道[11]，夕死可矣。"

（四）

子曰："德不孤[12]，必有邻[13]。"

（五）

子曰："不愤[14]不启[15]，不悱[16]不发，举一隅不以三隅反，则不复也。"

（六）

子在川上[17]曰："逝者[18]如斯夫！不舍昼夜。"

（七）

子曰："岁寒，然后知松柏之后凋[19]也。"

（选自《四书五经·论语》，中华书局，2009年版）

【注释】

[1] 子：古代对成年男子的尊称。在《论语》中，"子"是对孔子的专

称。其他人称“子”时前边冠以姓氏，如“曾子”、“有子”。

［2］习：温习学习过的知识，将知识反复运用到实践中来验证的过程。

［3］说：通“悦”，喜悦。

［4］愠：生气、恼怒、怨恨。

［5］君子：道德高尚的人。

［6］曾子：孔子的弟子曾参。

［7］三省：多次自我检讨，反省自己。三：表示多数，多次。省：自我检讨，反省自己。

［8］谋：谋划。

［9］忠：诚实、实在。

［10］传：向别人传习知识，即讲授。

［11］道：做人的基本道理。

［12］孤：孤独、孤单。

［13］邻：邻居。这里引申为情感上的亲近。

［14］愤：心求通而未通的精神状态。

［15］启：启发。

［16］悱：心里明白，想要表达却表达不出来的样子。

［17］川上：河岸。川：河流。

［18］逝者：过去的。这里指人生时间。

［19］凋：凋零，树叶枯萎飘落。

【导读】

《论语》为儒家经典之一，由孔子的弟子及其再传弟子编撰而成。《论语》以语录体和对话文体为主，记录了孔子及其弟子言行，内容涉及哲学、政治、经济、教育、文艺等诸多方面，集中体现了孔子的政治主张、道德观念及教育原则等，是一部妇孺皆知的中国古典哲学巅峰之作，在思想史、文化史和教育史上有很深广的影响，在文学史上也占有重要地位。

【拓展阅读】

1. 《论语新解》，钱穆，三联书店，2002 年版。
2. 《论语今读》，李泽厚，三联书店，2004 年版。

【思考与练习】

1. 《论语》对当今世界发展有什么启发意义？

2. 写作一篇短文，试举《论语》对我们学习生活的指导意义。

逍 遥 游

庄 子

北冥有鱼[1]，其名为鲲[2]。鲲之大，不知其几千里也。化而为鸟，其名为鹏。鹏之背，不知其几千里也。怒而飞[3]，其翼若垂天之云[4]。是鸟也，海运则将徙于南冥[5]。南冥者，天池也[6]。

齐谐者[7]，志怪者也[8]。谐之言曰："鹏之徙于南冥也，水击三千里[9]，抟扶摇而上者九万里[10]，去以六月息者也[11]。"野马也，尘埃也，生物之以息相吹也[12]。天之苍苍，其正色邪？其远而无所至极邪[13]？其视下也，亦若是则已矣[14]！

且夫水之积也不厚，则其负大舟也无力。覆杯水于坳堂之上[15]，则芥为之舟[16]，置杯焉则胶[17]，水浅而舟大也。风之积也不厚，则其负大翼也无力。故九万里则风斯在下矣[18]，而后乃今培风[19]；背负青天而莫之夭阏者[20]，而后乃今将图南[21]。

蜩与学鸠笑之曰[22]："我决起而飞[23]，枪榆枋[24]，时则不至[25]，而控于地而已矣[26]，奚以之九万里而南为？"适莽苍者[27]，三飡而反[28]，腹犹果然[29]；适百里者，宿舂粮[30]；适千里者，三月聚粮[31]。之二虫，又何知[32]！

小知不及大知[33]，小年不及大年[34]。奚以知其然也[35]？朝菌不知晦朔[36]，蟪蛄不知春秋[37]，此小年也。楚之南有冥灵者[38]，以五百岁为春，五百岁为秋；上古有大椿者，以八千岁为春，八千岁为秋，此大年也[39]。而彭祖乃今以久特闻，众人匹之[40]，不亦悲乎！

汤之问棘也是已[41]：穷发之北[42]，有冥海者，天池也。有鱼焉，其广数千里，未有知其修者[43]，其名为鲲。有鸟焉，其名为鹏，背若太山，翼若垂天之云，抟扶摇羊角而上者九万里[44]，绝云气[45]，负青天，然后图南，且适南冥也。斥鴳笑之曰[46]："彼且奚适也！我腾跃而上，不过数仞而下[47]，翱翔蓬蒿之间，此亦飞之至也[48]，而彼且奚适也！"此小大之辩也[49]。

故夫知效一官，行比一乡，德合一君，而征一国者，其自视也，亦若此矣[50]。而宋荣子犹然笑之[51]。且举世而誉之而不加劝[52]，举世而非之而不加沮[53]，定乎内外之分，辩乎荣辱之境[54]，斯已矣[55]。彼其于世，未数数然也[56]。虽然，犹有未树也[57]。

夫列子御风而行[58]，泠然善也[59]，旬有五日而后反[60]。彼于致福者[61]，未数数然也。此虽免乎行，犹有所待者也[62]。

若夫乘天地之正而御六气之辩，以游无穷者，彼且恶乎待哉[63]！故曰：至人无己，神人无功，圣人无名[64]。

尧让天下于许由[65]，曰："日月出矣而爝火不息[66]，其于光也不亦难乎！时雨降矣而犹浸灌[67]，其于泽也[68]不亦劳乎！夫子立而天下治[69]，而我犹尸之[70]，吾自视缺然[71]。请致天下[72]。"许由曰："子治天下，天下既已治也，而我犹代子，吾将为名乎？名者，实之宾也。吾将为宾乎[73]？鹪鹩巢于深林[74]，不过一枝；偃鼠饮河[75]，不过满腹。归休乎君，予无所用天下为[76]！庖人虽不治庖[77]，尸祝不越樽俎而代之矣[78]。"

肩吾问于连叔曰[79]："吾闻言于接舆[80]，大而无当，往而不反[81]。吾惊怖其言，犹河汉而无极也[82]。大有径庭[83]，不近人情焉。"连叔曰："其言谓何哉？""曰：'藐姑射之山[84]，有神人居焉。肌肤若冰雪，淖约若处子[85]。不食五谷，吸风饮露。乘云气，御飞龙，而游乎四海之外。其神凝，使物不疵疠而年谷熟[86]。'吾以是狂而不信也[87]。"连叔曰："然，瞽者无以与乎文章之观[88]，聋者无以与乎钟鼓之声，岂唯形骸有聋盲哉，夫知亦有之[89]。是其言也，犹时女也[90]。之人也，之德也，将旁礴万物以为一，世蕲乎乱，孰肯弊弊焉以天下为事[91]！之人也，物莫之伤，大浸稽天而不溺[92]，大旱金石流土山焦而不热。是其尘垢粃糠将犹陶铸尧舜者也[93]，孰肯以物为事！"

宋人资章甫而适诸越[94]，越人断发文身[95]，无所用之。尧治天下之民，平海内之政，往见四子藐姑射之山汾水之阳[96]，窅然丧其天下焉[97]。

惠子谓庄子曰[98]："魏王贻我大瓠之种[99]，我树之成[100]而实五石[101]，以盛水浆，其坚不能自举也[102]。剖之以为瓢，则瓠落无所容[103]。非不呺然大也[104]，吾为其无用而掊之[105]。"庄子曰："夫子固拙于用大矣[106]！宋人有善为不龟手之药者[107]，世世以洴澼絖为事[108]。客闻之，请买其方百金。聚族而谋曰：我世世为洴澼絖，不过数金。今一朝而鬻技百金[109]，请与之。客得之，以说吴王。越有难，吴王使之将。冬，与越人水战，大败越人[110]，裂地而封之。能不龟手一也，或以封，或不免于洴澼絖，则所用之异也。今子有五石之瓠，何不虑以为大樽而浮乎江湖[111]，而忧其瓠落无所容，则夫子犹有蓬之心也夫[112]！"

惠子谓庄子曰："吾有大树，人谓之樗[113]。其大本拥肿而不中绳墨[114]，其小枝卷曲而不中规矩[115]。立之涂，匠者不顾。今子之言，大而无用，众所同去也。"庄子曰："子独不见狸狌乎[116]？卑身而伏，以候敖者[117]；东西跳梁[118]，不避高下[119]；中于机辟[120]，死于罔罟[121]。今夫斄牛[122]，其大若垂天之云，此能为大矣，而不能执鼠。今子有大树，患其无用，何不树之于无何有之乡[123]，广莫之野[124]，彷徨乎无为其侧，逍遥乎寝卧其下[125]？不夭斤斧[126]，物无害者[127]。无所可用，安所困苦哉[128]！

（选自《庄子今注今译》，陈鼓应注译，中华书局，2009 年版）

【注释】

［1］北冥：即北海。冥，幽深。一作“溟”，海。

［2］鲲：一种大鱼的名字。

［3］怒：形容气势强盛，引申为奋发。此谓奋力鼓动翅膀。

［4］垂天之云：天边的云彩。垂天，天边。

［5］海运：海动，即海啸。徙：迁往。南冥：南海。

［6］天池：南海的别名，取义于天然而成的水池。

［7］齐谐：书名，专门记载怪异之事，已佚。

［8］志：记载。

［9］水击：击水，用翅拍打水面。

［10］抟：环绕。一作“搏”，拍打，搏击。扶摇：即“飙”，一种从地面上升的暴风。

［11］去以六月息者也：大鹏飞去，是要凭着六月的大风才能成行的。以，因依。息，气息，此指风。按，这里是要指出，大鹏的高飞是有所“待”的。

［12］野马也，尘埃也，生物之以息相吹也：那些看上去像奔马的浮尘游气，全是靠着生物间的呼吸吹拂才游动升腾的。

［13］天之苍苍，其正色邪？其远而无所至极邪：天是青苍苍的，这是它真正的颜色呢，还是因为相距太远而看不真切了呢？至极，到达尽头。

［14］其视下也，亦若是则已矣：飞到高空的大鹏往下看，也会是如此（看不真切）的。此极言大鹏飞翔之高。

［15］覆：倒。坳堂：即堂坳，地上低洼之处。

［16］芥：小草。

［17］胶：粘住。

［18］斯在下：就在大鹏的下面了。

［19］乃今：乃即，才就。培风：凭风，乘风。培，通“凭”。按，此言大鹏需要高飞，凭借“厚”风才能飞往南海。

［20］夭：挫折。阏：阻止。

［21］图南：开始朝南飞去。图，谋求。

［22］蜩：蝉。学鸠：小鸟名。

［23］决：急飞而起的样子。

［24］枪：突，穿过。榆：榆树。枋：一种小树。一说即檀木。

［25］时则不至：有时或许飞不到树上。

［26］控：投，落下。

［27］适莽苍者：以下几句均是指小鸟之飞。适，往。莽苍，草色青青，指近郊。

［28］飡：“餐”的异体字。反：“返”的古字。

［28］果然：腹饱的样子。

［30］宿：隔夜，头天晚上。舂粮：捣米备粮。

［31］三月聚粮：准备三个月的粮米。

［32］之二虫，又何知：这两只小鸟又知道什么呢！按，小鸟飞行也要有所待，却讥笑大鹏，故斥其无知。

［33］知：“智”的古字。

［34］年：年寿。

［35］奚：何。

［36］朝菌：植物名，朝生暮死。晦：阴历每月的最后一天。朔：阴历每月初一。

［37］蟪蛄：虫名，夏初生，夏末死。

［38］冥灵：树名。

［39］此大年也：该句原文缺失，据宋人陈景元《庄子缺误》补。

［40］而彭祖乃今以久特闻，众人匹之：彭祖以高寿著称，一般人凡说到年寿，都拿他来作比较。彭祖，人名，传说生于尧舜时，死于殷时，活了七八百年。久，长寿。特闻，犹言“著称”。匹，比。

［41］棘：人名，相传商汤时大夫。《列子·汤问》篇作“夏革”。

［42］穷发：不毛之地。

［43］修：长度。

［44］羊角：旋风。

［45］绝：超过。

［46］斥：小泽。一说，斥通“尺”，小。鴳：通“鷃”，小雀名。

［47］仞：长度单位，古代以八尺或七尺为一仞。

［48］飞之至：最好的飞翔。

［49］此小大之辩也：这不过只是小和大的区别罢了。辩，别。按，这里是在指出大鹏和小鸟都有所待，所不同的只是有个大小之别。

［50］故夫知效一官，行比一乡，德合一君，而征一国者，其自视也，亦若此矣：由此看来那些才智只能胜任一官之职、行为只能庇护一乡之众、品德只能迎合一君之心、能耐只能折服一国之人的人，其自我感觉也和这些小鸟差不多。效，胜任。比，通“庇”。而，通“能”。征，信服。

［51］宋荣子：即宋钘，战国诸子，约与庄子同时，其学说接近墨家。犹然：笑貌。笑之：看不起上述小智之人。

［52］而不加劝：他（宋荣子）也不会特别加把劲。劝，勉，努力。

［53］非：非议。沮：沮丧。

［54］定乎内外之分，辩乎荣辱之境：大意是说，在宋荣子看来，世人的非誉都是外在的，自己做得对不对才是内在的，他认定了内外二者的分际，自有荣辱之感，所以能够不为外在的毁誉所动。

［55］斯已矣：他所能做到的就是这些了。

［56］彼其于世，未数数然也：他在这个世上也就没有什么汲汲可求可争的了。数数：迫切的样子。

［57］未树：没有达到的境界。此指仍受荣辱之心束缚。

［58］列子：即列御寇，郑国人，相传能乘风而行。御风：乘风。

［59］泠然：轻妙的样子。

［60］旬有五日：十五天。旬，十天为一旬。有，通“又”。

［61］致福者：求得福禄之事。

［62］犹有所待：仍然还需要凭借其他条件。此指有待于风。待：凭依。

［63］若夫乘天地之正而御六气之辩，以游无穷者，彼且恶乎待哉：若是乘着天地间的正常现象，驾驭着六气的自然变化，遨游在不受时空限制的“道”的领域，这还有什么需要凭借的呢！六气：阴阳风雨晦明。辩，通“变”。恶：何。按，此是描述一种主观上与道合一、一切顺其自然的状态。

［64］至人无己，神人无功，圣人无名：至人能够忘掉自己的形骸，神人能够无意于求功，圣人能够无意于求名。按，此是说只有修养最高的“至人”、“神人”、“圣人”才能达到与道合一、物我两忘、不受功名所累的境界，这种境界才是真正的逍遥游。

［65］许由：传说中的著名贤士，尧让天下而不受，有“洗耳”故事，逃遁后隐于箕山。

［66］爝火：小火把。

［67］浸灌：灌溉。

［68］泽：润泽庄稼。

［69］夫子：此称许由。

［70］尸：古代祭祖时祖神的化身，即神主，引申为徒居其名位者。此作动词，徒居。

［71］缺然：不合适。

［72］致天下：把天下奉交给您。

［73］子治天下，天下既已治也，而我犹代子，吾将为名乎？名者，实之宾也。吾将为宾乎：大意是说自己若接受尧已治理好的天下，就是徒得其名，“名”不过是“实”的附庸，自己怎么可能为了这种虚名而放弃自己的生活。

［74］鹪鹩：小鸟名，喜居树林深处。

［75］偃鼠：一作“鼹鼠”，常穿地而行，喜饮河水。按，许由是以小鸟、鼹鼠自比，以深林、河水喻天下，表示自己只求一栖一饱足矣。

［76］归休乎君，予无所用天下为：君王您还是回去吧，算了吧，我是用不着要这么大的天下的。

［77］庖人：掌管庖厨的人，犹今言“厨师”。治庖：此谓供应好牺牲等祭品。

［78］祝：主持祭祀者。因其对神主（尸）而祝，故称尸祝。越：超越权限。樽：盛酒器。俎：盛肉器。樽、俎皆庖人所掌管。按，该段是引许由故事以证“圣人无名”。

［79］肩吾、连叔：当为作者杜撰的人物名。

［80］接舆：见于《论语》记载的楚国狂士。后面肩吾所述接舆之言，乃作者假托之辞。

［81］往而不反：犹言一味说下去，越说越远。反，通“返”。

［82］河汉：指天上的银河。

［83］径庭：此指与人情差别很大。径，小路；庭，庭院。

［84］藐姑射：传说中的仙山名。

［85］淖约：同“绰约”，美好貌。处子：处女。

［86］其神凝，使物不疵疠而年谷熟：他凝神静气，就能使万物不生病且庄稼成熟饱满。疵疠：疾病。

［87］以是：以此。狂：狂言，妄诞之语。

［88］瞽者无以与乎文章之观：盲人就不要去观看美丽的花纹。瞽，盲人。与，参与。文章，有文采的东西。下句仿此。

［89］岂唯形骸有聋盲哉，夫知亦有之：岂只是身体方面有耳聋眼瞎的，人的智力方面，也是有这种情况的。

［90］是其言也，犹时女也：这些话简直就像是在说你呀！时，是。女，汝。

［91］之人也，之德也，将旁礴万物以为一，世蕲乎乱，孰肯弊弊焉以天下为事：这位藐姑射神人，他的德泽是要广被万物，为整个宇宙祈求太平，哪里还会忙碌疲惫地以治理天下为事呢！旁薄，磅礴。广被，包容。蕲，通“祈”，祈求。乱，治理。弊弊，劳苦貌。

［92］大浸：大水。稽：至。

［93］是其尘垢秕糠将犹陶铸尧舜者也：用他身上的琐细尘垢都能陶铸出几个尧舜来。秕糠，谷不熟为“秕”，谷皮叫“糠”，此指琐细之物。陶铸，制瓦器叫“陶”，制铜铁器叫“铸”。

［94］资：采购。章甫：礼帽。适诸越：指到越国去销售。

［95］断发文身：剪短了头发，身上画着花纹。断，一作“短”。这是一种野蛮人的装束，根本不需要礼帽。

［96］四子：相传指王倪、齧（音“聂”）缺、被衣、许由，被《庄子》指为得道之人。汾水之阳：汾水北面。在今山西临汾一带。

［97］窅然：深远貌。丧：忘。此言尧往见四子之后，茫茫然竟把天下给忘掉了。按，该段借肩吾、连叔的对话以证“神人无功”，即“不以天下为事”。

［98］惠子：即惠施，战国诸子中名家学派的代表，宋人，庄子好友，曾为梁（即魏）相。

［99］魏王：指梁惠王。贻：送。大瓠：大葫芦。

［100］树：种植。成：长成葫芦。

［101］实五石：能装得下五石东西那么大。实，容纳。石，十斗为一石。

［102］以盛水浆，其坚不能自举也：葫芦皮脆，盛水太多就承受不了，无法提举。坚，坚固程度。

［103］瓠落：犹言“廓落”，大而平浅。

［104］呺然：虚大貌。

［105］掊：击破。

［106］拙于用大：不善于给事物派大用场。

［107］不龟手之药：防治冻伤手的药。龟，通“皲”，皮肤受冻而裂。

［108］洴澼：在水中漂洗。絖：同“纩”，细棉絮。

［109］鬻技：出卖制药技术。

［110］大败越人：吴人用不龟手之药事先做了预防，虽冬季水战，皮肤不冻裂，故能取胜。

［111］虑以为大樽：把它系在身上当腰舟。虑，结缚。大樽，一名“腰舟”，空心葫芦做成的漂浮用具，系在身上可以自渡，因其形如酒器，故名

"樽"。

[112] 则夫子犹有蓬之心也夫：老先生您的心是不是像蓬草心那样狭窄而弯曲呀？此以蓬心喻见识浅陋。

[113] 樗：俗名臭椿，木质较差。

[114] 大本：指主干。拥肿：同"臃肿"，指树干多赘瘤。绳墨：木匠用以求直的工具，即墨斗。

[115] 卷曲：弯弯扭扭。规矩：木匠求圆求方的工具。此连上句是言树的枝、干都不能用作制作器物的材料。

[116] 狸：野猫。狌：俗名黄鼠狼。

[117] 敖者：指往来的小动物。敖，闲游。

[118] 跳梁：同"跳踉"，跳来跳去。

[119] 辟：通"避"。

[120] 机辟：捕鸟兽的机栝，装有机关，一触即发。

[121] 罔：同"网"。罟：网的通称。

[122] 斄牛：即牦牛。

[123] 无何有之乡：什么也没有的去处。此谓对于现实之物视而不见。

[124] 广莫：广大。

[125] 彷徨乎无为其侧，逍遥乎寝卧其下：在它旁边无所事事地逛来逛去，在它下面怡然自得地躺着睡着。

[126] 不夭斤斧：不因刀斧砍伐而夭折。

[127] 物无害者：没有什么东西能侵害到它。

[128] 无所可用，安所困苦哉：意思是说，它没有什么用，就不会有困苦，这难道不是最大的用处吗？按，以上两段借与惠子的对话，谈"无用"之大"用"。

【导读】

庄子（约前 369—前 286），名周，战国时期宋国蒙（今河南商丘）人，先秦道家学派的主要代表之一。据《史记》记载，他曾是蒙漆园吏，是个下层的小官，生活比较贫苦，以致不得不向人借贷粟米度日。庄子的著作，据《汉书·艺文志》记载，共五十二篇，现存三十二篇，前人把它们分为内篇、外篇、杂篇三类。一般认为，内篇是庄子所作，其余篇章是他的门人或后学所作。庄子在老子"无为"学说基础上进而齐万物，尚返真，追求主观精神上的恬淡逍遥，避世自得，形成了与儒、墨诸学派的对立和互补。庄子的散文，有相当高的艺术技巧，有独特的艺术风格，是先秦散文中成就比较高的作品。

这是《庄子》内篇中的第一篇。这篇文章比较集中地表现了庄子哲学思想的一个重要方面——虚无主义和绝对自由主义。“逍遥游”是庄子自己所幻想的一种绝对自由的境界。这篇文章在写作上有相当高的艺术技巧。作者对自己的思想，不是赤裸裸地直接说出来，而是通过大量的鱼虫鸟兽的活动、变化，自然事物的关系，和传说故事中人物的对话等，把自己的思想形象化，使读者的思路在不知不觉之中走进了文章创造的意境，接受了它的感染，从而完成了文学作品吸引人、感染人的任务。这篇文章构思开阔，想象奇特，语言富有节奏感，读起来朗朗上口。而汪洋恣肆、于变化超脱中又词锋逼人，则是本文总体特色。

【拓展阅读】

1. 《向庄子借智慧》，傅佩荣，中华书局，2009 年版。
2. 《正是时候读庄子》，蔡壁名，网易公开课。

【思考与练习】

1. 《逍遥游》阐释了庄子怎样的思想境界？
2. 我们应该如何理解庄子的“逍遥”与“齐物”思想？

子产告范宣子轻币

左丘明

范宣子为政[1]，诸侯之币重[2]，郑人病[3]之。

二月，郑伯[4]如晋，子产寓书于子西[5]，以告[6]宣子，曰：“子为晋国，四邻诸侯不闻令德[7]，而闻重币，侨[8]也惑之。侨闻君子长国家者，非无贿[9]之患，而无令名之难。夫诸侯之贿聚于公室，则诸侯贰[10]。若吾子赖之，则晋国贰。诸侯贰，则晋国坏；晋国贰，则子之家坏，何没没[11]也？将焉用贿？夫令名，德之舆也[12]；德，国家之基也。有基无坏，无亦是务乎[13]！有德则乐，乐则能久。诗云：‘乐只君子，邦家之基[14]’，有令德也夫！‘上帝临女，无贰尔心[15]’，有令名也夫！恕思以明德，则令名载而行之，是以远至迩安[16]。毋宁使人谓子‘子实生我’，而谓‘子浚我以生’乎？象有齿以焚其身，贿也[17]。”宣子说，乃轻币。

（选自《四书五经 · 左传》，中华书局，2009 年版）

【注释】

［1］为政：执政，主持国政。

［2］币：古代通常用作财礼，这里指诸侯向盟主晋国进献的贡品。重：沉重。币重：进献贡品负担沉重。

［3］病：忧虑，担心。

［4］郑伯：郑简公。

［5］子产：即公孙侨，郑简公十二年为卿，二十三年执政。寓书：寄书，传书。子西：郑国大夫，当时随从郑简公去晋国。

［6］告：告诉，劝说。

［7］令德：美德。令，美善，美好。

［8］侨：子产自称。

［9］贿：财物。

［10］贰：离心。

［11］没没：不明白，糊涂。

［12］夫令名，德之舆也：好名声，是装载德行的车子。

［13］有基无坏，无亦是务乎：国家有了基础，就不会毁坏，不也应该致力于这个吗？

［14］乐只君子，邦家之基：见《诗经·小雅·南山有台》，意为快乐呀君子，是国家和家族的基础。只，语气助词，无意义。

［15］上帝临女，无贰尔心：见《诗经·大雅·大明》，意为苍天在你的上边，不要三心二意。

［16］恕思一句：用体谅来发扬德行，就会使美名远扬，因此远方的小国就会来归属，近邻便会安心。恕思：体谅，谅解。迩：近。

［17］毋宁二句：宁可让人对您说："您确实养活了我。"不要让人对您说："您依靠榨取我来生活。"毋宁：宁愿。浚：榨取。焚，通"偾"，死。

【导读】

左丘明（约前540—前452），姓丘名明，因其世代为左史官，史称左丘明，春秋时期鲁国人，著名史学家，儒学奠基人之一。其父丘成因通晓史事，出任鲁国史官。后左丘明袭父职。左丘明品德高尚，胸怀坦荡，深得鲁侯器重。孔子亦视其为君子，谓之与其共好恶。孔子逝世后，左丘明为使孔子所著《春秋》流传后世，编著了历史上著名的《春秋左氏传》。

春秋时代，弱肉强食，强国逼迫小国大肆进贡成为一种暴政，小国往往苦不堪言，郑国就是一个这样的不幸者。郑国大夫子产给当时的晋国执政范宣子写信，是为了减轻负担。子产把“令德”、“令名”与“重币”两相对照，谈到“令德”、“令名”时由衷赞叹，谈到“重币”时又晓以弊端。最终，子产使范宣子不能不有所取舍，终于答应减轻诸侯的负担。

【拓展阅读】

1.《左传·子产论政宽猛》，郭丹、程小青、李彬源译，中华书局，2012年版。

2.《郑国铸刑鼎：成文法公布的条件及意义》，沈玮玮，南方都市报，2016年10月9日。

【思考与练习】

1. 子产用什么方法说服范宣子的？

2. 写作一篇短文，分析并阐明子产劝说范宣子的背景与责任担当。

上书谏猎

司马相如

（司马相如）常从上[1]至长杨[2]猎，是时天子方好自击熊彘[3]，驰逐壄[4]兽，相如上疏[5]谏之。其辞曰：

臣闻物有同类而殊能者，故力称乌获[6]，捷言庆忌[7]，勇期贲、育[8]。臣之愚，窃以为人诚有之，兽亦宜然。今陛下好陵阻险，射猛兽，卒然遇轶材之兽[9]，骇不存之地，犯属车之清尘[10]，舆不及还辕[11]，人不暇施巧，虽有乌获、逢蒙之伎[12]，力不得用，枯木朽株尽为害矣。是胡越起于毂[13]下，而羌夷接轸[14]也，岂不殆哉！虽万全无患，然本非天子之所宜近也。

且夫清道而后行，中路而后驰，犹时有衔橛之变[15]，而况涉乎蓬蒿，驰乎丘坟，前有利兽之乐而内无存变之意，其为祸也不亦难矣！夫轻万乘[16]之重不以为安而乐，出于万有一危之涂以为娱，臣窃为陛下不取也。

盖明者远见于未萌而智者避危于无形，祸固多藏于隐微而发于人之所忽者也。故鄙谚曰：“家累千金，坐不垂堂[17]。”此言虽小，可以喻大。臣愿陛下之留意幸察。

（选自《史记·司马相如列传》，司马迁编，中华书局，2011年版）

【注释】

［1］从：随从。上：皇上。

［2］长杨：宫名，内有长杨树，故名，故址在今陕西周至。

［3］彘：猪。

［4］壄：野。

［5］上疏：大臣向帝王进呈奏章。

［6］乌获：战国时秦国力士，详见《范雎见秦王》。

［7］庆忌：吴王僚之子。《吴越春秋》说他有万人莫当之勇，奔跑极速，能追奔兽、接飞鸟，驷马驰而射之，也不及射中。

［8］贲、育：孟贲、夏育，皆战国卫人，著名勇士，详见《范雎见秦王》。

［9］卒然：突然。卒，同“猝”。轶材：过人之材。轶，通“逸”，超越之意，这里喻指凶猛超常的野兽。

［10］属车：随从之车。一说为连续不断的车队。两义可并存。这里是不便直指圣上的婉转说法。清尘：即尘土。清，是一种美化的说法。

［11］还：通“旋”。辕：车舆前端伸出的直木或曲木。这里借指舆车。

［12］逢蒙：夏代善于射箭的人，相传学射于羿。伎：通“技”，技巧，才能。

［13］毂：车轮中心用以镶轴的圆木，也可代称车轮。

［14］轸：车箱底部四围横木。也用为车的代称。

［15］衔：马嚼。橛：车的钩心。衔橛之变：泛指行车中的事故。

［16］万乘：指皇帝。

［17］坐不垂堂：坐也不坐屋檐下，以防万一屋瓦坠落伤身。垂堂，靠近屋檐下。《史记·袁盎传》亦有“千金之子，坐不垂堂”语。

【导读】

司马相如（前 179—前 117），西汉蜀郡成都人，字长卿。工辞赋。初事景帝为武骑常侍，病免。去梁，从枚乘等游。后于临邛遇新寡家居之卓文君，携以同奔成都。武帝读相如所作《子虚赋》而善之，召为郎。后为中郎将，奉使通西南夷，有功。拜孝文园令，病免。有《上林》、《大人》等赋。

汉武帝的雄才大略，举世公认，但其在迷信神仙、奢靡侈费、沉湎游猎等方面，也为人们所诟病。司马相如为郎时，曾作为武帝的随从行猎长杨宫。他看到武帝不仅迷恋驰逐野兽的猎技，还喜欢亲自与熊和野猪搏击。司马相如写了这篇谏猎书呈上，由于行文委婉，劝谏与奉承结合得相当得体，武帝看了，不仅没有恼怒，而且连连赞许。

【拓展阅读】

1.《史记·司马相如列传》，司马迁编，中华书局，2011 年版。

2.《文学传播的力量——司马相如与卓文君》，王立群讲授，河南大学公开课。

【思考与练习】

1. 浅析司马相如上书谏猎的意义。

2. 简析《上书谏猎》的语言技巧。

陈　情　表

李　密

臣密言：臣以险衅[1]，夙遭闵凶[2]，生孩六月[3]，慈父见背[4]，行年四岁，舅夺母志[5]。祖母刘愍臣孤弱[6]，躬亲抚养。臣少多疾病，九岁不行[7]，零丁孤苦，至于成立[8]，既无伯叔，终鲜兄弟[9]，门衰祚薄[10]，晚有儿息[11]。外无期功强近之亲[12]，内无应门五尺之童，茕茕孑立，形影相吊[13]，而刘夙婴疾病[14]，常在床蓐[15]，臣侍汤药，未曾废离[16]。

逮奉圣朝[17]，沐浴清化[18]。前太守臣逵，察臣孝廉[19]；后刺史臣荣，举臣秀才。臣以供养无主[20]，辞不赴命。诏书特下，拜臣郎中[21]，寻蒙国恩，除臣洗马[22]。猥以微贱[23]，当侍东宫[24]，非臣陨首所能上报[25]。臣具以表闻，辞不就职。诏书切峻[26]，责臣逋慢[27]；郡县逼迫，催臣上道；州司临门[28]，急于星火。臣欲奉诏奔驰，则刘病日笃；欲苟顺私情，则告诉不许[29]。臣之进退，实为狼狈[30]。

伏惟圣朝以孝治天下，凡在故老[31]，犹蒙矜育[32]，况臣孤苦，特为尤甚。且臣少仕伪朝[33]，历职郎署[34]，本图宦达[35]，不矜名节[36]。今臣亡国贱俘，至微至陋[37]，过蒙拔擢[38]，宠命优渥[39]，岂敢盘桓[40]，有所希冀[41]？但以刘日薄西山[42]，气息奄奄[43]，人命危浅，朝不虑夕[44]。臣无祖母，无以至今日；祖母无臣，无以终余年。母孙二人，更相为命[45]，是以区区不能废远[46]。臣密今年四十有四，祖母刘今年九十有六，是臣尽节于陛下之日长，报养刘之日短也。乌鸟私情[47]，愿乞终养！臣之辛苦[48]，非独蜀之人士及二州牧伯所见明知[49]，皇天后土[50]，实所共鉴。愿陛下矜愍愚诚，听臣微志[51]，庶刘侥幸，保卒余年。臣生当陨首，死当结草[52]。臣不胜犬马怖惧之情，谨拜表以闻。

（选自《文选》，萧统编，中华书局，1977年版）

【注释】

［1］险衅：厄运，指命运不好。衅，恶兆。

［2］夙：早。闵凶：指不幸之事。

［3］生孩：刚生下来，指还是婴儿的时候。

［4］见背：离世。

［5］舅夺母志：舅父逼迫母亲改嫁。夺，以逼迫的方式使其改变不再嫁的志向。

［6］愍：怜悯。

［7］不行：不会行走。

［8］成立：成人自立。

［9］终鲜兄弟：语出《诗经·邶风·谷风》。鲜，少。

［10］祚：福。

［11］儿息：儿子。

［12］外无期功强近之亲：指没有很近的亲属。期，期服，穿一年丧服。功，功服，有大功小功之分。大功服丧九个月，小功服丧五个月。期、功，皆代指关系较近的亲属。强近，勉强比较亲近。

［13］形影相吊：只有自己的身体和影子互相慰问，形容孤独。吊，慰。

［14］夙婴疾病：疾病缠身多年。夙，早。婴，缠绕。

［15］蓐：草褥。

［16］废：指停止侍奉。离：离去。

［17］圣朝：指晋朝。

［18］沐浴清化：蒙受清明的政治教化。

［19］察：举荐。孝廉：汉代创立的一种选拔人才的科目。每年由地方官考察当地孝顺父母、品行端方的人才，向朝廷推荐以出仕。郡举孝廉，州举秀才。晋代沿用此制。

［20］供养无主：指如果应召便没有人供养祖母了。

［21］郎中：官名，晋代为尚书曹司的官员。

［22］除：授职。洗马：太子的属官。

［23］猥：鄙贱，谦辞。

［24］东宫：太子所居，代指太子。

［25］陨首：指杀身。

［26］切峻：急切严厉。

［27］逋慢：怠慢。

［28］州司：指州里的官员。

［29］告诉不许：虽陈述苦衷但不被许可。

［30］狼狈：形容进退两难的困境。

［31］故老：遗老，这里指旧臣。

［32］矜育：哀怜、供养。

［33］伪朝：指被晋所灭的蜀汉政权。

［34］郎署：指尚书台。李密在蜀汉政权中曾做过郎中和尚书郎。

［35］宦达：官位显赫。

［36］矜：注重。

［37］至微至陋：身价卑微鄙陋到极点。

［38］拔擢：提拔。

［39］宠命优渥：蒙恩授官，待遇优厚。

［40］盘桓：徘徊不进的样子。

［41］希冀：此指非分之想。这是作者为了避免朝廷的猜疑所作的申述。

［42］日薄西山：比喻临近死亡。薄，迫近。

［43］奄奄：气息微弱的样子。

［44］朝不虑夕：早上预料不了晚间的情况，形容生命垂危。

［45］更相为命：相互依靠，维持生存。

［46］区区：指私情，谦辞。废远：指废止奉养，远离而去。

［47］乌鸟私情：传说乌鸦能反哺其母。比喻人之孝道。

［48］辛苦：指困难的处境和内心的苦衷。

［49］二州牧伯：指本文所提及的太守逵和刺史荣。

［50］皇天后土：指天神和地神。

［51］微志：指供养祖母以终余年的想法。

［52］结草：《左传·宣公十五年》载，春秋时，晋大夫魏武子有爱妾，武子病中嘱咐其子魏颗，死后令妾改嫁，但病危时又令妾殉葬。武子死后，魏颗嫁妾，并说这是遵循父亲清醒时的遗命。后来，魏颗与秦将杜回作战，见一老人结草绊倒杜回。夜间老人托梦，自称是武子爱妾之父，结草绊回是为了报答魏颗不以女儿为殉的恩情。

【导读】

李密（224—287），西晋初犍为武阳人，字令伯，一名虔。父早亡，母改嫁，鞠于祖母刘氏，奉事以孝闻，师事谯周。少仕蜀，为郎。数使吴，有才辩。

西晋初年，朝廷征召李密为太子洗马。李密以祖母年事已高，无人奉养，遂不应命，于是上疏请求晋武帝允许他终养祖母。文中，李密陈述了自己的身世，说明他不能赴召的原因。因为是亡国之臣，恐怕引起武帝的误会，以为他矜守名节，所以特别委婉曲折地说明了这一点。文章辞语恳切，笔调婉曲动人，在语言的锤炼和写作技巧上，具有较高艺术价值。

【拓展阅读】

1.《由〈陈情表〉看中华传统文化中的“孝”》，张姗，《散文百家旬刊》，2014 年第 8 期。

2.《〈陈情表〉：一篇救命的文章》，解玺璋，腾讯《大家》专栏，2015 年 10 月 17 日。

【思考与练习】

1.《陈情表》在语言艺术上有怎样的特色？

2. 通过阅读本文，谈谈你对“孝”的认识。

兰亭集序

王羲之

永和九年[1]，岁在癸丑[2]，暮春之初，会于会稽山阴之兰亭[3]，修禊事也[4]。群贤毕至，少长咸集。此地有崇山峻岭，茂林修竹，又有清流激湍[5]，映带左右[6]，引以为流觞曲水[7]，列坐其次[8]，虽无丝竹管弦之盛[9]，一觞一咏，亦足以畅叙幽情[10]。

是日也，天朗气清，惠风和畅[11]，仰观宇宙之大，俯察品类之盛[12]，所以游目骋怀[13]，足以极视听之娱[14]，信可乐也[15]。

夫人之相与[16]，俯仰一世[17]，或取诸怀抱[18]，悟言一室之内[19]，或因寄所托[20]，放浪形骸之外[21]。虽趣舍万殊[22]，静躁不同[23]，当其欣于所遇，暂得于己[24]，快然自足，曾不知老之将至[25]。及其所之既倦[26]，情随事迁，感慨系之矣。向之所欣[27]，俛仰之间[28]，已为陈迹，犹不能不以之兴怀[29]。况修短随化[30]，终期于尽[31]。古人云，死生亦大矣[32]，岂不痛哉！

每览昔人兴感之由，若合一契[33]，未尝不临文嗟悼，不能喻之于怀[34]。固知一死生为虚诞[35]，齐彭殇为妄作[36]，后之视今，亦犹今之视昔，悲夫！故列叙时人，录其所述[37]，虽世殊事异，所以兴怀，其致一也[38]。后之览者，亦将有感于斯文[39]。

（选自《二十四史·晋书》，中华书局，2000年版）

【注释】

[1] 永和九年：永和，晋穆帝年号。九年，指公元353年。

[2] 癸丑：这年用天干地支纪年属癸丑。

[3] 兰亭：在今浙江省绍兴市西南。

[4] 修禊：古人风俗。农历三月上旬的巳日（魏以后固定为三月三日），临水而祭，以消除不祥。

[5] 激湍：有漩涡的急流。

[6] 映带：景物互相映衬，彼此关联。

[7] 流觞曲水：让酒杯沿着环曲的水流循流而下，停在谁的面前，即取而饮之。

[8] 其次：指水边。

[9] 丝竹管弦：乐器，这里指音乐。

[10] 幽情：静穆深沉的情怀。

[11] 惠风：春风。

[12] 品类：天地万物。

[13] 游目骋怀：纵目游观，舒散怀抱。

[14] 极：尽。

[15] 信：确，实。

[16] 相与：相处。

[17] 俯仰一世：指很快度过一生。

[18] 取诸怀抱：展现抱负。

[19] 悟言：面对面交谈。悟，通“晤”。

[20] 因寄所托：有所寄托。

[21] 放浪形骸之外：指不拘形迹。放浪，放达不拘。形骸，形体。

[22] 趣舍：取舍。万殊：千差万别。

［23］静躁：沉静、躁动。

［24］当其欣于所遇，暂得于己：为自己暂时的满足而欣喜。

［25］不知老之将至：《论语·述而》："发愤忘食，乐以忘忧，不知老之将至云尔。"

［26］所之既倦：对所向往爱好的事物已经厌倦。

［27］所欣：指为之欣喜的事物。

［28］俛仰：同"俯仰"，指短暂的片刻。

［29］以之兴怀：因它而引发感触。

［30］修短：指生命的长短。化：自然变化。

［31］终期于尽：终归于尽，指人终究要死亡。期，期限。

［32］死生亦大矣：《庄子·德充符》："仲尼曰：死生亦大矣，而不得与之变。"

［33］若合一契：指前人的感慨与自己的感喟十分一致。契，符契，分左右两半，双方各执其一，用时合对以作为凭信。

［34］不能喻之于怀：意谓对生死问题不能透彻地领悟，使其释之于怀。喻，解释。

［35］一死生：意为把生和死看作一回事。《庄子·大宗师》："孰知生死存亡之一体者，吾与之友矣。"

［36］齐彭殇：将长寿和短命等量齐观。《庄子·齐物论》："莫寿于殇子，而彭祖为夭。"彭，彭祖，传说中的长寿者。殇，短命者。妄作：虚妄的说法。

［37］述：指兰亭聚会者所作的诗文。

［38］致：所要表达的宗旨。

［39］斯文：这篇文章，即《兰亭集序》。

【导读】

王羲之（303—361 或 321—379），东晋琅邪临沂人，字逸少。王导从子。郗鉴婿。起家秘书郎。迁右军将军、会稽内史。世称王右军。与王述不和，辞官，居会稽山阴，游山水，修服食，世事五斗米道。工书法，初从卫夫人学。后博采众长，精研体势。草书学张芝，正书学钟繇。一变汉魏质朴书风，创造新体，自成一家。与钟繇并称"钟王"，后世尊为"书圣"。

公元 353 年上巳日，王羲之和谢安、孙绰等 41 人在会稽境内的兰亭，举行了一次大规模的文人集会。他们临流赋诗，各抒怀抱。王羲之写了这篇序文，把集会的盛况作了形象生动的艺术概括，并抒发了个人的感想。文章里对老之将至，以及人的年寿虽有长短，但终归于尽，发生感慨，就这一点来说，它的情调是比较低沉的。但是作者对庄周“一死生”“齐彭殇”的虚无主义思想提出了批判，斥责这种论调为“虚诞”“妄作”。当玄谈之风日渐流行的东晋，作者的这种批判是有意义的。此外，文章在表现技巧方面，处在雕词琢句的骈体文逐渐风行的时代，作者却能独创一格，以清新朴实的语言反映现实，直抒胸臆，也是可取并值得称道的。

【拓展阅读】

1.《兰亭秋夜录》，周汝昌，广西师范大学出版社，2011年版。

2.《俯仰天地的生命哲学——王羲之〈兰亭集序〉》，《中国最美古诗文》，王能宪，北京时代华文书局，2017年版。

【思考与练习】

1. 浅析《兰亭集序》的艺术特色。

2. 本文表现了作者怎样的“生命观”？

进　学　解

韩　愈

国子先生晨入太学[1]，招诸生立馆下[2]，诲之曰：“业精于勤荒于嬉[3]，行成于思毁于随[4]。方今圣贤相逢[5]，治具毕张[6]，拔去凶邪[7]，登崇畯良[8]，占小善者率以录[9]，名一艺者无不庸[10]，爬罗剔抉[11]，刮垢磨光[12]。盖有幸而获选[13]，孰云多而不扬[14]？诸生业患不能精，无患有司之不明；行患不能成，无患有司之不公[15]。”

言未既[16]，有笑于列者曰[17]：“先生欺余哉！弟子事先生，于兹有年矣[18]。先生口不绝吟于六艺之文[19]，手不停披于百家之编[20]，记事者必提其要[21]，纂言者必钩其玄[22]。贪多务得[23]，细大不捐[24]，焚膏油以继晷[25]，恒兀兀以穷年[26]。先生之业，可谓勤矣。觝排异端[27]，攘斥佛老[28]，补苴罅漏[29]，张皇幽眇[30]，寻坠绪之茫茫[31]，独旁搜而远绍[32]，障百川而东之[33]，回狂澜于既倒[34]，先生之于儒，可谓有劳矣[35]。沉浸浓郁[36]，含英咀华[37]，作为文章，其书满家[38]。上规姚姒[39]，浑浑无涯[40]；周诰殷盘[41]，佶屈聱牙[42]；《春秋》谨严[43]，左氏浮夸[44]；《易》奇而法[45]，

《诗》正而葩[46]；下逮庄骚[47]，太史所录[48]；子云、相如[49]，同工异曲[50]，先生之于文，可谓闳其中而肆其外矣[51]。少始知学，勇于敢为[52]；长通于方[53]，左右具宜。先生之于为人，可谓成矣[54]。然而公不见信于人[55]，私不见助于友，跋前踬后[56]，动辄得咎[57]，暂为御史，遂窜南夷[58]，三年博士，冗不见治[59]，命与仇谋[60]，取败几时[61]，冬暖而儿号寒，年丰而妻啼饥，头童齿豁[62]，竟死何裨[63]，不知虑此，而反教人为！”

先生曰：“吁[64]！子来前，夫大木为杗[65]，细木为桷[66]，欂栌侏儒[67]，椳闑扂楔[68]，各得其宜，施以成室者，匠氏之工也。玉札丹砂，赤箭青芝[69]，牛溲马勃，败鼓之皮[70]，俱收并蓄，待用无遗者，医师之良也。登明选公[71]，杂进巧拙[72]，纡馀为妍[73]，卓荦为杰[74]，校短量长，唯器是适者[75]，宰相之方也。昔者孟轲好辩，孔道以明，辙环天下，卒老于行[76]，荀卿守正，大论是弘，逃谗于楚，废死兰陵[77]。是二儒者，吐辞为经[78]，举足为法[79]，绝类离伦[80]，优入圣域[81]，其遇于世何如也？今先生学虽勤而不繇其统[82]，言虽多而不要其中[83]，文虽奇而不济于用，行虽修而不显于众，犹且月费俸钱，岁靡廪粟[84]，子不知耕，妇不知织，乘马从徒[85]，安坐而食，踵常途之促促[86]，窥陈编以盗窃[87]，然而圣主不加诛，宰臣不见斥，兹非其幸欤？动而得谤，名亦随之[88]，投闲置散[89]，乃分之宜[90]。若夫商财贿之有亡[91]，计班资之崇庳[92]，忘己量之所称[93]，指前人之瑕疵，是所谓诘匠氏之不以杙为楹[94]，而訾医师以昌阳引年[95]，欲进其豨苓也[96]。

（选自《全唐文》，董诰等编，中华书局，1983年版）

【注释】

［1］国子先生：即国子博士。当时韩愈任国子博士。国子指国子监中的国子学。西晋咸宁二年（276）始立国子学，教育五品以上官僚子弟。以公卿大夫之子弟曰国子，故曰国子学。以后或称国学，或称太学。北齐始立专署，称国子寺。唐代改为国子监，辖国子学、太学、广文学、四门学、律学、书学、算学等学，各学设有博士。唐代的国子学设博士五人，正五品上，掌教三品以上国公子孙、从二品以上曾孙之为生者。太学：这里指国子监。

［2］馆：学舍。

［3］业：指学业。嬉：玩乐。

［4］行：德行。思：指独立思考。随：指盲从随俗。

［5］圣贤：圣君贤臣。

［6］治具：指法令。毕张：全部得以实施。张，设，施。

［7］凶邪：凶恶奸邪之人。

[8] 登崇：提拔。畯良：贤才。畯，通“俊”。

[9] 占：有。率：大都。录：使用。

[10] 名一艺者：有一技之长的人。庸：通“用”。

[11] 爬罗剔抉：指选拔人才。爬罗，爬梳和搜罗。剔抉，剔除和抉择。

[12] 刮垢磨光：指训练人才。刮垢，刮去污垢。磨光，磨出光亮。

[13] 幸：侥幸。获选：获得选用。

[14] 孰云：谁说。多：指多才多艺。扬：举。

[15] 有司：古代设官分职，各有专司，故称主管的官吏或官府为有司。这里指负责选拔人才的官吏。

[16] 既：完，尽。

[17] 列：行列。

[18] 事：侍奉。这里指师事。兹：此，今。有年：多年。

[19] 六艺：即《诗》、《书》、《礼》、《乐》、《易》、《春秋》。

[20] 披：打开，翻开，此指翻阅。百家之编：诸子百家的著作。

[21] 记事者：记事的著作，指史籍之类。

[22] 纂言者：立论的著作，指学术著作。钩：求取。玄：深奥的道理。

[23] 务得：务必掌握。

[24] 细：小。捐：舍弃。

[25] 焚膏油以继晷：这句是说夜以继日。膏油：指烛灯。晷：日影，此指日光。

[26] 兀兀：劳苦貌。穷年：终年。

[27] 觝排：抵制排斥。觝，通“牴”，抵触。异端：不合正道的学说，此处即指佛老等学说。

[28] 攘斥：排斥。

[29] 补苴罅漏：谓弥补儒术的缺漏之处。苴，填补。罅：裂缝。

[30] 张皇幽眇：谓发扬光大儒学中的精深微妙之处。张皇，张大。幽，微。眇，小。

[31] 坠绪：指断绝了的儒家道统。

[32] 旁搜：从各方面搜求。指广泛搜求圣人的遗绪。远绍：远继，指远承孔孟的事业。

[33] 障百川而东之：谓防止异端邪说流行而使之纳入正道。障，防堵。东之，使之向东流。

[34] 回：扭转。狂澜：比喻异端邪说。既倒：已倒，指狂澜横决。

[35] 劳：功劳。

［36］沉浸：沉潜其中，用心体会。浓郁：浓厚馥郁。

［37］含英咀华：仔细体会文章的精华。咀，细嚼，品味。

［38］作为文章，其书满家：作为，写作。其书，指韩愈的著作。

［39］规：取法。姚姒：代表虞夏时代的作品，即《尚书》中的《虞书》、《夏书》。姚，虞舜的姓。姒，夏禹的姓。

［40］浑浑：深大貌。此指学问博大精深。语本扬雄《法言·问神》："虞夏之书，浑浑尔。"

［41］周诰：《尚书·周书》中有《大诰》、《康诰》、《召诰》、《洛诰》等篇。殷盘：《尚书·商书》中有《盘庚》篇。

［42］佶屈聱牙：指文辞艰涩难读。佶屈，曲折。聱牙，文句念不顺口。

［43］《春秋》谨严：孔子所修《春秋》，以体例严格、用字褒贬谨慎著称。

［44］左氏浮夸：指《左传》文辞富艳夸张。

［45］《易》奇而法：指《周易》善于表现事物变易而又有法则。

［46］《诗》正而葩：指《诗经》思想纯正而文采华美。《论语·为政》："诗三百，一言以蔽之，曰思无邪。"葩，华美。

［47］庄骚：即《庄子》、《离骚》。

［48］太史：史官。这里指太史公司马迁。所录：指司马迁所著《史记》。

［49］子云：扬雄的字。相如：司马相如。

［50］同工异曲：乐曲不同而同样精妙，喻文章风格不同而各极其妙。

［51］闳其中而肆其外：内容精深博大而文辞随心所欲。闳，大。

［52］勇于敢为：敢作敢为。

［53］长通于方：年长时通达礼法。方，礼法，道理。

［54］成：成熟。

［55］见信于人：被别人信任。

［56］跋前踬后：进退两难。跋，踩。踬，绊倒。

［57］辄：就，总是。咎：罪。

［58］暂为御史，遂窜南夷：贞元十九年（803）韩愈为监察御史，这年冬，他因如实上奏天旱人饥状，得罪幸臣，被贬为连州阳山令。窜，贬逐。南夷，南方少数民族地区。

［59］三年博士，冗不见治：做博士这样闲散的官，也没有表现出什么政绩。韩愈曾三为博士。自贞元十八年春到贞元十九年，授四门博士。元和元年（806）至四年六月，为国子博士。元和七年二月至八年三月，为国子博士。三年，一作"三为"。冗，闲散。见，"现"的古字。

[60] 命与仇谋：指命运故意作对。谋，合。

[61] 几时：不多时，很快。

[62] 头童：头秃。齿豁：牙齿残缺。

[63] 竟：终。裨：补益。

[64] 吁：叹词，表示惊疑。

[65] 宊：屋大梁。

[66] 桷：方形的椽子。

[67] 欂栌：柱顶上承托栋梁的方木。侏儒：原为矮人之称，此指短柱。

[68] 椳：门枢。闑：门中央所竖的短木。扂：门闩。楔：门两旁所竖的短木，用来防备车碰坏门。

[69] 玉札丹砂，赤箭青芝：指贵重药材。玉札，即地榆。丹砂，即朱砂。赤箭，天麻的别名。青芝，即灵芝。以上四物古代认为久服可以延年益寿。

[70] 牛溲马勃，败鼓之皮：指粗贱药材。牛溲，牛尿，治水肿、腹胀等。马勃，又叫马屁菌，治恶疮。败鼓之皮，破烂的鼓皮，治蛊毒。

[71] 登明选公：选拔人才做到公平合理。

[72] 杂进巧拙：指材质不同的人得到不同的录用。巧拙，指巧者与拙者，就人而言。

[73] 纡馀：屈曲，这里指为人委婉周全。

[74] 卓荦：特立出众。

[75] 惟器是适：即"唯适器"。根据各人的才能来合理使用。器，才能。适，适用，适合。

[76] 昔者孟轲好辩，孔道以明，辙环天下，卒老于行：言孟子周游列国，提倡孔子的学说，极力批驳杨朱、墨翟的学说，但不被诸侯重用，最后在奔波中死去。好辩，《孟子·滕文公下》："予岂好辩哉？予不得已也。"辙，车轮的痕迹。卒，终。

[77] 荀卿守正，大论是弘，逃谗于楚，废死兰陵：荀子曾游学齐国稷下，齐襄王时，三为祭酒。后被齐人谗毁，逃到楚国，楚相春申君任为兰陵令。春申君一死，他被废，因家兰陵，著书数万言，终老其地。守正，遵循正道。大论，正大的言论，指儒家的学说。弘，发扬。兰陵，古县名，在今山东省兰陵县兰陵镇。

[78] 吐辞：言论。经：经典。

[79] 举足：行动。法：准则。

[80] 绝类离伦：超越一般儒者。绝、离，超越。类、伦，同类，同辈。

［81］优入圣域：已进入圣人的境界。优，有余，足够。

［82］不繇其统：不能遵从儒家的道统。繇，通“由”。

［83］不要其中：不得要领。要，约束，归结。中，中庸之道。

［84］靡：浪费。廪：米仓。

［85］从徒：仆役跟随。

［86］踵：追随。促促：拘谨貌。

［87］陈编：古籍。盗窃：抄袭。

［88］动而得谤，名亦随之：一动就受到毁谤，名声亦因此而大起来。这是自嘲也是自负的话。谤，毁谤，非议。

［89］投闲置散：被放到闲散的位置。

［90］分：本分。

［91］商：计较。财贿：财物，此指俸禄。亡：通“无”。

［92］班资：位次、资历。崇庳：高低。“庳”，通“卑”。

［93］称：相当，适合。

［94］诘：责问。杙：小木柱。楹：堂屋前部的大柱。

［95］訾：诋毁。昌阳：菖蒲。据说久服可以轻身延年。引年：延年。

［96］豨苓：又名猪苓、豕苓，一种中药，但没有延年的作用。

【导读】

韩愈（768—824），字退之，河南河阳（今河南孟州）人，郡望昌黎（今属河北）。贞元八年（792）登进士第。后连辟为宣武军董晋、徐泗张建封二幕节度推官。十八年，授四门博士，迁监察御史。因论事，贬阳山令。顺宗即位，移江陵府法曹参军。元和元年（806），召为国子博士。旋分教东都。为河南令，召为职方员外郎，复为国子博士分司。后历都官员外郎、比部郎中、史馆修撰、考功郎中知制诰、中书舍人、太子右庶子等职。十二年，为彰义军节度使裴度行军司马，淮西平，迁刑部侍郎。十四年，因上书谏迎佛骨获罪，贬潮州刺史。量移袁州。穆宗即位，征为国子祭酒。历兵部侍郎、京兆尹、吏部侍郎。卒，谥文。世称韩文公，又称韩昌黎、韩吏部。韩愈在古文、诗歌的理论和创作上都有重大成就，对后世有巨大影响。门人李汉编其遗文为《韩愈集》四十卷。今有《昌黎先生集》四十卷并《外集》行世。《全唐诗》编诗十卷。

进学解，即使学业有所进益，对疑难问题的辨析。韩愈的政治思想比较保守，但对当时的一些弊政，却敢于揭露。因此，他屡次受到贬谪，前后做了几任国子博士，自以才高屈居下位，很不得志。这篇文章就是他再任国子博士时写的，主要在指责当时的执政者（宰相）不识贤愚，大材小用。但是，文章的表现形式十分巧妙，通过国子先生训诲诸生，诸生予以反驳的对话方式，借助诸生的口，发泄自己胸中的怨愤。可谓“以怨怼无聊之词托之人，自咎自责之词托之己”（吴楚材、吴调侯《古文观止）卷八评语》）。

【拓展阅读】

1.《古典名著名家点评：唐宋八大家文钞》，［清］张伯行注，中华书局，2010年版。

2.《名家注评今译古文观止》，吴楚材、吴调侯编，辽宁人民出版社，2018年版。

【思考与练习】

1. 本文抒发了作者怎样的心境？

2. 本文对我们学习生活有什么启发？

种树郭橐驼传

柳宗元

郭橐驼[1]，不知始何名。病偻[2]，隆然伏行[3]，有类橐驼者，故乡人号之驼。驼闻之曰：“甚善！名我固当[4]。”因舍其名，亦自谓橐驼云。

其乡曰丰乐乡，在长安西。驼业种树[5]，凡长安豪家富人为观游，及卖果者[6]，皆争迎取养。视驼所种树，或移徙，无不活，且硕茂蚤实以蕃[7]。他植者虽窥伺效慕[8]，莫能如也。有问之，对曰：“橐驼非能使木寿且孳也[9]，能顺木之天以致其性焉尔[10]。凡植木之性，其本欲舒[11]，其培欲平[12]，其土欲故[13]，其筑欲密[14]。既然已[15]，勿动勿虑，去不复顾[16]。其莳也若子，其置也若弃[17]，则其天者全而其性得矣[18]。故吾不害其长而已，非有能硕茂之也[19]；不抑耗其实而已[20]，非有能蚤而蕃之也。他植者则不然。根拳而土易[21]。其培之也，若不过焉，则不及。苟有能反是者[22]，则又爱之太恩[23]，忧之太勤，旦视而暮抚，已去而复顾。甚者爪其肤以验其生枯[24]，摇其本以观其疏密[25]，而木之性日以离矣。虽曰爱之，其实害之；虽曰忧之，其实仇之。故不我若也[26]。吾又何能为哉？”

问者曰：“以子之道，移之官理[27]，可乎？”驼曰：“我知种树而已，理，非吾业也。然吾居乡，见长人者好烦其令[28]，若甚怜焉，而卒以祸[29]。旦暮，吏来而呼曰：‘官命促尔耕，勖尔植[30]，督尔获，蚤缫而绪[31]，蚤织而缕[32]，字而幼孩[33]，遂而鸡豚[34]。’鸣鼓而聚之，击木而召之[35]。吾小人辍飧饔以劳吏者[36]且不得暇，又何以蕃吾生而安吾性耶？故病且怠[37]，若是，则与吾业者其亦有类乎？”

问者嘻曰[38]：“不亦善夫！吾问养树，得养人术[39]。”传其事以为官戒也[40]。

（选自《全唐文》，董诰等编，中华书局，1983年版）

【注释】

［1］橐驼，即骆驼。这里指驼背。

［2］病：患病。偻：驼背。

［3］隆然伏行：脊背突起而弯腰行走。

［4］名：称呼。固：确实。

［5］业：用作动词，以……为职业。

［6］为：从事。豪：一本下有“家”字。

［7］硕茂：高大茂盛。蚤实以蕃：结果实早而且多。蚤，通“早”。实，结果实。蕃，多。

［8］他植者：其他种树的人。窥伺：暗中观察。效慕：羡慕模仿。

［9］孳：繁殖，滋生。

［10］能顺木之天以致其性焉尔：能依顺树木的自然本性而培植它，使它按其自然本性生长。天，自然本性。致，使至，引来。

［11］本：树根。

［12］培：培土。平：平匀。

［13］故：指树根附近的旧土。

［14］筑：捣土。密：紧密。与上文的“平”，都是指把土培匀实。

［15］既然已：这样做了以后。

［16］去：离开。顾：回头看。

［17］其莳也若子，其置也若弃：莳，移植、栽种。若子，像对孩子一样。置，放一边不管。弃，抛弃。

［18］则其天者全而其性得矣：谓自然本性得到保全而尽得其宜。

［19］硕茂之：使之硕大茂盛。

［20］抑耗：抑制、减少。

［21］拳：拳曲不舒展。易：改变。

［22］苟：即使。反是：和这种做法相反。

［23］太恩：指爱得过分。恩，情深。一作“殷”。

［24］爪：作动词，掐。

［25］疏密：指土的松与紧。

［26］不我若：不如我。

［27］官理：做官治民。理，治。唐人避唐高宗李治讳，谓治曰理。

［28］长人者：指官吏。好烦其令：喜欢向老百姓不断发号施令。

［29］若甚怜焉，而卒以祸：好像非常怜爱百姓，结果是百姓反因此受到祸害。

［30］官命促尔耕，勖尔植：尔，你们。勖，勉励。植，种植。

［31］缫：煮茧以抽丝。而：通“尔”。下句“而”同。绪：丝头。

［32］缕：线。

［33］字：生育，养育。

［34］遂：成。此指喂大。《汉书·严安传》：“五谷蕃孰，六畜遂字。”颜师古注：“遂，成也。字，生也。”豚：小猪。

［35］木：此指梆子。

［36］辍：停止。飧：晚饭。饔：早饭。劳：慰劳。

［37］病且怠：困苦又疲乏。病，疲病，困苦。

［38］嘻：感叹声。

［39］养人术：指管理人民的办法。人，即“民”，因避李世民讳改。

［40］传：作传，即指此文。

【导读】

柳宗元（773—819），字子厚，河东（今山西永济）人，居长安（今陕西西安）。贞元九年（793）登进士第。十四年，登博学宏词科，授集贤正字，调蓝田尉。十九年，入为监察御史里行。永贞元年（805），擢礼部员外郎，参与王叔文等革新。宪宗即位，贬邵州刺史，再贬永州司马。元和十年（815）召还，复出为柳州刺史。十四年，卒于柳州。世称柳柳州，又称柳河东。与刘禹锡交厚，且出处进退略同，世称“刘柳”。又与韩愈同为古文运动倡导者，世称“韩柳”。宗元少以功业自期，及受挫，久贬南荒，心情郁结，发之为诗，多忧愤之词。有《柳宗元集》三十卷。今有《柳河东集》三十卷行世。《全唐诗》编诗四卷。

本文兼有传记文和寓言的特点，虽名曰《传》，实际上是借其人其言以讽世。作者以种树之法喻为官之理，通过郭橐驼能顺应树木自然生长的天性，因而所培植的树木特别成功，指出当时施政者也该适应人民生活的要求，不要去骚扰并给人民造成危害，阐明养民治国的思想。文章以对话成篇，善用对比，叙述得法，详略有度，风格简峭。

【拓展阅读】

1.《古典名著名家点评：唐宋八大家文钞》，张伯行注，中华书局，2010年版。

2.《〈种树郭橐驼传〉四美探析》，徐云，《阅读与鉴赏》（下旬），2011年01期。

【思考与练习】

1. 本文题目为“传”，但与一般人物传记有着怎样的本质不同？

2. 本文是如何使用类比和映衬手法的？

醉翁亭记

欧阳修

环滁皆山也[1]。其西南诸峰，林壑尤美[2]。望之蔚然而深秀者[3]，琅邪也[4]。山行六七里，渐闻水声潺潺而泻出于两峰之间者，酿泉也[5]。峰回路转，有亭翼然临于泉上者，醉翁亭也。作亭者谁？山之僧智仙也[6]。名之者谁？太守自谓也[7]。太守与客来饮于此，饮少辄醉，而年又最高，故自号曰醉翁也。醉翁之意不在酒，在乎山水之间也。山水之乐，得之心而寓之酒也。

若夫日出而林霏开[8]，云归而岩穴暝[9]，晦明变化者，山间之朝暮也。野芳发而幽香，佳木秀而繁阴[10]，风霜高洁[11]，水落而石出者，山间之四时也。朝而往，暮而归，四时之景不同，而乐亦无穷也。

至于负者歌于途，行者休于树，前者呼，后者应，伛偻提携[12]，往来而不绝者，滁人游也。临溪而渔，溪深而鱼肥。酿泉为酒，泉香而酒洌[13]；山肴野蔌[14]，杂然而前陈者，太守宴也。宴酣之乐，非丝非竹[15]，射者中[16]，弈者胜，觥筹交错[17]，起坐而喧哗者，众宾欢也。苍颜白发，颓然乎其间者，太守醉也。

已而夕阳在山，人影散乱，太守归而宾客从也。树林阴翳[18]，鸣声上下，游人去而禽鸟乐也。然而禽鸟知山林之乐，而不知人之乐；人知从太守游而乐，而不知太守之乐其乐也[19]。醉能同其乐，醒能述以文者，太守也。太守谓谁？庐陵欧阳修也[20]。

（选自《欧阳修全集》，李逸安点校，中华书局，2001年版）

【注释】

［1］环滁：环绕着滁州。此句据《朱子语录》记载，曾修改多次，原来多达数十字，最后改定仅此五字。

［2］壑：山谷。

［3］蔚然：草木茂盛的样子。

［4］琅邪：即琅琊山，在滁县西南十里，因东晋琅琊王司马睿（元帝）南下渡江时曾住此地而得名。

［5］酿泉：即琅琊泉，因水清适于酿酒而得名。酿，原本作“让”，据别本改。

［6］智仙：琅琊寺的僧人。

［7］太守：汉代一郡长官的称号。宋代有州无郡，长官称知州，二者地位相近。这里是泛称。

［8］林霏：树林里的雾气。

［9］云归：古人以为云气出自山中，傍晚又回到山里，故云。

［10］秀：长出新叶。繁阴：树木茂盛浓密。

［11］风霜高洁：天高气爽，露寒霜白。

［12］伛偻：弯腰曲背，指老人。提携：搀扶，指牵带着的孩子。

［13］泉香而酒冽：一作“泉冽而酒香”。冽，清凉。

［14］山肴：山中猎来的野味。野蔌：野菜。

［15］丝、竹：指乐器。

［16］射者中：投壶的人投中了。投壶，古代宴饮时的一种娱乐活动，用箭投壶口，以投中多少决胜负，负者饮酒。

［17］觥筹交错：酒杯和酒筹（计算饮酒数量的筹码）互相错杂。

［18］阴翳：因太阳落山而变得阴暗不明。

［19］而：原本无，据碑文补。乐其乐：乐其所乐。此句谓太守之所乐既有与宾客同游之乐，又有不为众人所知之乐。

［20］庐陵：今江西省吉安市。

【导读】

欧阳修（1007—1072），字永叔，号醉翁，晚又号六一居士，庐陵（今江西吉安）人。仁宗天圣八年（1030）进士，初仕西京留守推官。景祐元年（1034），召试学士院，充馆阁校勘。三年，因范仲淹事切责谏官高若讷，降为峡州夷陵令。四年，移乾德令。宝元二年（1039），迁武成军判官。康定元年（1040），复馆阁校勘。庆历三年（1043），知谏院，擢同修起居注，知制诰。四年，为河北都转运使。五年，庆历新政失败，因力为新政主持者范仲淹、韩琦、杜衍等申辩，贬知滁州，徙扬州、颍州。至和元年（1054），权知开封府。五年，拜枢密副使。六年，进参知政事。英宗治平四年（1067），罢为观文殿学士，转刑部尚书知亳州。神宗熙宁元年（1068），徙知青州，因反对青苗法，再徙蔡州。四年，以太子少师致仕。五年，病逝颍州汝阴，年六十六。谥文忠。有《欧阳文忠公集》，又撰有《新唐书》、《新五代史》等。《宋史》卷三一九有传。宋胡柯编有《庐陵欧阳文忠公年谱》。

这篇文章是宋仁宗庆历六年（1046），欧阳修被贬为滁州（今安徽省滁县）知州时所作。作者通过对滁州优美风景的描写，展现了一幅封建社会所谓“官民同乐”的图画，实质上也就是抒发了自己的政治理想，对自己在滁州的政绩进行了侧面的歌颂。作者的写作技巧很高，他把抒情和写景十分自然地结合在一起，从而使这篇山水游记具有一定的政治色彩。

【拓展阅读】

1. 《欧阳修：清醒的醉翁》，康震，央视《百家讲坛》，2010 年。

2. 《欧阳修〈庐山高〉、〈醉翁亭记〉在朝鲜汉文学中的追摹与变形》，南京大学古典文献研究所编《古典文献研究》第十五辑，凤凰出版社，2012 年版。

【思考与练习】

1. 本文抒发了作者怎样的政治理想？
2. 浅析本文的写作技巧与艺术特色。

第三单元　现当代诗歌

自　嘲

鲁　迅

运交华盖欲何求，未敢翻身已碰头。
破帽遮颜过闹市，漏船载酒泛中流。
横眉冷对千夫指，俯首甘为孺子牛。
躲进小楼成一统，管他冬夏与春秋。

（选自《鲁迅全集》，鲁迅著，北京日报出版社，2014 年版）

【导读】

鲁迅（1881—1936），原名周树人，浙江绍兴人。“鲁迅”是他 1918 年发表《狂人日记》时所用的笔名，我国著名文学家、思想家、革命家，五四新文化运动的重要参与者与推动者，中国现代文学的奠基人。鲁迅一生在文学创作、文学批评、思想研究、文学史研究等多个领域具有重大贡献。他对于五四运动以后的中国社会思想文化发展具有重大影响，经典作品《呐喊》、《彷徨》、《故事新编》等蜚声世界文坛。

该诗写作于 1932 年，当时社会正处于国民党统治的黑暗时期，作者通过“横眉冷对千夫指，俯首甘为孺子牛”，表现出了对敌人强烈的憎恨和对人民强烈的爱，也表现出了鲁迅先生坚定不屈、毫不动摇的革命意志和为人民大众鞠躬尽瘁的崇高品质。这一句是全诗之经典，也是作者感情表达的最高潮。

【拓展阅读】

题《呐喊》

弄文罹文网，抗世违世情。

积毁可销骨，空留纸上声。

（选自《鲁迅全集》，鲁迅著，北京日报出版社，2014 年版）

【注释】

作于 1933 年 3 月《鲁迅日记》：“县氏索小说并题诗，于夜写二册赠之”。

题《彷徨》

寂寞新文苑，平安旧战场。
两间余一卒，荷戟独彷徨。

（选自《鲁迅日记》，鲁迅著，光明日报出版社，2015 年版）

【注释】

1933 年 3 月，鲁迅赠送《彷徨》于日本友人，并在书上题写了本首五言律诗。

【思考与练习】

1. 这三首诗歌表现鲁迅怎样的思想感情？
2. 请思考《题〈呐喊〉》和《题〈彷徨〉》在小说中的作用。

凤凰更生歌（凤凰涅槃节选）

郭沫若

除夕将近的空中，
飞来飞去的一对凤凰，
唱着哀哀的歌声飞去，
衔着枝枝的香木飞来，
飞来在丹穴山上。

山右有枯槁了的梧桐，
山左有消歇了的醴泉，
山前有浩茫茫的大海，
山后有阴莽莽的平原，

山上有寒风凛冽的冰天。

天色昏黄了，
香木集高了，
凤已飞倦了，
凰已飞倦了，
他们的死期将近了。

凤啄香木，
一星星的火点迸飞，
凰扇火星，
一缕缕的香烟上腾。

凤又啄，
凰又扇，
山上的香烟弥散，
山上的火光弥满。

夜色已深了，
香木已燃了，
凤已啄倦了，
凰已扇倦了，
他们的死期已近了。
啊啊！
哀哀的凤凰！
凤起舞，低昂！
凰唱歌，悲壮！
凤又舞，
凰又唱，
一群的凡鸟，
自天外飞来观葬。

（选自《中国现当代诗歌赏析》，刘树元主编，浙江大学出版社，2005 年版）

【导读】

郭沫若（1892—1978），原名郭开贞，字鼎堂，四川乐山人。1892 年 11 月 16 日出生于四川乐山沙湾，毕业于日本九州帝国大学，现代文学家、历史学家、新诗奠基人之一，中国科学院首任院长，中国科学技术大学首任校长，苏联科学院外籍院士。

郭沫若是我国新诗的开创者，《凤凰涅槃》是他最著名的代表作，在“序曲”开篇就点明了时间和地点，一对凤凰飞来飞去，是为了更美的重生而安排火葬。本首诗歌创作于“五四”时期，作者是当时宇宙意识最强的诗人，所以他发出了新时代的“天问”，表现了作者“摆脱传统观念的羁绊，打开禁锢的思想闸门”的思想解放与精神探索。

【拓展阅读】

天　狗

郭沫若

我是一条天狗呀！
我把月来吞了，
我把日来吞了，
我把一切的星球来吞了，
我把全宇宙来吞了。
我便是我了！

我是月底光，
我是日底光，
我是一切星球底光，
我是 X 光线底光，
我是全宇宙底 Energy 底总量！

我飞奔，我狂叫，
我燃烧。
我如烈火一样的燃烧！
我如大海一样的狂叫！

我如电气一样的飞跑！
我飞跑，
我飞跑，
我飞跑，
我剥我的皮，
我食我的肉，
我吸我的血，
我啮的心肝，
我在我神经上飞跑，
我在我脊髓上飞跑，
我在我脑筋上飞跑。

我便是我呀！
我的我要爆了！

（选自《中国现代诗歌选》，艾青等著，人民文学出版社，2018 年版）

【思考与练习】

1. 体会郭沫若在本首诗歌中所要表达的思想和追问。
2. “诗歌的音乐化”通过节奏去表现，阅读并体会本首诗歌的节奏美。

乡愁四韵

余光中

给我一瓢长江水啊长江水
酒一样的长江水
醉酒的滋味
是乡愁的滋味
给我一瓢长江水啊长江水

给我一张海棠红啊海棠红
血一样的海棠红
沸血的烧痛

是乡愁的烧痛
给我一张海棠红啊海棠红

给我一片雪花白啊雪花白
信一样的雪花白
家信的等待
是乡愁的等待
给我一片雪花白啊雪花白

给我一朵腊梅香啊腊梅香
母亲一样的腊梅香
母亲的芬芳
是乡土的芬芳
给我一朵腊梅香啊腊梅香

（选自《中国现代诗歌选》，艾青等，人民文学出版社，2018 年版）

【导读】

余光中（1928—2017），祖籍福建永春，出生于江苏南京。当代著名作家、诗人、学者、翻译家。余光中一生从事诗歌、散文、评论、翻译，是当代诗坛健将、著名批评家、优秀翻译家。其文学创作空灵、悠远、深沉，代表作有《白玉苦瓜》、《记忆像铁轨一样长》及《分水岭上：余光中评论文集》等，其诗作如《乡愁》、《乡愁四韵》，散文如《听听那冷雨》、《我的四个假想敌》等，广泛收录于大陆及港台语文课本。

乡愁诗是中国古代诗歌中常见的一种类型，20 世纪中叶以来，由于中国政治变动的原因，乡愁成为台湾新诗中普遍的主题。《乡愁四韵》是余光中最著名的一首现代乡愁诗，也是一首现代抒情诗。全诗内容丰富，感情深厚，精选意象，每一段落都选取极具中国古典特色和个性风格的意象，如长江水、海棠红、雪花白、腊梅香等直接抒发了作者对祖国对故乡的思念之情，写作手法上每一段落首尾相呼应，自成一气，回环复沓，一唱三叹，产生了荡气回肠的艺术效果。

【拓展阅读】

等你，在雨中

余光中

等你，在雨中，在造虹的雨中
蝉声沉落，蛙声升起
一池的红莲如红焰，在雨中
你来不来都一样，竟感觉
每朵莲都像你
尤其隔着黄昏，隔着这样的细雨

永恒，刹那，刹那，永恒
等你，在时间之外，
在时间之内，等你，
在刹那，在永恒

如果你的手在我的手里，此刻
如果你的清芬
在我的鼻孔，我会说，小情人
诺，这只手应该采莲，在吴宫
这只手应该
摇一柄桂浆，在木兰舟中

一颗星悬在科学馆的飞檐
耳坠子一般的悬着
瑞士表说都七点了
忽然你走来

步雨后的红莲，翩翩，你走来
像一首小令
从一则爱情的典故里你走来

从姜白石的词里，有韵地，你走来

（选自《当代台湾诗萃》，蓝海文选编，湖南文艺出版社，1988 年版）

【思考与练习】

1. 乡愁诗是中国古代诗歌中常见的一种类型，从本首诗歌中分析乡愁诗的特点。

2. 本首诗歌的形式美是如何体现的？

你是人间的四月天

林徽因

我说你是人间的四月天，
笑响点亮了四面风；轻灵
在春的光艳中交舞着变。

你是四月早天里的云烟，
黄昏吹着风的软，星子在
无意中闪，细雨点洒在花前。

那轻，那娉婷，你是，鲜妍。
百花的冠冕你戴着，你是
天真，庄严，你是夜夜的月圆。

雪化后那片鹅黄，你像；新鲜
初放芽的绿，你是；柔嫩喜悦
水光浮动着你梦期待中白莲。

你是一树一树的花开，是燕
在梁间呢喃，——你是爱，是暖，
是希望，你是人间的四月天！

（选自《学文》一卷一期，1934 年 4 月 5 日）

【导读】

林徽因（1904—1955），女，汉族，中国著名建筑师、诗人、作家，人民英雄纪念碑和中华人民共和国国徽深化方案的设计者之一、建筑师梁思成的第一任妻子。

在她的诗作中《你是人间的四月天》是最著名的一首，发表在1934年《学文》月刊。本首诗表达了诗人在春天最美的四月里，对爱人和亲人的爱，抒发了诗人心中的爱和暖，写出了优美的意境和纯净的美。

【拓展阅读】

笑

林徽因

笑的是她的眼睛，口唇，
和唇边浑圆的旋涡。
艳丽如同露珠，
朵朵的笑向
贝齿的闪光里躲。
那是笑——神的笑，美的笑：
水的映影，风的轻歌。

笑的是她惺松的鬈发，
散乱的挨着她耳朵。
轻软如同花影，
痒痒的甜蜜
涌进了你的心窝。
那是笑——诗的笑，画的笑：
云的留痕，浪的柔波。

（选自《林徽因精选集》，林徽因著，北京燕山出版社，2015年版）

【思考与练习】

1. 本首诗歌的魅力在哪里？
2. 本首诗歌采用新月诗派的诗歌原则，请了解新月诗派格律及语言特色。

断　章

卞之琳

你站在桥上看风景，
看风景的人在楼上看你。
明月装饰了你的窗子，
你装饰了别人的梦。

（选自《鱼目集》，卞之琳著，人民文学出版社，2000 年版）

【导读】

卞之琳（1910—2000），生于江苏海门汤家镇，现当代诗人（“汉园三诗人”之一）、文学评论家、翻译家。曾任北京大学西语系教授，被公认为新文化运动中重要的新月派和现代派的代表诗人。主要作品有《十年诗草 1930—1939》、《山山水水》、《莎士比亚悲剧四种》等。

《断章》是他不朽的代表作，流传甚广。本首诗歌吸收西方象征主义手法的同时有中国现代派诗歌的风格。言简意赅，通俗易懂，意境空灵优美，体现了诗人独特的创作风格和玄学思辨思想，言有尽而意无穷，引人深思。

【拓展阅读】

古镇的梦

卞之琳

古镇上有两种声音
一样的寂寥：
白天是算命锣，
夜里是梆子。
敲不破别人的梦，
做着梦似的
瞎子在街上走，
一步又一步。
他知道哪一块石头低，
哪一块石头高，

哪一家姑娘有多大年纪。

敲沉了别人的梦，
做着梦似的
更夫在街上走，
一步又一步。
他知道哪一块石头低，
哪一块石头高，
哪一家门户关得最严密。
“三更了，你听哪，
毛儿的爸爸，
这小子吵得人睡不成觉，
老在梦里哭，
明天替他算算命吧？”

是深夜，
又是清冷的下午；
敲梆的过桥，
敲锣的又过桥，
不断的是桥下流水的声音。

（选自《最美的诗歌》，徐志摩等著，中国华侨出版社，2010年版）

【思考与练习】

1. 本首诗歌是怎样营造意境的？
2. 体会本首诗歌的风格，如何用象征手法的？

再别康桥

徐志摩

轻轻的我走了，
正如我轻轻的来；
我轻轻的招手，

作别西天的云彩。

那河畔的金柳，
是夕阳中的新娘；
波光里的艳影，
在我的心头荡漾。

软泥上的青荇[1]，
油油的在水底招摇[2]；
在康河的柔波里，
我甘心做一条水草！

那榆荫下的一潭，
不是清泉，是天上虹；
揉碎在浮藻间，
沉淀着彩虹似的梦。

寻梦？撑一支长篙[3]，
向青草更青处漫溯[4]；
满载一船星辉，
在星辉斑斓里放歌。

但我不能放歌，
悄悄是别离的笙箫；
夏虫也为我沉默，
沉默是今晚的康桥！

悄悄的我走了，
正如我悄悄的来；
我挥一挥衣袖，
不带走一片云彩。

（选自《中国现当代文学作品选》，钱谷融主编，
华东师范大学出版社，2008年版）

【注释】

[1] 青荇：多年生草本植物，叶子略呈圆形，浮在水面，根生在水底，花黄色。

[2] 招摇：这里有“逍遥”之意。

[3] 篙：用竹竿或杉木等制成的撑船工具。

[4] 溯：逆着水流的方向走。

【导读】

徐志摩（1897—1931），浙江海宁硖石人，现代著名诗人、散文家。徐志摩是新月派代表诗人。1921 年赴英国留学，入剑桥大学当特别生，研究政治经济学。在剑桥两年深受西方教育的熏陶及欧美浪漫主义和唯美派诗人的影响。

这首《再别康桥》是诗人写于留学英国期间，是写景抒情的诗。当时虔诚的学子徐志摩寻梦并抒发对祖国的留恋之情，惜别之情和理想幻灭后的感伤之情。本首抒情诗朗朗上口，抑扬顿挫，首尾呼应，有音韵的独特美感，也表现了新月诗派的语言华美并富有浪漫气息的特点。

【拓展阅读】

偶　　然

徐志摩

我是天空里的一片云，
偶尔投影在你的波心——
你不必讶异，
更无须欢喜——
在转瞬间消灭了踪影。

你我相逢在黑夜的海上，
你有你的，我有我的，方向；
你记得也好，
最好你忘掉，
在这交会时互放的光亮！

（选自《中国现当代文学作品选》，钱谷融主编，华东师范大学出版社，2008 年版）

【思考与练习】

1. 作者是中国现代哪个诗派的代表诗人？
2. 朗读诗歌认真体会本首诗歌的写作风格和审美形式。

死　水

闻一多

这是一沟绝望的死水，
清风吹不起半点漪沦。
不如多扔些破铜烂铁，
爽性泼你的剩菜残羹。

也许铜的要绿成翡翠，
铁罐上锈出几瓣桃花；
再让油腻织一层罗绮，
霉菌给他蒸出些云霞。

让死水酵成一沟绿酒，
飘满了珍珠似的白沫；
小珠们笑声变成大珠，
又被偷酒的花蚊咬破。

那么一沟绝望的死水，
也就夸得上几分鲜明。
如果青蛙耐不住寂寞，
又算死水叫出了歌声。

这是一沟绝望的死水，
这里断不是美的所在，
不如让给丑恶来开垦，

看他造出个什么世界。

（选自《中国现当代诗歌赏析》，刘树元主编，浙江大学出版社，2005 年版）

【导读】

闻一多（1899—1946），本名闻家骅，字友三，生于湖北省黄冈市浠水县，中国现代伟大的爱国主义者，坚定的民主战士，中国民主同盟早期领导人，新月派代表诗人和著名学者。1912 年考入清华大学留美预备学校。1916 年开始在《清华周刊》上发表系列读书笔记。1925 年 3 月在美国留学期间创作《七子之歌》。1928 年 1 月出版第二部诗集《死水》。1932 年闻一多离开青岛，回到母校清华大学任中文系教授。1946 年 7 月 15 日在云南昆明被国民党特务暗杀。

《死水》是闻一多的代表作，本首诗歌用了象征的手法，诗中的“一沟绝望的死水”是半封建半殖民地旧中国的象征，揭露了当时中国社会的黑暗与丑陋，表达了作者爱国主义情怀。作者 1925 年回国后，亲眼所见国内军阀混战、人民生活在水深火热之中，内心十分悲愤并且产生了反抗到底的强烈决心。本首诗歌的艺术特色表现了新格律诗的三美：音乐美、绘画美、建筑美，并且辞藻的华丽多彩也反衬了内容之丑，使“死水”的面目更加丑陋。

【拓展阅读】

七子之歌

闻一多

澳门
你可知“妈港”不是我的真名姓？
我离开你的襁褓太久了，母亲！
但是他们掳去的是我的肉体，
你依然保管着我内心的灵魂。
三百年来梦寐不忘的生母啊！
请叫儿的乳名，叫我一声“澳门”！
母亲！我要回来，母亲！

香港
我好比凤阙阶前守夜的黄豹，

母亲呀，我身分虽微，地位险要。
如今狞恶的海狮扑在我身上，
啖着我的骨肉，咽着我的脂膏；
母亲呀，我哭泣号啕，呼你不应。
母亲呀，快让我躲入你的怀抱！
母亲！我要回来，母亲！

台湾
我们是东海捧出的珍珠一串，
琉球是我的群弟，我就是台湾。
我胸中还氤氲着郑氏的英魂，
精忠的赤血点染了我的家传。
母亲，酷炎的夏日要晒死我了；
赐我个号令，我还能背城一战。
母亲！我要回来，母亲！

威海卫
再让我看守着中华最古的海，
这边岸上原有圣人的丘陵在。
母亲，莫忘了我是防海的健将，
我有一座刘公岛作我的盾牌。
快救我回来呀，时期已经到了。
我背后葬的尽是圣人的遗骸！
母亲！我要回来，母亲

广州湾
东海和硇洲是一双管钥，
我是神州后门上的一把铁锁。
你为什么把我借给一个盗贼？
母亲呀，你千万不该抛弃了我！
母亲，让我快回到你的膝前来，
我要紧紧的拥抱着你的脚踝。
母亲！我要回来，母亲！

九龙
我的胞兄香港在诉他的苦痛，
母亲呀，可记得你的幼女九龙？
自从我下嫁给那镇海的魔王，
我何曾有一天不在泪涛汹涌！
母亲，我天天数着归宁的吉日，
我只怕希望要变作一场空梦。
母亲！我要回来，母亲！

旅顺，大连
我们是旅顺，大连，孪生的兄弟。
我们的命运应该如何的比拟？
两个强邻将我来回的蹴踏，
我们是暴徒脚下的两团烂泥。
母亲，归期到了，快领我们回来。
你不知道儿们如何的想念你！
母亲！我们要回来，母亲！

（选自《现代评论》，胡适创办，1925 年版）

【思考与练习】

1. 《死水》创作于什么时期？反映了怎样的社会现实？
2. 体会作者写作时的心路历程。

繁　星

冰　心

一

繁星闪烁着——
深蓝的太空，
何曾听得见他们对语？
沉默中，
微光里，

它们深深的互相颂赞了。

二

童年呵！
是梦中的真，
是真中的梦，
是回忆时含泪的微笑。

三

万顷的颤动——
深黑的岛边，
月儿上来了。
生之源，
死之所！

四

小弟弟呵！
我灵魂中三颗光明喜乐的星。
温柔的，
无可言说的，
灵魂深处的孩子呵！

五

黑暗，
怎样的描画呢？
心灵的深深处，
宇宙的深深处，
灿烂光中的休息处。

六

镜子，
对面照着，
反而觉得不自然，
不如翻转过去好。

七

醒着的，
只有孤愤的人罢！
听声声算命的锣儿，
敲破世人的命运。

八

残花缀在繁枝上，
鸟儿飞去了，
撒得落红满地——
生命也是这般的一瞥么？

九

梦儿是最瞒不过的呵！
清清楚楚的，
诚诚实实的，
告诉了
你自己灵魂里的密意和隐忧。

十

嫩绿的芽儿，
和青年说：
“发展你自己！”
淡白的花儿，
和青年说：
“贡献你自己！”
深红的果儿，
和青年说：
“牺牲你自己！”

十一

无限的神秘，
何处寻它？
微笑之后，

言语之前，
便是无限的神秘了。

十二

人类呵！
相爱罢，
我们都是长行的旅客，
向着同一的归宿。

（选自《中国现当代诗歌赏析》，刘树元主编，浙江大学出版社，2005 年版）

【导读】

冰心（1900—1999），福建省福州市长乐区人，原名谢婉莹，现代作家，翻译家，社会活动家。散文集有《寄小读者》、《樱花赞》等，诗集《春水》。《寄小读者》成为中国儿童文学的奠基之作。

在《繁星》中，她把母爱视为最崇高、最美好的东西，反复加以歌颂。这种对母爱的颂歌，在《繁星》里占了很大的篇幅；正是对母爱的深情赞颂，奠定了这部作品深沉细腻的感情基调。《繁星》在中国现代文学史上享有盛名，哺育了中国几代青少年读者。

【拓展阅读】

纸　　船

冰　心

我从不肯妄弃了一张纸，
总是留着——留着，
叠成一只一只很小的船儿，
从舟上抛下在海里！
有的被天风吹卷到舟中的窗里，
有的被海浪打湿，沾在船头上。
我仍是不灰心的每天的叠着，
总希望有一只能流到我要它到的地方去。
母亲，倘若你梦中看见一只很小的白船儿，
不要惊讶它无端入梦。

这是你至爱的女儿含着泪叠的，
万水千山，求它载着她的爱和悲哀归去。
（选自《二十世纪中国名家诗歌精品》，白桦主编，广州出版社，1996 年版）

【思考与练习】

1. 请写一首赞美母爱的诗歌。
2. 了解冰心诗歌的写作特色。

教我如何不想她

刘半农

天上飘着些微云，
地上吹着些微风。
啊！
微风吹动了我的头发，
教我如何不想她？

月光恋爱着海洋，
海洋恋爱着月光。
啊！
这般蜜也似的银夜，
教我如何不想她？

水面落花慢慢流，
水底鱼儿慢慢游。
啊！
燕子你说些什么话？
教我如何不想她？

枯树在冷风里摇。
野火在暮色中烧。
啊！

西天还有些儿残霞，
教我如何不想她？

（选自《中国现当代诗歌赏析》，刘树元主编，浙江大学出版社，2005 年版）

【导读】

刘半农（1891—1934），“五四”新文化运动的积极倡导者，尝试派代表诗人之一。中国新文化运动先驱，文学家、语言学家和教育家。主要作品有诗集《扬鞭集》、《瓦釜集》和《半农杂文》。

《叫我如何不想她》这首诗歌写于 1920 年，是作者在英国留学期间创作的经典诗歌之一，这首诗歌里大胆并首创性地使用了“她”字，把女性人称代词称呼为“她”（中国五四运动之前现代汉语中只有“他”字），用歌词的形式，使用现代白话文，兼融民歌风，通俗易懂，具有一唱三叹的韵律美，备受读者的好评与喜爱，并广泛流传。

【拓展阅读】

相隔一层纸

刘半农

屋子里拢着炉火，
老爷吩咐开窗买水果，
说“天气不冷火太热，
别让它烤坏了我。”

屋外躺着一个叫化子，
咬紧了牙齿，
对着北风呼“要死”！
可怜屋外与屋里，
相隔只有一层薄纸！

（选自《新青年》第 4 卷第 1 号，1918 年 1 月 15 日）

【思考与练习】

1. 分析刘半农诗歌的艺术特色。
2. 你认为这是一首爱情诗吗？为什么？请背诵这首诗歌。

祖国啊 我亲爱的祖国

舒 婷

我是你河边上破旧的老水车，
数百年来纺着疲惫的歌；
我是你额上熏黑的矿灯，
照你在历史的隧洞里蜗行摸索；
我是干瘪的稻穗，是失修的路基；
是淤滩上的驳船
把纤绳深深
勒进你的肩膊，
——祖国啊！

我是贫困，
我是悲哀。
我是你祖祖辈辈
痛苦的希望啊，
是“飞天”袖间
千百年来未落到地面的花朵，
——祖国啊！

我是你簇新的理想，
刚从神话的蛛网里挣脱；
我是你雪被下古莲的胚芽；
我是你挂着眼泪的笑涡；
我是新刷出的雪白的起跑线；
是绯红的黎明
正在喷薄
——祖国啊！

我是你十亿分之一，
是你九百六十万平方的总和；
你以伤痕累累的乳房

喂养了
迷惘的我、深思的我、沸腾的我；
那就从我的血肉之躯上
去取得
你的富饶、你的荣光、你的自由；
——祖国啊，
我亲爱的祖国！

（选自《中国现当代诗歌赏析》，刘树元主编，浙江大学出版社，2005 年版）

【导读】

舒婷，当代著名女诗人、朦胧诗派代表之一，原名龚佩瑜，1952 年出生于福建晋江，从小随父母定居于厦门，1969 年在闽西上杭“插队”，回到厦门后曾当过工人。1979 年开始发表诗歌作品，1980 年至福建省文联工作，从事专业写作。

《祖国啊，我亲爱的祖国》是一首著名的现代抒情诗，创作于 1979 年，此诗意象丰富，具有沉重的历史感和强烈的时代感，节奏清新明快，情感饱满澎湃。作者在这首诗歌里先回顾了祖国贫瘠的过去，然后展望了祖国未来的理想，表现了对祖国无比热爱、无限期望，并且为之献身为之奋斗的爱国情怀。

【拓展阅读】

当你从我的窗下走过

舒　婷

当你从我的窗下走过，
祝福我吧，
因为灯还亮着。
灯亮着——
在晦重的夜色里，
它像一点漂流的渔火。
你可以设想我的小屋，
像被狂风推送的一叶小舟。
但我并没有沉沦，
因为灯还亮着。
灯亮着——

当窗帘上映出了影子，
说明我已是龙钟的老头，
没有奔放的手势，
背比从前还要驼。
但衰老的不是我的心，
因为灯还亮着。
灯亮着——
它用这样火热的恋情，
回答四面八方的问候；
灯亮着——
它以这样轩昂的傲气，
睥睨明里暗里的压迫。
呵，灯何时有鲜明的性格？
自从你开始理解我的时候。
因为灯还亮着，
祝福我吧，
当你从我的窗下走过……

（选自《后朦胧诗全集·上卷》，闫月君主编，四川教育出版社，2018 年版）

【思考与练习】

1. 本首诗歌的创作借鉴了哪首诗歌？
2. 本首诗歌是如何体现作者的爱国情怀的？

父亲的草原母亲的河

席慕蓉

父亲曾经形容草原的清香，
让他在天涯海角也从不能相忘。
母亲总爱描摹那大河浩荡，
奔流在蒙古高原我遥远的家乡。

如今终于见到这辽阔大地，

站在芬芳的草原上我泪落如雨，
河水在传唱着祖先的祝福，
保佑漂泊的孩子，找到回家的路

啊！父亲的草原，啊！母亲的河，
虽然已经不能用不能用母语来诉说。
请接纳我的悲伤我的欢乐，
我也是高原的孩子啊！心里有一首歌；

歌中有我父亲的草原啊母亲的河！
歌中有我父亲的草原母亲的河。
我也是高原的孩子啊！心里有一首歌，
歌中有我父亲的草原啊母亲的河！

（选自《最美的诗歌》，于海娣主编，中国华侨出版社，2010年版）

【导读】

席慕蓉（1943— ），蒙古族，原籍内蒙古察哈尔盟明安旗，蒙古族名字穆伦·席连勃，意为浩荡大江河，是蒙古族王族之后；同时也是当代著名画家、诗人、散文家。

席慕蓉的作品多写爱情、人生、乡愁，写得极美，淡雅剔透，抒情灵动，饱含着对生命的挚爱真情，影响了整整一代人的成长历程。代表作《七里香》、《无怨的青春》、《一棵开花的树》等诗篇，脍炙人口，成为经典。

《父亲的草原母亲的河》是诗人席慕蓉的代表作之一，也是同名草原歌曲的歌词。草原对于作者来讲意义非凡，是家乡故土，也是对父母的思恋之情，这首诗歌是诗人作为远方的游子对祖国和家乡的思念之情和眷恋之情的真情流露，感人肺腑，情感细腻，委婉甜美，有音乐的节奏感和韵律美，是一首影响深远的经典思乡诗歌。

【拓展阅读】

一棵开花的树

席慕蓉

如何让你遇见我

在我最美丽的时刻　为这
我已在佛前　求了五百年
求他让我们结一段尘缘

佛于是把我化作一棵树
长在你必经的路旁
阳光下慎重地开满了花
朵朵都是我前世的盼望

当你走近　请你细听
那颤抖的叶是我等待的热情
而当你终于无视地走过
在你身后落了一地的
朋友啊　那不是花瓣
是我凋零的心

（选自《最美的诗歌》，于海娣主编，中国华侨出版社，2010 年版）

【思考与练习】

1.《祖训》中“从来不会真正离开那青碧的草原”是什么意思？这首诗歌表达了作者什么样的思想感情？

2. 成吉思汗：“不要因为路远而踌躇，只要去，就必到达。”这句话会引发你怎样的感想？

回　答

北　岛

卑鄙是卑鄙者的通行证，
高尚是高尚者的墓志铭。
看吧，在那镀金的天空中，
飘满了死者弯曲的倒影。

冰川纪过去了，

为什么到处都是冰凌？
好望角发现了，
为什么死海里千帆相竞？

我来到这个世界上，
只带着纸、绳索和身影，
为了在审判前，
宣读那些被判决的声音：

告诉你吧，世界，
我——不——相——信！
纵使你脚下有一千名挑战者，
那就把我算作第一千零一名。

我不相信天是蓝的，
我不相信雷的回声；
我不相信梦是假的，
我不相信死无报应。

如果海洋注定要决堤，
就让所有的苦水都注入我心中；
如果陆地注定要上升，
就让人类重新选择生存的峰顶。

新的转机和闪闪星斗，
正在缀满没有遮拦的天空，
那是五千年的象形文字，
那是未来人们凝视的眼睛。

（选自《北岛诗选》，北岛著，新世纪出版社，1987 年版）

【导读】

北岛（1949— ），原名赵振开，祖籍浙江湖州，生于北京。中国当代诗人，为朦胧诗代表人物之一，北岛是当代影响最大的中国诗人之一。作为朦胧派诗人的北岛，与其他同类型诗人相比，有更清醒理性的思辨力，这也让他的诗歌偏于冷峻坚硬。他是民间诗歌刊物《今天》的创办者，曾多次获诺贝尔文学奖提名。代表诗作有《回答》、《一切》等。

1979 年，北岛发表了在 1976 年“天安门诗歌运动”中写好的诗篇《回答》，这首诗歌是诗人对“无产阶级文化大革命年代”里种种罪恶的控诉和“回答”。诗人亲身经历过“文化大革命”十年动乱时期，所以诗中真切地展现了悲愤至极的冷峻，以坚定的口吻表现了对暴力世界的怀疑，这首诗歌标志着朦胧诗的开始，也是北岛最重要的代表作。

【拓展阅读】

随　想

北　岛

黄昏从烽火台上升起
在这界河的岛屿上
一个种族栖息
又蔓延，土地改变了颜色
神话在破旧的棉絮下
梦的妊娠也带着箭毒扩散时
痛苦的悸动，号角沉寂
尸骨在夜间走动
在妻子不断涌出的泪水中
展开了白色的屏风
遮住那通向远方的门

东方，这块琥珀里
是一片苍茫的岸
芦苇丛驶向战栗的黎明
渔夫舍弃了船，炊烟般离去
历史从岸边出发
砍伐了大片的竹林
在不朽的简册上写下
有限的文字

墓穴里，一盏盏长明灯
目睹了青铜或黄金的死亡
还有一种死亡
小麦的死亡
在那刀剑交叉的空隙中
它们曾挑战似的生长
点燃阳光，灰烬覆盖着冬天
车轮倒下了
沿着辐条散射的方向
被风沙攻陷的城池
是另一种死亡，石碑
包裹在丝绸般柔软的苔藓里
如同熄灭了的灯笼

只有道路还活着
那勾勒出大地最初轮廓的道路
穿过漫长的死亡地带
来到我的脚下，扬起了灰尘
古老的炮台上空一朵朵硝烟未散
我早已被铸造，冰冷的铸铁内
保持着冲动，呼唤
雷声，呼唤从暴风雨中归来的祖先
而千万个幽灵从地下
长出一棵孤独的大树
为我们蔽荫，让我们尝到苦果
就在这出发之时

（选自《北岛诗选》，北岛著，新世纪出版社，1987 年版）

【思考与练习】

1. 说一说在本首诗歌中你最喜欢哪一句？为什么？
2. 朦胧诗三位代表诗人是谁？他们的诗歌特点？

门　　前

顾　城

我多么希望，有一个门口
早晨，阳光照在草上
我们站着
扶着自己的门扇
门很低，但太阳是明亮的
草在结它的种子
风在摇它的叶子
我们站着，不说话
就十分美好
有门，不用开开
是我们的，就十分美好
早晨，黑夜还要流浪
我们把六弦琴交给他
我们不走了
我们需要土地
需要永不毁灭的土地
我们要乘着它
度过一生
土地是粗糙的，有时狭隘
然而，它有历史
有一份天空，一份月亮
一份露水和早晨
我们爱土地
我们站着
用木鞋挖着泥土
门也晒热了
我们轻轻靠着，十分美好
墙后的草
不会再长大了

它只用指尖，触了触阳光

（选自《顾城诗集》，顾城著，人民文学出版社，2010年版）

【导读】

顾城（1956—1993），北京人，中国新时期朦胧诗派的重要代表人物，被称为以一颗童心看世界，以真诚的歌唱贯穿年代和人心的“童话诗人”。

《门前》是顾城的代表作，写于1982年8月，本首诗里作者把希望放在“门前”，寓意把美好的事物寄托在眼前，词句简单平淡，表现了作者内心的童年般的温暖和美好，是一首用儿童般遐想完成韵律与意境上天然纯真的优美的诗歌。

【拓展阅读】

生命幻想曲

顾　城

把我的幻影和梦
放在狭长的贝壳里
柳枝编成的船篷
还旋绕着夏蝉的长鸣
拉紧桅绳
风吹起晨雾的帆
我开航了
没有目的
在蓝天中荡漾
让阳光的瀑布
洗黑我的皮肤
太阳是我的纤夫
它拉着我
用强光的绳索
一步步
走完十二小时的路途
我被风推着
向东向西

太阳消失在暮色里
黑夜来了
我驶进银河的港湾
几千个星星对我看着
我抛下了
新月——黄金的锚
天微明
海洋挤满阴云的冰山
碰击着
“轰隆隆”——雷鸣电闪
我到那里去呵
宇宙是这样的无边
用金黄的麦秸
织成摇篮
把我的灵感和心
放在里边
装好纽扣的车轮
让时光拖着
去问候世界
车轮滚过
百里香和野菊的草间
蟋蟀欢迎我
抖动着琴弦
我把期望溶进花香
黑夜像山谷
白昼像峰巅
睡吧！合上双眼
世界就与我无关
时光的马
累倒了
黄尾的太平鸟
在我的车中做窝
我仍然要徒步走遍世界——
沙漠、森林和偏僻的角落

太阳烘着地球
像烤一块面包
我行走着
赤着双脚
我把我的足迹
像图章印遍大地
世界也就溶进了
我的生命
我要唱
一支人类的歌曲
千百年后
在宇宙中共鸣

（选自《顾城诗集》，顾城著，人民文学出版社，2010 年版）

【思考与练习】

1. 说一说在本首诗歌中你最喜欢哪一句？为什么？
2. 尝试写一首朦胧诗。

面朝大海，春暖花开

海　子

从明天起，做一个幸福的人
喂马、劈柴，周游世界
从明天起，关心粮食和蔬菜
我有一所房子，面朝大海，春暖花开
从明天起，和每一个亲人通信
告诉他们我的幸福
那幸福的闪电告诉我的
我将告诉每一个人

给每一条河每一座山取一个温暖的名字
陌生人，我也为你祝福

愿你有一个灿烂的前程
愿你有情人终成眷属
愿你在尘世获得幸福
我只愿面朝大海，春暖花开

（选自《一世珍藏的诗歌200首》，金宏宇、彭林祥主编，长江文艺出版社，2010年版）

【导读】

海子（1964—1989），原名查海生，中国当代诗人，出生于安徽省怀宁县高河镇查湾村，当代青年诗人。海子在农村长大，1979年15岁时考入北京大学法律系，1982年大学期间开始诗歌创作，1983年自北大毕业后分配至北京中国政法大学，1984年创作成名作《亚洲铜》和《阿尔的太阳》，第一次使用“海子”作为笔名。从1982年至1989年不到7年的时间里，海子创作了近200万字的作品，出版了《土地》、《海子、骆一禾作品集》、《海子的诗》和《海子诗全编》等。

这首诗歌表现出一个单纯的热爱生活的普通人的心愿，他想平淡而幸福地活着，拥有一所自己的房子，面朝大海，春暖花开，多么美好而温馨的画面。

【拓展阅读】

麦　地

海　子

吃麦子长大的
在月亮下端着大碗
碗内的月亮
和麦子
一样没有声响

和你俩不一样
在歌颂麦地时
我要歌颂月亮

月亮下

连夜种麦的父亲
身上像流动金子

月亮下
有十二只鸟
飞过麦田
有的衔起一颗麦粒
有的则迎风起舞，矢口否认

看麦子时我睡在地里
月亮照我如照一口井
家乡的风
家乡的云
收聚翅膀
睡在我的双肩
麦浪——
天堂的桌子
摆在田野上
一块麦地。

收割季节
麦浪和月光
洗着快镰刀

月亮知道我
有时比泥土还要累
而羞涩的情人
眼前晃动着
麦秸

我们是麦地的心上人
收麦这天我和仇人
握手言和
我们一起干完活

合上眼睛，命中注定的一切
此刻我们心满意足地接受。

妻子们兴奋地
不停用白围裙
擦手。
这时正当月光普照大地。
我们各自领着
尼罗河，巴比伦或黄河
的孩子　在河流两岸
在群蜂飞舞的岛屿或平原
洗了手
准备吃饭。

就让我这样把你们包括进来吧
让我这样说
月亮并不忧伤
月亮下
一共有两个人
穷人和富人
纽约和耶路撒冷
还有我
我们三个人
一同梦到了城市外面的麦地
白杨树围住的
健康的麦地
健康的麦子
养我性命的麦子！

1985 年 6 月

（选自《后朦胧诗全集·上卷》，万夏、潇潇主编，四川教育出版社，1993 年版）

【思考与练习】

1. 说一说在本首诗歌中你最喜欢哪一句？为什么？
2. 作者用“大海”作为意象抒发了诗人怎样的情感？

世界上最遥远的距离

（印度）泰戈尔

世界上最遥远的距离，
不是生与死，
而是我就站在你面前，
你却不知道我爱你！

世界上最遥远的距离，
不是我就站在你面前，
你却不知道我爱你，
而是明明知道彼此相爱，
却不能在一起！

世界上最遥远的距离，
不是明明知道彼此相爱，
却不能在一起，
而是明明无法抵挡这股想念，
却还得故意装作丝毫没有把你放在心里！

世界上最遥远的距离，
不是明明无法抵挡这股想念，
却还得故意装作丝毫没有把你放在心里，
而是用自己冷漠的心对爱你的人，
掘了一条无法跨越的沟渠！

［选自《飞鸟集》，（印度）泰戈尔著，郑振铎译，浙江工商大学出版社，2018 年版］

【导读】

拉宾德拉纳特·泰戈尔（1861—1941），印度著名浪漫主义诗人、文学家、社会活动家、哲学家和民族主义者。1913 年，泰戈尔以诗歌集《吉檀迦利》荣获诺贝尔文学奖，他也是第一位荣获诺贝尔文学奖的亚洲诗人。

《世界上最遥远的距离》是一首凄美的爱情诗，选自泰戈尔著名的诗歌集《飞鸟集》，本首诗歌词句清澈优美，含蓄而富有哲理，全诗以爱为主线，运用对比手法，结构段落层层递进，表现了诗人心中的爱情如古诗中所云“两情若是久长时，又岂在朝朝暮暮”，读到最后才明白世界上最遥远的距离是心与心的距离，相爱之人不能在一起的悲伤，把读者带入痛苦的最遥远的距离，这时不禁让人潸然泪下，本首诗歌委婉动人，读起来令人无限伤感。

【拓展阅读】

假如我今生无缘遇到你

（印度）泰戈尔

假如我今生无缘遇到你，
就让我永远感到恨不相逢——
让我念念不忘，
让我在醒时或梦中都怀带着这悲哀的苦痛。
当我的日子在世界的闹市中度过，
我的双手满捧着每日的赢利的时候，
让我永远觉得我是一无所获——
让我念念不忘，
让我在醒时或梦中都怀带着这悲哀的苦痛。
当我坐在路边，疲乏喘息，
当我在尘土中铺设卧具，
让我永远记着前面还有悠悠的长路——
让我念念不忘，
让我在醒时或梦中都怀带着这悲哀的苦痛。
当我的屋子装饰好了，箫笛吹起，
欢笑声喧的时候，
让我永远觉得我还没有请你光临——
让我念念不忘，
让我在醒时或梦中都怀带着这悲哀的苦痛

［选自《飞鸟集》，（印度）泰戈尔著，郑振铎译，浙江工商大学出版社，2018 年版］

【思考与练习】

1. 找出本首诗歌中的名句？体会它的艺术魅力。
2. 这首诗歌是爱情诗吗？你是怎么界定的？说出原因。

去 国 行

（英）拜伦

一

别了，别了！故国的海岸
消失在海水尽头；
汹涛狂啸，晚风悲叹，
海鸥也惊叫不休。
海上的红日径自西斜，
我的船扬帆直追；
向太阳、向你暂时告别，
我的故乡呵，再会！

二

不几时，太阳又会出来，
又开始新的一天；
我又会招呼蓝天、碧海，
却难觅我的家园。
华美的第宅已荒无人影，
炉灶里火灭烟消；
墙垣上野草密密丛生，
爱犬在门边哀叫。

三

“过来，过来，我的小书童！
你怎么伤心痛哭？
你是怕大海浪涛汹涌，
还是怕狂风震怒？
别哭了，快把眼泪擦干；
这条船又快又牢靠：
咱们家最快的猎鹰也难
飞得像这般轻巧。”

四

“风只管吼叫，浪只管打来，
我不怕惊风险浪；
可是，公子呵，您不必奇怪
我为何这样悲伤；
只因我这次拜别了老父，
又和我慈母分离，
离开了他们，我无亲无故，
只有您——还有上帝。

五

“父亲祝福我平安吉利，
没怎么怨天尤人；
母亲少不了唉声叹气，
巴望我回转家门。”
“得了，得了，我的小伙子！
难怪你哭个没完；
若像你那样天真幼稚，
我也会热泪不干。

六

“过来，过来，我的好伴当！
你怎么苍白失色？
你是怕法国敌寇凶狂，
还是怕暴风凶恶？”
“公子，您当我贪生怕死？
我不是那种脓包；
是因为挂念家中的妻子，
才这样苍白枯槁。

七

“就在那湖边，离府上不远，
住着我妻儿一家；
孩子要他爹，声声哭喊，

叫我妻怎生回话？”
“得了，得了，我的好伙伴！
谁不知你的悲伤；
我的心性却轻浮冷淡，
一笑就去国离乡。”

八

谁会相信妻子或情妇
虚情假意的伤感？
两眼方才还滂沱如注，
又嫣然笑对新欢。
我不为眼前的危难而忧伤，
也不为旧情悲悼；
伤心的倒是：世上没一样
值得我珠泪轻抛。

九

如今我一身孤孤单单，
在茫茫大海飘流；
没有任何人把我牵念，
我何必为别人担忧？
我走后哀吠不休的爱犬
会跟上新的主子；
过不了多久，我若敢近前，
会把我咬个半死。

十

船儿呵，全靠你，疾驶如飞，
横跨那滔滔海浪；
任凭你送我到天南地北，
只莫回我的故乡。
我向你欢呼，苍茫的碧海！
当陆地来到眼前，
我就欢呼那石窟、荒埃！

我的故乡呵，再见！

（选自《最美的诗歌》，于海娣主编，中国华侨出版社，2010 年版）

【导读】

乔治·戈登·拜伦（1788—1824），是英国 19 世纪初期伟大的浪漫主义诗人，代表作品有《青铜时代》、《唐璜》等。他不仅是一位伟大的诗人，还是一位为理想战斗一生的勇士，积极而勇敢地投身革命——参加了希腊民族解放运动，并成为领导人之一。

本首诗歌出自他的代表作《恰尔德·哈洛尔德游记》，是一首著名的抒情诗歌，具有典型的浪漫主义特色。诗中的主人公孤寂高傲，愤世嫉俗，强烈追求个人精神自由，对现实有强烈的不满情绪。

【拓展阅读】

好吧，我们不再一起漫游

（英）拜伦

好吧，我们不再一起漫游，
消磨这幽深的夜晚，
尽管这颗心仍旧迷恋，
尽管月光还那么灿烂。
因为利剑能够磨破剑鞘，
灵魂也把胸膛磨得够受，
这颗心呵，它得停下来呼吸，
爱情也得有歇息的时候。
虽然夜晚为爱情而降临，
很快的，很快又是白昼，
但是在这月光的世界，
我们已不再一起漫游。

（选自《最美的诗歌》，于海娣主编，中国华侨出版社，2010 年版）

【思考与练习】

1. 结合作者的创作背景来体会这首诗歌表达了作者怎样的思想感情？
2. 这首诗歌体现了诗人什么样的创作风格？

迷 娘 歌

（德）歌德

你可知道，那柠檬花开的地方？
黯绿的密叶中映着橘橙金黄，
怡荡的和风起自蔚蓝的天上，
还有那长春幽静和月桂轩昂——
你可知道吗？
那地方啊！就是那地方，
我心爱的人儿，我要与你同往！

你可知道，那圆柱高耸的大厦，
那殿宇的辉煌，和房栊的光华，
伫立的白石像向我脉脉凝视：
“可怜的人儿，你受了多少折磨？”
你可知道吗？
前往，前往，
那地方啊！就是那地方，
庇护我的恩人，我要与你同往！

你可知道，那高山和他的云径？
骡儿在浓雾里摸索它的路程，
黝古的蛟龙在幽壑深处隐潜，
崖崩石转，瀑布在那上面飞溅——
你知道吗？
那地方啊！就是那地方，
我们启程吧，父亲，让我们同往！

（选自《最美的诗歌》，于海娣主编，中国华侨出版社，2010 年版）

【导读】

约翰·沃尔夫冈·冯·歌德（1749—1832），德国伟大的诗人、作家和思想家。代表作有《葛兹·冯·伯利欣根》、《少年维特之烦恼》、《浮士德》。

本首诗歌中的迷娘是他长篇小说《威廉·迈斯特的学习时代》中的非常

有浪漫主义特色和艺术魅力的女性角色，她以三种不同的称呼来倾诉对意大利故土的依依惜别。

【拓展阅读】

爱在身边

（德）歌德

当晨曦染红了大海时，
我想起了你；
当月夜穿透了流泉时，我又想起了你。
每当遥远的路上，扬起来沙尘，
我看到了你；深沉的夜里，
流浪者在歧路上忧虑时，我也看到了你。
浪起来了，在深沉的涛声里，我听到了你；
万籁俱静，在我常去倾听大自然的幽林中，
我也听到了你。我就在你的身旁，
尽管你似乎在那遥远之处。
你离我是这样的近！
太阳落山了，一会儿群星就会向我闪烁。
噢，你要是也在那儿，该多好啊！

（选自《最美的诗歌》，于海娣主编，中国华侨出版社，2010年版）

【思考与练习】

1. “迷娘歌”曾被另外一名德国诗人海涅评价为“一支写出了整个意大利的诗歌”，请结合原文分析其原因。

2. 模仿歌德的诗歌《爱在身边》，自拟题目创作一首抒情诗。

致大海

（俄）普希金

再见吧，自由奔放的大海！

这是你最后一次在我的眼前，
翻滚着蔚蓝色的波浪，
和闪耀着娇美的容光。

好像是朋友忧郁的怨诉，
好像是他在临别时的呼唤，
我最后一次在倾听
你悲哀的喧响，你召唤的喧响。

你是我心灵的愿望之所在呀！
我时常沿着你的岸旁，
一个人静悄悄地，茫然地徘徊，
还因为那个隐秘的愿望而苦恼心伤！

我多么热爱你的回音，
热爱你阴沉的声调，你的深渊的音响，
还有那黄昏时分的寂静，
和那反复无常的激情！

渔夫们的温顺的风帆，
靠了你的任性的保护，
在波涛之间勇敢地飞航；
但当你汹涌起来而无法控制时，
大群的船只就会覆亡。

我曾想永远地离开
你这寂寞和静止不动的海岸，
怀着狂欢之情祝贺你，
并任我的诗歌顺着你的波涛奔向远方，
但是我却未能如愿以偿！

你等待着，你召唤着……而我却被束缚住；
我的心灵的挣扎完全归于枉然：
我被一种强烈的热情所魅惑，

使我留在你的岸旁……

有什么好怜惜呢？现在哪儿
才是我要奔向的无忧无虑的路径？
在你的荒漠之中，有一样东西
它曾使我的心灵为之震惊。

那是一处峭岩，一座光荣的坟墓……
在那儿，沉浸在寒冷的睡梦中的，
是一些威严的回忆；
拿破仑就在那儿消亡。

在那儿，他长眠在苦难之中。
而紧跟他之后，正像风暴的喧响一样，
另一个天才，又飞离我们而去，
他是我们思想上的另一个君王。

为自由之神所悲泣着的歌者消失了，
他把自己的桂冠留在世上。
阴恶的天气喧腾起来吧，激荡起来吧：
哦，大海呀，是他曾经将你歌唱。

你的形象反映在他的身上，
他是用你的精神塑造成长：
正像你一样，他威严、深远而深沉，
正像你一样，什么都不能使他屈服投降。

世界空虚了，大海呀，
你现在要把我带到什么地方？
人们的命运到处都是一样：
凡是有着幸福的地方，那儿早就有人在守卫：
或许是开明的贤者，或许是暴虐的君王。

哦，再见吧，大海！

我永远不会忘记你庄严的容光，
我将长久地，长久地
倾听你在黄昏时分的轰响。

我整个心灵充满了你，
我要把你的峭岩，你的海湾，
你的闪光，你的阴影，还有絮语的波浪，
带进森林，带到那静寂的荒漠之乡。

（选自《最美的诗歌》，于海娣主编，中国华侨出版社，2010 年版）

【导读】

亚历山大·谢尔盖耶维奇·普希金（1799—1837），俄国著名诗人、小说家，19 世纪俄国浪漫主义文学主要代表，同时也是现实主义文学的奠基人，被誉为“俄国文学之父”、“俄国诗歌的太阳”。

普希金的代表作除了诗歌《致大海》、《假如生活欺骗了你》以外，还有长篇小说《上尉的女儿》，中篇小说《杜布罗夫斯基》、《别尔金小说集》等。他的创作对俄国文学和语言的发展影响深刻。

《致大海》是作者普希金著名的政治抒情诗，写于 1824 年。在这首诗歌中大海具有雄壮奔放的自由之美，诗人也将大海人格化，表现诗人崇尚自由奔放和勇于抗争的精神。整首诗歌的基调是豪放的、自由的，使人感到富有汹涌的不息的灵魂。

【拓展阅读】

致 凯 恩

（俄）普希金

我记得那美妙的一瞬：
在我的面前出现了你，
有如昙花一现的幻影，
有如纯洁之美的精灵。
在绝望的忧愁的折磨中，
在喧闹的虚幻的困扰中，
我的耳边长久地响着你温柔的声音，

我还在睡梦中见到你可爱的面影。
许多年代过去了。
狂暴的激情驱散了往日的梦想，
于是我忘记了你温柔的声音，
还有你那天仙似的面影。
在穷乡僻壤，在囚禁的阴暗生活中，
我的岁月就那样静静地消逝，
没有神往，没有灵感，没有眼泪，
没有生命，也没有爱情。
如今灵魂已开始觉醒：
于是在我的面前又出现了你，
有如昙花一现的幻影，有如纯洁之美的精灵。
我的心狂喜地跳跃，为了它一切又重新苏醒，
有了神往，有了灵感，
有了生命，有了眼泪，也有了爱情。

（选自《最美的诗歌》，于海娣主编，中国华侨出版社，2010 年版）

【思考与练习】

1. 请摘录几句普希金名言和诗句。

2.《致大海》是普希金的一首政治抒情诗歌，在本首诗歌里“大海”具有什么象征意义？表现了作者怎样的情怀？

第四单元　现当代散文

荷塘清韵

季羡林

楼前有清塘数亩。记得三十多年前初搬来时，池塘里好像是有荷花的，我的记忆里还残留着一些绿叶红花的碎影。后来时移事迁，岁月流逝，池塘里却变得“半亩方塘一鉴开，天光云影共徘徊”，再也不见什么荷花了。

我脑袋里保留的旧的思想意识颇多，每一次望到空荡荡的池塘，总觉得好像缺点儿什么。这不符合我的审美观念。有池塘就应当有点儿绿的东西，哪怕是芦苇呢，也比什么都没有强。最好的最理想的当然是荷花。中国旧的诗文中，描写荷花的简直是太多太多了。周敦颐的《爱莲说》，读书人不知道的恐怕是绝无仅有的。他那一句有名的“香远益清”是脍炙人口的。几乎可以说，中国没有人不爱荷花的。可我们楼前池塘中独独缺少荷花。每次看到或想到，总觉得是一块心病。

有人从湖北来，带来了洪湖的几颗莲子，外壳呈黑色，极硬。据说，如果埋在淤泥中，能够千年不烂。因此，我用铁锤在莲子上砸开了一条缝，让莲芽能够破壳而出，不至永远埋在泥中。这都是一些主观的愿望，莲芽能不能够出，都是极大的未知数。反正我总算是尽了人事，把五六颗敲破的莲子投入池塘中，下面就是听天命了。

这样一来，我每天就多了一件工作：到池塘边上去看上几次。心里总是希望，忽然有一天，“小荷才露尖尖角”，有翠绿的莲叶长出水面。可是，事与愿违，投下去的第一年，一直到秋凉落叶，水面上也没有出现什么东西。经过了寂寞的冬天，到了第二年，春水盈塘，绿柳垂丝，一片旖旎的风光。可是，我翘盼的水面上却仍然没有露出什么荷叶。此时我已经完全灰了心，以为那几颗湖北带来的硬壳莲子，由于人力无法解释的原因，大概不会再有长出荷花的希望了。我的目光无法把荷叶从淤泥中吸出。

但是，到了第三年，却忽然出了奇迹。有一天，我忽然发现，在我投莲子的地方长出了几个圆圆的绿叶，虽然颜色极惹人喜爱，但是却细弱单薄，可怜兮兮地平卧在水面上像水浮莲的叶子一样。而且最初只长出了五六个叶片。我总嫌这有点儿太少，总希望多长出几片来。于是，我盼星星、盼月亮，天天到池塘边上去观望。有校外的农民来捞水草，我总请求他们手下留情，不要碰断叶片。但是经过了漫漫的长夏，凄清的秋天又降临人间，池塘里浮动的仍然只是孤零零的那五六个叶片。对我来说，这又是一个虽微有希望但究竟仍令人灰心的一年。

真正的奇迹出现在第四年上。严冬一过，池塘里又溢满了春水。到了一般荷花长叶的时候，在去年漂浮着五六个叶片的地方，一夜之间，突然长出了一大片绿叶，而且看来荷花在严冬的冰下并没有停止运动，因为在离开原有五六个叶片的那块基地比较远的池塘中心，也长出了叶片。叶片扩张的速度，扩张范围的广大，都是惊人地快。几天之内，池塘内不小一部分，已经全为绿叶所覆盖。而且原来平卧在水面上的像是水浮莲一样的叶片，不知道是从哪里聚集来了力量，有一些竟然跃出了水面，长成了亭亭的荷叶。原来我心中还迟迟疑疑，怕池中长的是水浮莲，而不是真正的荷花。这样一来，我心中的疑云一扫而光：池塘中生长的真正是洪湖莲花的子孙了。我心中狂喜，这几年总算是没有白等。

天地萌生万物，对包括人在内的动植物等有生命的东西，总是赋予一种极其惊人的求生存的力量和极其惊人的扩展蔓延的力量。这种力量大到无法抗御。只要你肯费力来观察一下，就必然会承认这一点。现在摆在我面前的就是我楼前池塘里的荷花。自从几个勇敢的叶片跃出水面以后，许多叶片接踵而至。一夜之间，就出来了几十枝，而且迅速地扩散、蔓延。不到十几天的工夫，荷叶已经蔓延得遮蔽了整个池塘。从我撒种的地方出发，向东西南北四面扩展。我无法知道，荷花是怎样在深水中淤泥里走动。反正从露出水面的荷叶来看，它每天至少要走半尺的距离，才能形成眼前这个局面。

光长荷叶，当然是不能满足的。荷花接踵而至，而且据了解荷花的行家说，我门前池塘里的荷花，同燕园其他池塘里的，都不一样。其他地方的荷花，颜色浅红；而我这里的荷花，不但红色浓，而且花瓣多，每一朵花能开出十六个复瓣，看上去当然就与众不同了。这些红艳耀目的荷花，高高地凌驾于莲叶之上，迎风弄姿，似乎在睥睨一切。幼时读旧诗：“毕竟西湖六月中，风光不与四时同。接天莲叶无穷碧，映日荷花别样红。”我爱其诗句之美，深恨没有能亲自到杭州西湖去欣赏一番。现在我门前池塘中呈现的就是那一派西湖景象。是我把西湖从杭州搬到燕园里来了，岂不大快人意也哉！前几年才搬到朗润园来的周一良先生赐名为“季荷”。我觉得很有趣，又非常感激。难道我这个人将以荷而传吗？

前年和去年，每当夏月塘荷盛开时，我每天至少有几次徘徊在塘边，坐在石头上，静静地吸吮荷花和荷叶的清香。“蝉噪林愈静，鸟鸣山更幽。”我确实觉得四周静得很。我在一片寂静中，默默地坐在那里，水面上看到的是荷花的绿肥、红肥。倒影映入水中，风乍起，一片莲瓣堕入水中，它从上面向下落，水中的倒影却是从下边向上落，最后一接触到水面，二者合为一，像小船似的漂在那里。我曾在某一本诗话上读到两句诗：“池花对影落，沙鸟带声飞。”作者深惜第二句对仗不工。这也难怪，像“池花对影落”这样的境界究竟有几个人能参悟透呢？

晚上，我们一家人也常常坐在塘边石头上纳凉。有一夜，天空中的月亮又明又亮，把一片银光洒在荷花上。我忽听“扑通”一声，是我的小白波斯猫毛毛扑入水中，它大概是认为水中有白玉盘，想扑上去抓住。它一入水，大概就觉得不对头，连忙矫捷地回到岸上，把月亮的倒影打得支离破碎，好久才恢复了原形。

今年夏天，天气异常闷热，而荷花则开得特欢。绿盖擎天，红花映日，把一个不算小的池塘塞得满而又满，几乎连水面都看不到了。一个喜爱荷花的邻居，天天兴致勃勃地数荷花的朵数。今天告诉我，有四五百朵；明天又告诉我，有六七百朵。但是，我虽然知道他为人细致，却不相信他真能数出确实的朵数。在荷叶底下，石头缝里，旮旮旯旯，不知还隐藏着多少骨朵儿，都是在岸边难以看到的。粗略估计，今年大概开了将近一千朵。真可以算是洋洋大观了。

连日来，天气突然变寒，好像是一下子从夏天转入秋天。池塘里的荷叶虽然仍然是绿油一片，但是看来变成残荷之日也不会太远了。再过一两个月，池水一结冰，连残荷也将消逝得无影无踪。那时荷花大概会在冰下冬眠，做着春天的梦。它们的梦一定能够圆的。“既然冬天到了，春天还会远吗？”

我为我的“季荷”祝福。

（选自《季羡林散文精选》，季羡林著，当代中国出版社，2012 年版）

【导读】

季羡林（1911—2009），语言学家、佛学家、史学家、社会活动家。有《季羡林文集》，共 24 卷。《清塘荷韵》是季羡林于 86 岁高龄时完成的佳作，收录于他的散文集《我的人生感悟》。

【拓展阅读】

目　送

龙应台

华安上小学第一天，我和他手牵着手，穿过好几条街，到维多利亚小学。九月初，家家户户院子里的苹果和梨树都缀满了拳头大小的果子，枝丫因为负重而沉沉下垂，越出了树篱，钩到过路行人的头发。

很多很多的孩子，在操场上等候上课的第一声铃响。小小的手，圈在爸爸的、妈妈的手心里，怯怯的眼神，打量着周遭。他们是幼稚园的毕业生，但是他们还不知道一个定律：一件事情的毕业，永远是另一件事情的开启。

铃声一响，顿时人影错杂，奔往不同方向，但是在那么多穿梭纷乱的人群里，我无比清楚地看着自己孩子的背影——就好像在一百个婴儿同时哭声大作时，你仍旧能够准确听出自己那一个的位置。华安背着一个五颜六色的书包往前走，但是他不断地回头；好像穿越一条无边无际的时空长河，他的视线和我凝望的眼光隔空交会。

我看着他瘦小的背影消失在门里。

十六岁，他到美国作交换生一年。我送他到机场。告别时，照例拥抱，我的头只能贴到他的胸口，好像抱住了长颈鹿的脚。他很明显地在勉强忍受母亲的深情。

他在长长的行列里，等候护照检验；我就站在外面，用眼睛跟着他的背影一寸一寸往前挪。终于轮到他，在海关窗口停留片刻，然后拿回护照，闪入一扇门，倏忽不见。

我一直在等候，等候他消失前的回头一瞥。但是他没有，一次都没有。

现在他二十一岁，上的大学，正好是我教课的大学。但即使是同路，他也不愿搭我的车。即使同车，他戴上耳机——只有一个人能听的音乐，是一扇紧闭的门。有时他在对街等候公车，我从高楼的窗口往下看：一个高高瘦瘦的青年，眼睛望向灰色的海；我只能想象，他的内在世界和我的一样波涛深邃，但是，我进不去。一会儿公车来了，挡住了他的身影。车子开走，一条空荡荡的街，只立着一只邮筒。

我慢慢地、慢慢地了解到，所谓父女母子一场，只不过意味着，你和他的缘分就是今生今世不断地在目送他的背影渐行渐远。你站立在小路的这一端，看着他逐渐消失在小路转弯的地方，而且，他用背影默默告诉你：不必追。

我慢慢地、慢慢地意识到，我的落寞，仿佛和另一个背影有关。

博士学位读完之后，我回台湾教书。到大学报到第一天，父亲用他那辆运送饲料的廉价小货车长途送我。到了我才发觉，他没开到大学正门口，而是停在侧门的窄巷边。卸下行李之后，他爬回车内，准备回去，明明启动了引擎，却又摇下车窗，头伸出来说："女儿，爸爸觉得很对不起你，这种车子实在不是送大学教授的车子。"

我看着他的小货车小心地倒车，然后"噗噗"驶出巷口，留下一团黑烟。直到车子转弯看不见了，我还站在那里，一口皮箱旁。

每个礼拜到医院去看他，是十几年后的时光了。推着他的轮椅散步，他的头低垂到胸口。有一次，发现排泄物淋满了他的裤腿，我蹲下来用自己的手帕帮他擦拭，裙子也沾上了粪便，但是我必须就这样赶回台北上班。护士接过他的轮椅，我拎起皮包，看着轮椅的背影，在自动玻璃门前稍停，然后没入门后。

我总是在暮色沉沉中奔向机场。

火葬场的炉门前，棺木是一只巨大而沉重的抽屉，缓缓往前滑行。没有想到可以站得那么近，距离炉门也不过五公尺。雨丝被风吹斜，飘进长廊内。我掠开雨湿了前额的头发，深深、深深地凝望，希望记得这最后一次的目送。

我慢慢地、慢慢地了解到，所谓父女母子一场，只不过意味着，你和他的缘分就是今生今世不断地在目送他的背影渐行渐远。你站立在小路的这一端，看着他逐渐消失在小路转弯的地方，而且，他用背影默默告诉你：不必追。

（选自《目送》，龙应台著，广西师范大学出版社，2016 年版）

【思考与练习】

1. 试比较《清塘荷韵》与周敦颐的《爱莲说》。
2. 你是怎样理解"季荷"的，请结合作者的人生经历说一说。
3. 请对《目送》中"目送"这一行为及其寄托的情感作出评价。

爱尔克的灯光

巴　金

傍晚，我靠着逐渐暗淡的最后的阳光的指引，走过十八年前的故居。这条街、这个建筑物开始在我的眼前隐藏起来，像在躲避一个久别的旧友。但是它们的改变了的面貌于我还是十分亲切。我认识它们，就像认识我自己。还是那样宽的街，宽的房屋。巍峨的门墙代替了太平缸和石狮子，那一对常常做我们坐骑的背脊光滑的雄狮也不知逃进了哪座荒山。然而大门开着，照壁上“长宜子孙”四个字却是原样地嵌在那里，似乎连颜色也不曾被风雨剥蚀。我望着那同样的照壁，我被一种奇异的感情抓住了，我仿佛要在这里看出过去的十九个年头，不，我仿佛要在这里寻找十八年以前的遥远的旧梦。

守门的卫兵用怀疑的眼光看我。他不了解我的心情。他不会认识十八年前的年轻人。他却用眼光驱逐一个人的许多亲密的回忆。

黑暗来了。我的眼睛失掉了一切。于是大门内亮起了灯光。灯光并不曾照亮什么，反而增加了我心上的黑暗。我只得失望地走了。我向着来时的路回去。已经走了四五步，我忽然掉转头，再看那个建筑物。依旧是阴暗中的一线微光。我好像看见一个盛满希望的水碗一下子就落在地上打碎了一般，我痛苦地在心里叫起来。在这条被夜幕覆盖着的近代城市的静寂的街中，我仿佛看见了哈立希岛上的灯光。那应该是姐姐爱尔克点的灯吧。她用这灯光来给她航海的兄弟照路，每夜每夜灯光亮在她的窗前，她一直到死都在等待——那个出远门的兄弟回来。最后她带着失望进入坟墓。

街道仍然是清静的。忽然一个熟悉的声音在我耳边轻轻地唱起了这个欧洲的古传说。在这里不会有人歌咏这样的故事。应该是书本在我心上留下的影响。但是这个时候我想起了自己的事情。

十八年前在一个春天的早晨，我离开这个城市、这条街的时候，我也曾有一个姐姐，也曾答应过有一天回来看她，跟她谈一些外面的事情。我相信自己的诺言。那时我的姐姐还是一个出阁才只一个多月的新嫁娘，都说她有一个性情温良的丈夫，因此也会有长久的幸福的岁月。

然而人的安排终于被“偶然”破坏了。这应该是一个“意外”。但是这“意外”却毫无怜悯地打击了年轻的心。我离家不过一年半光景，就接到了姐姐的死讯。我的哥哥用了颤抖的哭诉的笔叙说一个善良女性的悲惨的结局，还说起她死后受到的冷落的待遇。从此那个做过她丈夫的所谓温良的人改变了，他往一条丧失人性的路走去。他想往上爬，结果却不停地向下面落，终于到了用鸦片烟延续生命的地步。对于姐姐，她生前我没有好好地爱过她，死后也不曾做过一样纪念她的事。她寂寞地活着，寂寞地死去。死带走了她的一切，这就是在我们那个地方的旧式女子的命运。

我在外面一直跑了十八年。我从没有向人谈过我的姐姐。只有偶尔在梦里我看见了爱尔克的灯光。一年前在上海我常常睁起眼睛做梦。我望着远远的在窗前发亮的灯，我面前横着一片大海，灯光在呼唤我，我恨不得腋下生出翅膀，即刻飞到那边去。沉重的梦压住我的心灵，我好像在跟许多无形的魔手挣扎。我望着那灯光，路是那么远，我又没有翅膀。我只有一个渴望：飞！飞！那些熬煎着心的日子！那些可怕的梦魇！

但是我终于出来了。我越过那堆积着像山一样的十八年的长岁月，回到了生我养我而且让我刻印了无数儿时回忆的地方。我走了很多的路。

十九年，似乎一切全变了，又似乎都没有改变。死了许多人，毁了许多家。许多可爱的生命葬入黄土。接着又有许多新的人继续扮演不必要的悲剧。浪费，浪费，还是那许多不必要的浪费——生命，精力，感情，财富，甚至欢笑和眼泪。我去的时候是这样，回来时看见的还是一样的情形。关在这个小圈子里，我禁不住几次问我自己：难道这十八年全是白费的？难道在这许多年中间所改变的就只是装束和名词？我痛苦地搓自己的手，不敢给一个回答。

在这个我永不能忘记的城市里，我度过了无数个傍晚。我花费了自己不少的眼泪和欢笑，也消耗了别人不少的眼泪和欢笑。我匆匆地来，也将匆匆地去。用留恋的眼光看我出生的房屋，这应该是最后的一次了。我的心似乎想在那里寻觅什么。但是我所要的东西绝不会在那里找到。我不会像我的一个姑母或者嫂嫂，设法进到那所已经易了几个主人的公馆，对着园中的老树垂泪，慨叹着一个家族的盛衰。摘吃自己栽种的树上的苦果，这是一个人的本分。我没有跟着那些人走一条路，我当然在这里找不到自己的脚迹。几次走过这个地方，我所看见的还只有那四个字："长宜子孙"。

"长宜子孙"这四个字的年龄比我的不知大了多少。这也该是我祖父留下的东西吧。最近在家里我还读到他的遗嘱。他用空空两手造就了一份家业。到临死还周到地为儿孙安排了舒适的生活。他叮嘱后人保留着他修建的房屋和他辛苦地搜集起来的书画。但是儿孙们回答他的还是同样的字：分和卖。我很奇怪，为什么这样聪明的老人还不明白一个浅显的道理：财富并不"长宜子孙"，倘使不给他们一个生活技能，不向他们指示一条生活道路？"家"这个小圈子只能摧毁年轻心灵的发育成长，倘使不同时让他们睁起眼睛去看广大世界；财富只能毁灭崇高的理想和善良的气质，要是它只消耗在个人的利益上面。

"长宜子孙"，我恨不能削去这四个字！许多可爱的年轻生命被摧践了，许多有为的年轻心灵被囚禁了。许多人在这个小圈子里面憔悴地挨着日子。这就是"家"！"甜蜜的家"！这不是我应该来的地方。爱尔克的灯光不会把我引到这里来的。

于是在一个春天的早晨，依旧是十八年前的那些人把我送到门口，这里面少了几个，也多了几个。还是和那次一样，看不见我姐姐的影子，那次是我没有等待她，这次是我找不到她的坟墓。一个叔父和一个堂兄弟到车站送我，十八年前他们也送过我一段路程。

我高兴地来，痛苦地去。汽车离站时我心里的确充满了留恋。但是清晨的微风，路上的尘土，马达的叫吼，车轮的滚动，和广大田野里一片盛开的菜子花，这一切驱散了我的离愁。我不顾同行者的劝告，把头伸到车窗外面，去呼吸广大天幕下的新鲜空气。我很高兴，自己又一次离开了狭小的家，走向广大的世界中去！

忽然在前面田野里一片绿的蚕豆和黄的菜花中间，我仿佛又看见了一线光，一个亮，这还是我常常看见的灯光。这不会是爱尔克的灯里照出来的，我那个可怜的姐姐已经死去了。这一定是我的心灵的灯，它永远给我指示我应该走的路。

（选自《随想录》，巴金著，人民文学出版社，1980年版）

【导读】

巴金（1904年—2005），男，汉族，四川成都人，祖籍浙江嘉兴。巴金原名李尧棠，另有笔名佩竿、极乐、黑浪、春风等，字芾甘，中国作家、翻译家、社会活动家、无党派爱国民主人士。以小说家著名的巴金同时又是一位散文家。巴金是一位重感情的人，他的散文总是写得感情色彩浓郁。无论是写人、记叙、漫谈人生哲理，或是写景，总是能将描写、叙事、议论与抒情紧密地结合在一起。另外，他的散文语言纯朴、流畅，艺术境界清新。

爱尔克的灯光原指一个欧洲的古老的故事，姐姐爱尔克等待出海远航的弟弟，为怕弟弟找不到回家的方向，总是点上一盏灯为弟弟引航，结果最终死去也没有等到弟弟回来。巴金的经历跟这个故事很像，他出了远门不久姐姐就去世了，所以引用了这个标题。文中提到了三种灯光，故居大门内亮起的昏暗的灯光，是旧家庭、旧礼教走向没落，崩溃的象征，爱尔克的灯光，象征着旧生活的悲剧和希望的破灭（爱尔克并没有等到弟弟归来），而“我的心灵之灯”则是作者对新生活的信念和对理想的追求的象征。

【拓展阅读】

一生的爱

三　毛

那时候，或说一直到现在，我仍是那种拿起笔来一张桌子只会画出三只脚，另外一只无论如何不知要将它搁在哪里才好的人。如果画人物或鸟兽，也最好是画侧面的，而且命令他们一律面向左看。向右看就不会画了。

小学的时候，美术老师总是拿方形、圆锥形的石膏放在讲台上，叫我们画。一定要画得“像”，才能拿高分。我是画不像的那种学生，很自卑，也被认为没有艺术的天分。而艺术却是我内心极为渴慕的一种信仰，无论戏剧、音乐或舞蹈，其实都是爱的。

就因为美术课画什么就不像什么，使我的成绩，在这一门课上跟数学差不多。美术老师又凶又严肃，总是罚画得不好的同学给他去打扫房间。那一年，我是一个小学五年级的孩子，放学了，就算不做值日的那一排要整理教室，也是常常低着头，吃力地提着半桶水——给老师洗地去啦！因为画不像东西。

美术课是一种痛苦，就如“鸡兔同笼”那种算术题目一样。我老是在心里恨，恨为什么偏要把鸡和兔子放在一个笼子里叫人算它们的脚。如果分开来关，不是没有这种演算的麻烦了吗？而美术，又为什么偏要逼人画得一模一样才会不受罚？如果老师要求的就是这样，又为什么不用照相机去拍下来呢？当然，这只是我心里的怨恨，对于什么才是美，那位老师没有讲过，他只讲“术”。不能达到技术标准的小孩，就被讥笑为不懂美和术。我的小学美术老师是个不学无术的家伙，这，是现在才敢说给他的认识。

本来，我的想象力是十分丰富的，在美术课上次次被扼杀，才转向作文上去发展了——用文字和故事，写出一张一张画面来。这一项，在班上是拿手的，总也上壁报。

说起一生对于美术的爱，其实仍然萌芽在小学。

那时候，每到九月中旬，便会有南部的军队北上来台北，等待十月十日必然的阅兵典礼。军人太多，一时没有地方住，便借用了小学的部分教室作为临时的居所。兵来，我们做小孩的最欢迎，因为平淡的生活里，突然有了不同的颜色加入，学校生活变得活泼而有生趣。下课时，老兵们会逗小孩子，讲枪林弹雨、血肉横飞又加鬼魅的故事给我们听。也偶尔会看见兵们在操场大树上绑一条哀鸣的土狗，用刺刀剥开狗的胸腔，拿手伸进去掏出内脏来的时候，那只狗还在狂叫。这惊心动魄的场面，我们做小孩的，又怕又爱看，而日子便很多彩又复杂起来了。

每一年，学校驻兵的时候，那种气氛便如过年一样，十分激荡孩子的心。

在学校，我的体育也是好的，尤其是单杠，那时候，每天清晨便往学校跑，去抢有限的几根单杠。本事大到可以用双脚倒吊着大幅度地晃。蝙蝠睡觉似的倒挂到流出鼻血才很高兴地翻下来，然后用脚擦擦沙土地，将血迹涂掉。

很有成就感的一种出血。

兵驻在学校的时候，我也去练单杠。

那天也是流鼻血了，安静的校园里，兵们在蹲着吃稀饭馒头。我擦鼻血，被一个偶尔经过的少校看见了，认识那一颗梅花的意义。那个军官见我脸上仍有残血，正用袖子在擦，就说："小妹妹，你不要再倒挂了，跟我去房间，用毛巾擦一下脸吧！"我跟他去了，一蹦一跳的，跟进了他独立的小房间；大礼堂后面的一个房内。那时，驻的兵是睡教室里的，有些低年级的同学让出了教室，就分上下午班来校，不念全天了。官，是独占一小间的。

军官给我洗脸，我站着不动。也就在那一霎间，看见他的三夹板墙上，挂了一幅好比报纸那么大的一张素描画。画有光影，是一个如同天使般焕发着一种说不出有多么美的一张女孩子的脸——一个小女孩的脸。

我盯住那张画，吃了一惊，内心就如初见杀狗时所生出的那种激荡，澎湃出一片汪洋大海。杀活狗和一张静态画是如此不同的一回事，可是没有别样的形容可以取代了。

那是一场惊吓，比狗的哀鸣还要吓。是一声轻微低沉的西藏长号角由远处云端中飘过来，飘进了孩子的心。那一霎间，透过一张画，看见了什么叫做美的真谛。

完全忘记了在哪里，只是盯住那张画看，看了又看，看了又看，看到那张脸成了自己的脸。

那个军官见我双眼发直，人都僵了，以为是他本人吓住了我，很有些着急要受拖累，便说："小妹妹，你的教室在哪里？快去上课吧！快出去啰！"我也是个敏感的孩子，听见他暗示我最好走开，便鞠了一个躬快步走了。

自从那日以后，每堂上课都巴望着下课的摇铃声，铃声一响，我便快速地冲出教室往操场对面的礼堂奔跑，礼堂后面的小间自然不敢进去，可是窗口是开的。隔着窗户，我痴望着那张画，望到心里生出了一种缠绵和情爱——对那张微微笑着的童颜。

也拉同学去偷看，大家都觉得好看，在窗外吱吱喳喳地挤着。看到后来，没有人再关心那幅画，只有我，一日跑上七八次地去与那位神秘的人脸约会。

也是一个下课的黄昏，又去了窗口。斜阳低低的照着已经幽暗的房间，光线蒙蒙的贴在那幅人脸上，孩子同样微笑着。光影不同，她的笑，和白天也不同。我恋着她，带着一种安静的心情，自自然然滴下了眼泪。

一次是看《红楼梦》，看到宝玉出家，雪地中遇见泊舟客地的父亲，大拜而别，那一次，落过泪。同一年，为了一个画中的小女孩，又落一次泪，那年，我十一岁半。

美术老师没有告诉我什么是美，因为他不会教孩子。只会凶孩子的人，本身不美，怪不得他。而一次军队的扎营，却开展了我许多生命的层面和见识，那本是教育的工作，却由一群军人无意中传授了给我。

十月十日过去了，军队要开回南部，也表示那张人脸从此是看不到了，军官会卷起她，带着回营。而我没有一丝想向他讨画的渴求，那幅最初对美的认知，已经深入我的心灵，谁也拿不去了。

十二岁多一点，我已是一个初中学生了，仍上美术课，画的是静物：蜡做的水果。对于蜡做的东西，本身便欠缺一份真正水果的那份水分饱透而出的光泽和生命，是假的色和不自然的光，于是心里又对它产生了抗拒。也曾努力告诉自己——把水果想成是真的，看了想上去咬一大口的那种红苹果；用念力将蜡化掉，画出心中的水果来。可惜眼高手低，终是不成，而对于作为艺术家的美梦，再一次幻灭。这份挫败感，便又转为文字，写出“秋天的落叶如同舞倦了的蝴蝶”这样的句子，在作文簿上，得了个满堂红彩加上老师评语——“有写作潜能，当好自为之”的鼓励来。

实在热爱的仍是画，只因不能表达内心的感受于万一，才被逼去写作文的。这件事，爱画的心事，使得我虽然没有再热心去上美术课，却注意起画册来了。

我的二堂哥懋良，当时是与我父母同住的，因为大伯父与大伯母去了一阵香港。堂哥念师大附中时我尚在小学，只记得他在高中时，爱上了音乐，坚持不肯再上普通学校，并且当着我父亲——他叔叔的面前，将学生证撕掉，以示决心。大人当然拿他没有办法，只有忧心忡忡地顺着他，他去了作曲老师萧而化那边，做了私人的学生。

我看的第一本画册，一巨册的西班牙大画家毕卡索的平生杰作，就是那个一天到晚弹琴不上学的二哥给我看的东西。

二哥和我，都是家中的老二，他是大房的，我是二房的。我们两匹黑羊，成了好朋友。看见毕卡索的画，惊为天人。嗳！就是这样的，就是我想看的一种生命，在他的桃红时期、蓝调时期、立体画、变调画，甚而后期的陶艺里看出了一个又一个我心深处的生命之力和美。

过不久，我也休学了，步上二哥的后尘。休学后被带去看医生，医生测验我的智商，发现只得六十分，是接近低能儿童的那种。

我十三岁了，不知将来要做什么，心里忧闷而不能快乐。二哥说，他要成为一个作曲家——今天在维也纳的他，是一位作曲家。而我，也想有一个愿望，我对自己说：将来长大了，去做毕卡索的另外一个女人。急着怕他不能等，急着怕自己长不快。他在法国的那幢古堡被我由图片中看也看烂了，却不知怎么写信去告诉毕卡索，在遥远的地方，有一个女孩子急着要长到十八岁，请他留住，不要快死，直到我去献身给他。

这一生，由画册移情到画家身上，只有专情的对待过毕卡索。他本人造形也美，而且爱女人，这又令我欣赏。艺术家眼中的美女，是真美女。毕卡索画下的女人，个个深刻，是他看穿了她们的骨肉，才有的那种表达。那时候，我觉得自己也美，只有艺术家才懂的一种美。

可是人太小了。快长大的愿望不能由念力中使身材丰满，而我的心灵一直急着吸取一切能够使我更成熟的东西。回想起来，那些人为的间接人生体验，终因实际生活的直接经验太少，而无法自然结合，那是勉强不来的。急着长大，使我失落了今生无法再拾回的少女时代，虽说那是十分可惜的事，倒也没有真的后悔过。

没有等到见到他，毕卡索死了。报上刊出一代巨星消失在今世的消息时，我的床畔早已有了另外许多许多画册，而且自己也开始在画画了。毕卡索的死，对我来说，也是一种教化，使我认知了艺术不死的真理，并没有为他的离世流下一滴眼泪。而我，由那时候开始，便没有想嫁艺术家了，一直再没有了这个念头。

许多年过去了，西柏林展出了毕卡索“性爱素描”的全部作品。我一趟一趟地去展览会场流连，方知性爱的极美可以达到画中的那个深度。那不只是《查泰莱夫人的情人》这本书教给我唯一的感动，那又是毕卡索的另一次教化。今生再见一次惊心动魄，如同小学时操场上那个睁大了眼睛的孩子。

过了又几年，西班牙巴塞隆纳城成立了“毕卡索美术馆”，我又去了那儿，在一幅又一幅名画真迹面前徘徊不舍。

回想一生对于美术的挚爱，心中浮上的却是国民学校小房间中那个女童的脸。我知毕卡索的灵魂正在美术馆中省视着我，而我，站在那一张张巨著之前，感激的却是那个动了怜悯之心带我去擦血的军官。如果不是当年他墙上的一幅画，如何能够进入更深的殿堂之门？我猜想，毕卡索如果知道这一故事，也是会动心的。那个军官和小女孩的故事。

（选自《雨季不再来》，三毛著，北京十月文艺出版社，2017 年版）

【思考与练习】

1. 你认为作者用“爱尔克的灯光”为题有何含义？在你的生活中，是否也有一盏像“爱尔克的灯光”一样为你守候的灯呢？简要说说你的这盏灯。

2. 请以“父母应为子女留下什么”为题进行课堂讨论。

3. 《一生的爱》中三毛通过什么样的方式表达了对美术一生的爱？

道 士 塔

余秋雨

一

莫高窟门外，有一条河。过河有一片空地，高高低低建着几座僧人圆寂塔。塔呈圆形，状近葫芦，外敷白色。我去时，有几座已经坍弛，还没有修复。只见塔心是一个个木桩，塔身全是黄土，垒在青砖基座上。夕阳西下，朔风凛冽，整个塔群十分凄凉。

有一座塔显得比较完整，大概是修建年代比较近吧。好在塔身有碑，移步一读，猛然一惊：它的主人，竟然就是那个王圆箓！

再小的个子，也能给沙漠留下长长的身影；再小的人物，也能让历史吐出重重的叹息。王圆箓既是小个子，又是小人物。我见过他的照片，穿着土布棉衣，目光呆滞，畏畏缩缩，是那个时代随处可以见到的一个中国平民。他原是湖北麻城的农民，在甘肃当过兵，后来为了谋生做了道士。几经转折，当了敦煌莫高窟的家。

莫高窟以佛教文化为主，怎么会让一个道士来当家？中国的民间信仰本来就是羼杂互融的，王圆箓几乎是个文盲，对道教并不专精，对佛教也不抵拒，却会主持宗教仪式，又会化缘募款，由他来管管这一片冷窟荒庙，也算正常。

但是，世间很多看起来很正常的现象常常掩盖着一个可怕的黑洞。莫高窟的惊人蕴藏，使王圆箓这个守护者与守护对象之间产生了文化等级上的巨大的落差。这个落差，就是黑洞。

我曾读到潘絜兹先生和其他敦煌学专家写的一些书，其中记述了王道士的日常生活。他经常出去化缘，得到一些钱后，就找来一些很不高明的当地工匠，先用草刷蘸上石灰把精美的古代壁画刷去，再抡起铁锤把塑像打毁，用泥巴堆起灵官之类，因为他是道士。但他又想到这里毕竟是佛教场所，于是再让那些工匠用石灰把下寺的墙壁刷白，绘上唐代玄奘到西天取经的故事。他四处打量，觉得一个个洞窟太憋气了，便要工匠们把它们打通。大片的壁画很快灰飞烟灭，成了走道。做完这些事，他又去化缘，准备继续刷，继续砸，继续堆，继续画。

这些记述的语气都很平静，但我每次读到，脑海里也总像被刷了石灰一般，一片惨白。我几乎不会言动，眼前一直晃动着那些草刷和铁锤。

“住手！”我在心底呼喊，只见王道士转过脸来，满脸困惑不解。我甚至想低声下气地恳求他：“请等一等，等一等……”但是等什么呢？我脑中依然一片惨白。

二

一九〇〇年六月二十二日（农历五月二十六日），王道士从一个姓杨的帮工那里得知，一处洞窟的墙壁里面好像是空的，里边可能还隐藏着一个洞穴。两人挖开一看，嗬，果然一个满满实实的藏经洞！

王道士完全不明白，此刻，他打开了一扇轰动世界的门户。一门永久性的学问，将靠着这个洞穴建立。无数才华横溢的学者，将为这个洞穴耗尽终生。而且，从这一天开始，他的实际地位已经直蹿而上，比世界上很多著名博物馆馆长还高。但是，他不知道，他不可能知道。

他随手拿了几个经卷到知县那里鉴定，知县又拿给其他官员看。官员中有些人知道一点轻重，建议运到省城，却又心疼运费，便要求原地封存。在这个过程中，消息已经传开，有些经卷已经流出，引起了在新疆的一些外国人士的注意。

当时，英国、德国、法国、俄国等列强，正在中国的西北地区进行着一场考古探险的大拼搏。这个态势，与它们瓜分整个中国的企图紧紧相连。因此，我们应该稍稍离开莫高窟一会儿，看一看全局。

就在王道士发现藏经洞的前几天，在北京，英、德、法、俄、美等外交使团又一次集体向清政府递交照会，要求严惩义和团。恰恰在王道士发现藏经洞的当天，列强决定联合出兵——这就是后来攻陷北京，迫使朝廷外逃，最终又迫使中国赔偿四亿五千万两白银的“八国联军”。

时间怎么会这么巧？

好像是北京东交民巷的外国使馆里一作出进攻中国的决定，立即刺痛了一个庞大机体的神经系统，西北沙漠中一个洞穴的门霎时打开了。

更巧的是，仅仅在几个月前，甲骨文也被发现了。

我想，藏经洞与甲骨文一样，最能体现一个民族的文化自信，因此必须猛然出现在这个民族几乎完全失去自信的时刻。

即使是巧合，也是一种伟大的巧合。

遗憾的是，中国学者不能像解读甲骨文一样解读藏经洞了，因为那里的经卷的所有权已经被悄悄地转移。

三

产生这个结果，是因为莫高窟里三个男人的见面。

第一个就是“主人”王圆箓，不多说了。

第二个是匈牙利人斯坦因，刚加入英国籍不久，此时受印度政府和大英博物馆指派，到中国的西北地区考古。他博学、刻苦、机敏、能干，其考古专业水准堪称世界一流，却又具有一个殖民主义者的文化傲慢。他精通七八种语言，却不懂中文，因此引出了第三个人——翻译蒋孝琬。

蒋孝琬长得清瘦文弱，湖南湘阴人。这个人是中国十九世纪后期出现的买办群体中的一个。这个群体在沟通两种文明的过程中常常备受心灵煎熬，又两面不讨好。我一直建议艺术家们在表现中国近代题材的时候不要放过这种桥梁式的悲剧性典范。但是，蒋孝琬好像是这个群体中的异类，他几乎没有感受任何心灵煎熬。

斯坦因到达新疆喀什时，发现聚集在那里的外国考古学家们有一个共识，就是千万不要与中国学者合作。理由是，中国学者一到关键时刻，例如，在关及文物所有权的当口上，总会在心底产生“华夷之防”的敏感，给外国人带来种种阻碍。但是，蒋孝琬完全不是这样，那些外国人告诉斯坦因：“你只要带上了他，敦煌的事情一定成功。”

事实果然如此。从喀什到敦煌的漫长路途上，蒋孝琬一直在给斯坦因讲述中国官场和中国民间的行事方式，使斯坦因觉得懂这些比再读几个学位更重要。到了莫高窟，所有联络、刺探、劝说王圆箓的事，都是蒋孝琬在做。

王圆箓从一开始就对斯坦因抱着一种警惕、躲闪、拒绝的态度。蒋孝琬蒙骗他说，斯坦因从印度过来，是要把当年玄奘取来的经送回原处去，为此还愿意付一些钱。

王圆箓像很多中国平民一样，对《西游记》里的西天取经故事既熟悉又崇拜，听蒋孝琬绘声绘色地一说，又看到斯坦因神情庄严地一次次焚香拜佛，竟然心有所动。因此，当蒋孝琬提出要先“借”几个“样本”看看时，王圆箓虽然迟疑、含糊了很久，但终于还是塞给了他几个经卷。

于是，又是蒋孝琬，连夜挑灯研读那几个经卷。他发现，那正巧是玄奘取来的经卷的译本。这几个经卷，明明是王圆箓随手取的，居然果真与玄奘有关。王圆箓激动地看着自己的手指，似乎听到了佛的旨意。洞穴的门，向斯坦因打开了。

当然，此后在经卷堆里逐页翻阅选择的，也是蒋孝琬，因为斯坦因本人不懂中文。

蒋孝琬在那些日日夜夜所做的事，也可以说成是一种重要的文化破读，因为这毕竟是千年文物与能够读懂它的人的第一次隆重相遇。而且，事实证明，蒋孝琬对中国传统文化有着广博的知识、不浅的根底。

那些寒冷的沙漠之夜，斯坦因和王圆箓都睡了，只有他在忙着。睡着的两方都不懂得这一堆堆纸页上的内容，只有他懂得，由他作出取舍裁断。

就这样，一场天下最不公平的“买卖”开始了。斯坦因用极少的钱，换取了中华文明长达好几个世纪的大量文物。而且由此形成惯例，其他列强的冒险家们也纷至沓来，满载而去。

有一天王圆箓觉得斯坦因实在要得太多了，就把部分挑出的文物又搬回到藏经洞。斯坦因要蒋孝琬去谈判，用四十块马蹄银换回那些文物。蒋孝琬谈判的结果，居然只花了四块就解决了问题。斯坦因立即赞扬他，这是又一场“中英外交谈判”的胜利。

蒋孝琬一听，十分得意。我对他的这种得意有点厌恶。因为他应该知道，自从鸦片战争以来，所谓的“中英外交谈判”意味着什么。我并不奢望在他心底会对当时已经极其可怜的父母之邦产生一点点惭愧，而只是想，这种桥梁式的人物如果把一方河岸完全扒塌了，他们以后还能干什么？

由此我想，对那些日子莫高窟里的三个男人，我们还应该多看几眼。前面两个一直遭世人非议，而最后一个总是被轻轻放过。

比蒋孝琬更让我吃惊的是，近年来中国文化界有一些评论者一再宣称，斯坦因以考古学家的身份取走敦煌藏经洞的文物并没有错，是正大光明的事业，而像我这样耿耿于怀，却是“狭隘的民族主义”。

是“正大光明”吗？请看斯坦因自己的回忆：

深夜我听到了细微的脚步声，那是蒋在侦察，看是否有人在我的帐篷周围出现。一会儿他扛了一个大包回来，那里装有我今天白天挑出的一切东西。王道士鼓足勇气同意了我的请求，但条件很严格，除了我们三个外，不得让任何人得知这笔交易，哪怕是丝毫暗示。

从这种神态动作，你还看不出他们在做什么吗？

四

斯坦因终于取得了九千多个经卷、五百多幅绘画，打包装箱就整整花了七天时间。最后打成了二十九个大木箱，原先带来的那些骆驼和马匹不够用了，又雇来了五辆大车，每辆都拴上三匹马来拉。

那是一个黄昏，车队启动了，王圆箓站在路边，恭敬相送。斯坦因“购买”这二十九个大木箱的稀世文物，所支付给王圆箓的全部价钱，我一直不忍心写出来，此刻却不能不说一说了。那就是，折合成了银子的差不多三十英镑！但是，这点钱对王圆箓来说，毕竟比他平时到荒村野郊去化缘的所得多得多了。因此，他反而认为这位“斯大人”是“布施者”。

斯坦因向他招过手，抬起头来看看天色。

一位年轻诗人写道，斯坦因看到的，是凄艳的晚霞；那里，一个古老民族的伤口在流血。

我又想到了另一位年轻诗人的诗——他叫李晓桦，诗是写给下令火烧圆明园的额尔金勋爵的：

我好恨
恨我没早生一个世纪
使我能与你对视着站立在
阴森幽暗的古堡
晨光微露的旷野
要么我拾起你扔下的白手套
要么你接住我甩过去的剑
要么你我各乘一匹战马
远远离开遮天的帅旗
离开如云的战阵
决胜负于城下

对于斯坦因这些学者，这些诗句也许太硬。但是，除了这种办法，还有什么方式能阻拦他们呢？

我可以不带剑，甚至也不骑马，只是伸出双手做出阻拦的动作，站在沙漠中间，站在他们车队的正对面。

满脸堆笑地走上前来的，一定是蒋孝琬。我扭头不理他，只是直视着斯坦因，要与他辩论。

我要告诉他，把世间文物统统拔离原生的土地，运到地球的另一端收藏展览，是文物和土地的双向失落、两败俱伤。我还要告诉他，借口别人管不好家产而占为己有，是一种掠夺……

我相信，也会有一种可能，尽管概率微乎其微——我的激情和逻辑终于压倒了斯坦因，于是车队果真被我拦了下来。

那么，接下来该怎么办呢？当然应该送缴京城。但当时，藏经洞文物不是也有一批送京的吗？其情景是，没有木箱，只用席子捆扎，沿途官员缙绅伸手进去就取走一把，有些官员还把大车赶进自己的院子里精挑细选，择优盗取。盗取后又怕到京后点数不符，便把长卷撕成几个短卷来凑数搪塞。

当然，更大的麻烦是，那时的中国处处军阀混战，北京更是乱成一团。在兵丁和难民的洪流中，谁也不知道脚下的土地明天将会插上哪家的军旗。几辆装载古代经卷的车怎么才能通过？怎样才能到达？

那么，不如叫住斯坦因，还是让他拉到伦敦的博物馆里去吧。但我当然不会这么做。我知道斯坦因看出了我的难处，因为我发现，被迫留下车队而离去的他，正一次次回头看我。

我假装没有看见，只用眼角余光默送他和蒋孝琬慢慢远去，终于消失在黛褐色的山丘后面。然后，我再回过身来。

长长一排车队，全都停在苍茫夜色里，由我掌管。但是，明天该去何方？

这里也难，那里也难，我左思右想，最后只能跪倒在沙漠里，大哭一场。

哭声，像一匹受伤的狼在黑夜里嗥叫。

五

一九四三年十月二十六日，八十二岁的斯坦因在阿富汗的喀布尔去世。

此时是中国抗日战争进行得最艰苦的日子。中国，又一次在生死关头被他人认知，也被自己认知。

在斯坦因去世的前一天，伦敦举行“中国日”活动，博物馆里的敦煌文物又一次引起热烈关注。

在斯坦因去世的同一天，中国历史学会在重庆成立。

我知道处于弥留之际的斯坦因不可能听到这两个消息。

有一件小事让我略感奇怪，那就是斯坦因的墓碑铭文：

马克·奥里尔·斯坦因

印度考古调查局成员

学者、探险家兼作家

通过极为困难的印度、中国新疆、波斯、伊拉克之行，扩展了知识领域

他平生带给西方世界最大的轰动是敦煌藏经洞，为什么在墓碑铭文里故意回避了，只提“中国新疆”？敦煌并不在新疆，而是在甘肃。

我约略知道此间原因。那就是，他在莫高窟的所作所为，已经受到文明世界越来越严厉的谴责。

阿富汗的喀布尔，是斯坦因非常陌生的地方，整整四十年一直想进去而未被允许，刚被允许进入，却什么也没有看到就离开了人世。

他被安葬在喀布尔郊区的一个外国基督教徒公墓里，但他的灵魂又怎么能安定下来？

直到今天，这里还备受着贫困、战乱和宗教极端主义的包围。而且，蔓延四周的宗教极端主义，正好与他信奉的宗教完全对立。小小的墓园，是那样孤独、荒凉和脆弱。

我想，他的灵魂最渴望的，是找一个黄昏，一个与他赶着车队离开时一样的黄昏，再潜回敦煌去看看。

如果真有这么一个黄昏，那么，他见了那座道士塔，会与王圆箓说什么呢？

我想，王圆箓不会向他抱怨什么，却会在他面前稍稍显得有点趾高气扬。因为道士塔前，天天游人如潮，虽然谁也没有投来过尊重的目光；而斯坦因的

墓地前，永远阒寂无人。

至于另一个男人，那个蒋孝琬的坟墓在哪里，我就完全不知道了。有知道的朋友，能告诉我吗？

（选自《文化苦旅》，余秋雨著，长江文艺出版社，2019 年版）

【导读】

余秋雨（1946— ）浙江省余姚人，当代文化学者，理论家、文化史学家、作家、散文家。1966 年毕业于上海戏剧学院戏剧文学系。1980 年陆续出版了《戏剧理论史稿》、《中国戏剧文化史述》、《戏剧审美心理学》。1985 年成为中国大陆最年轻的文科教授。1986 年被授予上海十大学术精英。1987 年被授予国家级突出贡献专家的荣誉称号。

余秋雨以擅写历史文化散文著称，他的散文集《文化苦旅》在出版后广受欢迎。此外，他还著有《山居笔记》、《霜冷长河》、《千年一叹》等散文作品。

【拓展阅读】

莫　高　窟

余秋雨

一

公元三六六年，有一位僧人在敦煌东南方鸣沙山东麓的断崖上开始开凿石窟，后来代代有人继续，这就成了著名的莫高窟。

佛教在印度传播之初，石窟是僧人修行的场所，却不在里边雕塑和描绘佛像，要表现也只用象征物来替代，用得比较多的有金牛、佛塔、法柱等。后来到了犍陀罗时期，受到亚历山大大帝东征时带来的希腊雕塑家们的影响，开始开凿佛像石窟。因此，人们往往可以从那里发现希腊雕塑的明显痕迹。

这就是说，仅仅是佛像石窟，就已经把印度文明和希腊文明包罗在里边了。这些石窟大多处于荒山野岭之间，远远看去很不起眼，哪里知道里面所蕴藏的，却是两个伟大文明的精彩。

佛教从印度一进入中国，立即明白这是一个需要用通俗、形象的方式来讲故事的国度，因此在石窟造像艺术中又融入了越来越浓重的中华世俗文明。结果，以人类的几大文明为背景，一代代的佛像都在石窟里深刻而又通俗地端庄着，微笑着，快乐着，行动着，苦涩着，牺牲着。渐渐地，这一切都与中华历史接通了血脉，甚至成了一部由坚石雕刻的历史。

莫高窟，便是其中的典型。

二

看莫高窟，不是看死了一千年的标本，而是看活了一千年的生命。

让人惊奇的是，历来在莫高窟周边的各种政治势力，互相之间打得你死我活，却都愿意为莫高窟做一点好事。

北魏的王室、北周的贵族都对莫高窟的建造起了很大的作用，更不必说隋代、初唐、盛唐时莫高窟的欢快景象了。连“安史之乱”以后占领敦煌的吐蕃势力，以及驱逐吐蕃势力的张议潮军队，本是势不两立的敌人，却也都修护了莫高窟。

五代十国时期的曹氏政权对莫高窟贡献很大，到宋代，先后占领这一带的西夏政权和蒙古政权，也没有对莫高窟造成破坏。莫高窟到元代开始衰落，主要是由于蒙古军队打通了欧亚商贸路线，丝绸之路的作用减弱，敦煌变得冷清了。

为什么那么多赳赳武将、权谋强人都会在莫高窟面前低下头来？我想，第一是因为这里关及人间信仰，第二是因为这里已经构成历史。宗教的力量和时间的力量足以让那些燥热的心灵冷却下来，产生几分敬畏。他们突然变得像个孩子，一路撒野下来，到这里却睁大了眼睛，希望获得宗教裁判和时间裁判。

在这个过程中，更值得关注的是全民参与。佛教在莫高窟里摆脱了高深的奥义，通俗地展现因果报应、求福消灾、丰衣足食、繁衍子孙等内容，与民众非常亲近。除了壁画和雕塑外，莫高窟还是当地民众举行巡礼斋会的活动场所，也是享受日常娱乐的游览场所。但是，这种大众化趋向并没有使它下降为一个乡村庙会，因为敦煌地区一直拥有不少高僧大德、世族名士、博学贤达，维系着莫高窟的信仰主体。

于是，在莫高窟，我常常走神。不明亮的自然光亮从洞窟上方的天窗中淡淡映入，壁画上的人群和壁画前的雕塑融成了一体，在一片朦胧中似乎都动了起来。在他们身后，仿佛还能看到当年来这里参加巡礼的民众，一群又一群地簇拥着身穿袈裟的僧侣。还有很多画工、雕塑家在周边忙碌。这么多人渐渐走了，又来了一批。一批一批构成一代，一代代接连不断。

也有了声音：佛号、磬钹声、诵经声、木鱼声、旌旗飘荡声、民众笑语声，还有石窟外的山风声、流水声、马蹄声、驼铃声。

看了一会儿，听了一会儿，我发觉自己也被裹卷进去了。身不由己，踉踉跄跄，被人潮所挟，被声浪所融，被一种千年不灭的信仰所化。

这样的观看是一种晕眩，既十分陶醉又十分模糊。因此，我不能不在闭馆之后的黄昏，在人群全都离去的山脚下独自徘徊，一点点地找回记忆、找回自己。

晚风起了，夹着细沙，吹得脸颊发疼。沙漠的月亮分外清冷，山脚前有一泓泉流，在月色下波光闪烁。总算，我的思路稍见头绪。

三

记得每进一个洞窟，我总是抢先走到年代标示牌前，快速地算出年龄，然后再恭敬地抬起头来。

年龄最高的，已经一千六百多岁，在中国历史上算是十六国时期的作品。壁画上的菩萨还是西域神貌，甚至还能看出从印度起身时的样子，深线粗画，立体感强，还裸着上身，余留着恒河岸边的热气。另一些壁画，描绘着在血腥苦难中甘于舍身的狠心，看上去有点恐怖，可以想见当时世间的苦难气氛。

接下来应该是我非常向往的魏晋南北朝了：青褐的色泽依然浑厚，豪迈的笔触如同剑戟。中原一带有那么多潇洒的名士傲视着乱世，此时洞窟里也开始出现放达之风，连菩萨也由粗短身材变得修长活泼。某些形象，一派秀骨清相，甚至有病态之美，似乎与中原名士们的趣味遥相呼应。

不少的场面中出现了各种乐器，我叫不全它们的名字。

有很多年轻的女子衣带飘飘地飞了起来，是飞天。她们预示出全方位舞动的趋势，那是到了隋代。一个叫维摩诘的居士被频频描绘，让人联想到当时一些士族门阀企图在佛教理想中提升自己。壁画上已经找不到苦行，只有华丽。连病态之美也消失了，肌肤变得日渐圆润。那些雕塑略显腿短头大，马背上的历练，使他们气定神闲。

整个画面出现了扬眉吐气般的欢乐，那只能是唐代。春风浩荡，万物苏醒，连禽鸟都是舞者，连繁花都卷成了图案。天堂和人间连在了一起，个个表情生动，笔笔都有创造。女性越来越占据主导地位，而且不管是菩萨还是供养人，都呈现出充分的女性美。由于自信，他们的神情反而更加恬静、素淡和自然。画中的佛教道场已经以净土宗为主，启示人们只要念佛就能一起进入美好的净土。连这种简明的理想，也洋溢着只有盛唐才有的轻快和乐观。

唐代画面中的那些世间人物，不管是盔甲将军、西域胡商，还是壮硕力士、都督夫人，都神采飞扬、炯炯有神。更难得的是，我在这些人物形象中分明看到了吴道子画派的某种骨力，在背景山水中发现了李思训、李昭道父子那一派的辉煌笔意。欢乐，就此走向了经典。走向了经典还在欢乐，一点也没有装腔作态。

除了壁画，唐代的塑像更是风姿无限，不再清癯，不再呆板，连眉眼嘴角都洋溢着笑意，连衣褶薄襞都流泻得像音乐一般。

唐代洞窟中的一切都不重复，也不刻板。我立即明白，真正的欢乐不可能重复，就像真正的人性容不得刻板。结果，唐代的欢乐诱发了长久的欢乐，唐代的人性贴合了永恒的人性，一切都融合得浑然一体。恍惚间，热闹的洞窟里似乎什么也没有了，没有画，没有雕塑，没有年代，也没有思考，一切都要蒸腾而去，但又哪里也不想去，只在这里，在洞窟，在唐代，在吴道子笔下。

突然，精神一怔，我看到了一个异样的作品，表现了一个尽孝报恩的故事。与一般同类故事不同，这个佛家弟子是要帮助流亡的父母完成复国事业。我心中立即产生一种猜测，便俯身去看年代标示牌——果然，创作于“安史之乱”之后。

“安史之乱”，像一条长鞭，哗啦一声把唐代划成了两半。敦煌因为唐军东去讨逆而被吐蕃攻陷，因此，壁画中帮助流亡父母完成复国事业的内容，并非虚设。

悲壮的意志刻在了洞壁上，悲惨的岁月却刻在了大地上，赫赫唐代已经很难再回过神来。此后的洞窟，似乎一个个活气全消。也有看上去比较热闹的场面，但是，模仿的热闹只能是单调。

在单调中，记得还有一个舞者背手反弹琵琶的姿态，让我眼睛一亮。

再看下去，洞窟壁画的内容越来越世俗，连佛教题材也变成了现实写生，连天国道场也变成了家庭宅院，连教义演讲也变成了说书人的故事会。当然这也不错，颇有生活气息，并让我联想到了中国戏剧史上的瓦舍和诸宫调。

唐宋之间，还算有一些呆滞的华丽；而到了宋代，则走向了一种冷漠的贫乏。对此，我很不甘心。宋代，那是一个让中国人拥有苏东坡、王安石、司马光、朱熹、陆游、李清照、辛弃疾的时代啊，在敦煌怎么会是这样？我想，这与河西走廊上大大小小的政权纷争有关。在没完没了的轮番折腾中，文化之气受阻，边远之地只能消耗荒凉。

到了元代，出现了藏传密宗的壁画，题材不再黏着于现实生活，出现了一种我们不太习惯的神秘和恐怖。但是笔触精致细密，颇具装饰性，使人想到唐卡。

这是一个民族之间互窥互征的时代，蒙古文化和西藏文化在这一带此起彼伏。倒是有一个欧洲旅行家来过之后向外面报告，这里很安定，他就是马可·波罗。

明清时期的莫高窟，已经没有太多的东西可以记住。

四

当我在夜色中这么匆匆回想一遍后，就觉得眼前这个看上去十分寻常的“小山包”，实在是一个奇怪的所在。

它是河西走廊上的一个博物馆，也是半部中国艺术史，又是几大文明的交会点。它因深厚而沉默，也许，深厚正是沉默的原因。

但是，就像世界上的其他事情一样，兴旺发达时什么都好说，一到了衰落时期，一些争夺行动便接连而至。

二十世纪二十年代莫高窟曾经成为白俄士兵的滞留地。那些士兵在洞窟里支起了锅灶，生火做饭，黑烟和油污覆盖了大批壁画和雕塑。他们还用木棒蘸着黑漆，在壁画上乱涂乱画。

这些士兵走了以后，不久，一群美国人来了。他们是学者，大骂白俄士兵的胡作非为，当场立誓，要拯救莫高窟文物。他们的"拯救"方法是，用化学溶剂把壁画粘到纱布上剥下墙壁，带回美国去。

为首的是两位美国学者，我要在这里记一下他们的名字：一位是哈佛大学的兰登·华尔纳，一位是宾夕法尼亚博物馆的霍勒斯·杰恩。

兰登·华尔纳带回美国的莫高窟壁画引起轰动，他非常后悔自己当初没有带够化学溶剂，因此又来了第二次。这次他干脆带来了一名化学溶剂的调配专家，眼看就要在莫高窟里大动手脚。

但是，他后来在回忆录里写道，这次在莫高窟遇到了极大的麻烦：

事态变得十分棘手，约有几十个村民放下他们的工作，从大约十五公里外的地方跑来监视我们的行动……以便有理由对我们进行袭击，或者用武力把我们驱逐出境。

结果，他们只是拍了一些遗迹的照片，什么也无法拿走。化学溶剂更是一滴也没有用。

后来华尔纳在美国读到一本书，是他第二次去莫高窟时从北京雇请一位叫陈万里的翻译写的。这才知道，那些村民所得到的信息正是这位翻译透露的。陈万里先生到敦煌的第二天，就借口母亲生病离开了华尔纳，其实是向村民通报美国人准备干什么了。

为此，我要向这位陈万里先生致敬。

一位名不见经传的普通知识分子，加上几十个他原先不可能认识的当地村民，居然在极短的时间内做成了这么一件大事。对比之下，我看那些不负责任的官员，以及那些助纣为虐的翻译，还怎么来寻找遁词？

陈万里先生不仅是翻译，还是一位医生和学者。中国另有一位姓陈的学者曾经说过一句话："敦煌者，吾国学术之伤心史也。"这位陈先生叫陈寅恪，后来两眼完全失去了视力。

陈寅恪先生看不见了，我们还张着眼。陈万里先生和村民没有来得及救下的那些莫高窟文物，还在远处飘零。既然外人如此眼热，可见它们确实是全人类的精粹，放在外面也罢了。只是，它们记录了我们历代祖先的信仰和悲欢，我们一有机会总要赶过去探望它们，隔着外国博物馆厚厚的玻璃，长久凝视，百般叮咛。

莫高窟被那些文物拉得很长很长，几乎环绕了整个地球。那么，我们的心情也被拉长了，随着唐宋元明清千年不枯的笑容，延伸到整个世界。

（《文化苦旅》，余秋雨著，长江文艺出版社，2019 年版）

【思考与练习】

1. 请查阅资料并结合课文谈谈敦煌文物流失的原因，到底是谁的过错？
2. 写一篇读后感，评价余秋雨笔下的道士塔。

西山的月

沈从文

“求你将我放在你心上如印记，带在你臂上如戳记。”我念诵着雅歌来希望你，我的好人。

你的眼睛还没掉转来望我，只起了一个势，我早惊乱得同一只听到弹弓弦子响中的小雀了。我是这样怕与你灵魂接触，因为你太美丽了的缘故。

但这只小雀它愿意常常在弓弦响声下惊惊惶惶乱窜，从惊乱中它已找到更多的舒适快活了。

在青玉色的中天里，那些闪闪烁烁底星群，有你底眼睛存在：因你底眼睛也正是这样闪烁不定，且不要风吹。

在山谷中的溪涧里，那些清莹透明底山泉，也有你底眼睛存在：你眼睛我记着比这水还清莹透明，流动不止。

我侥幸又见到你一度微笑了，是在那晚风为散放的盆莲旁边。这笑里有清香，我一点都不奇怪，本来你笑时是有种比清香还能沁人心脾的东西！

我见到你笑了，还找不出你的泪来。当我从一面篱笆前过身，见到那些嫩紫色牵牛花上负着的露珠，便想：倘若是她有什么不快事缠上了心，泪珠不是正同这露珠一样美丽，在凉月下会起虹彩吗？

我是那么想着，最后便把那朵牵牛花上的露珠用舌子舔干了。

怎么这人哪，不将我泪珠穿起？你必不会这样来怪我，我实在没有这种本领。我头发白的太多了，纵使我能，也找不到穿它的东西！

病渴的人，每日里身上疼痛，心中悲哀，你当真愿意不愿给渴了的人一点甘露喝？

这如做好事的善人一样，可怜路人的渴涸，济以茶汤。恩惠将附在这路人心上，做好事的人将蒙福至于永远。

我日里要做工，没有空闲。在夜里得了休息时，便沿着山涧去找你。我不怕虎狼，也不怕伸着两把钳子来吓我的蝎子，只想在月下见你一面。

碰到许多打起小小火把夜游的萤火，问它们，“朋友朋友，你曾见过一个人吗？”

“你找寻的那个人是个什么样子呢？”

我指那些闪闪烁烁的群星，“哪，这是眼睛。”

我指那些飘忽的白云，“哪，这是衣裳。”

我要它们静心去听那些涧泉和音，“哪，她声音同这一样。”

我末了把刚从花园内摘来那朵粉红玫瑰在它们眼前晃了一下，“哪，这是脸。”

这些小东西，虽不知道什么叫做骄傲，还老老实实听我的话。但当我问它们听清白没有，只把头摇了摇就想跑。

“怎么，究竟见不见到呢？”——我赶着它们追问。

“我这灯笼照我自己全身还不够！先生，放我吧，不然，我会又要绊倒在那些不忠厚的蜘蛛设就的圈套里……虽然它也不能奈何我，但我不愿意同它麻烦。先生，你还是问别个吧，再扯着我会赶不上它们了”——它跑去了。

我行步迟钝，不能同它们一起遍山遍野去找你——但凡是山上有月色流注到的地方我都到了，不见你底踪迹。

回过头去，听那边山下有歌声飘扬过来，这歌声出于日光只能在墙外徘徊的狱中。我跑去为他们祝福：你那些强健无知的公绵羊啊！

给了你强健却吝了知识：每日和平守分地咀嚼主人给你们的窝窝头，疾病与忧愁永不凭附于身；你们是有福了——阿们！

你那些懦弱无知的母绵羊啊！

神给了你温柔却吝了知识：每日和平守分地咀嚼主人给你们的窝窝头，失望与忧愁永不凭附于身；你们也是有福了——阿们！

世界之霉一时侵不到你们身上，你们但和平守分的生息在圈牢里：能证明你主人底恩惠——同时证明了你主人底富有；你们都是有福了——阿们！

当我起身时，有两行眼泪挂在脸上。为别人流还是为自己流呢？我自己还要问他人。但这时除了中天那轮凉月外，没有能做证明的人。

我要在你眼波中去洗我的手，摩到你的眼睛，太冷了。

倘若你的眼睛真是这样冷，在你鉴照下，有个人的心会结成冰。

这也是我游香山时找得的一篇文章，找得的地方是半山亭。似乎是什么人遗落忘记的稿子。文章虽不及古文高雅，但半夜里能一个人跑上半山亭来望月，本身已就是个妙人了。

当我刚发现这稿子念过前几段时，心想不知是谁个女人来消受他这郁闷的热情，未免起了点妒羡心。到末了使我了然，因最后一行写的是“待人承领的爱”这六个字令我失望，故把它圈掉了。为保存原文起见，乃在这里声明一句。

若有某个人能切实证明这招贴文章是寄她的，只要把地点告知，我也愿把原稿寄给她，左右留在我身边也是无用东西。至于我，不经过别人许可，就在这里把别人文章发表了，不合理的地方，特在此致一声歉，不过想来既然是招贴类文章，擅自发表出来，也不算十分无道德心吧。

（选自《沈从文散文精选》，沈从文著，长江文艺出版社，2017 年版）

【导读】

沈从文（1902—1988 年），原名沈岳焕，字崇文，笔名休芸芸、甲辰、上官碧、璇若等，湖南凤凰人，中国著名作家、历史文物研究者。曾任武汉大学、青岛大学、西南联合大学教授，中国社会科学院历史研究所研究员。有《沈从文全集》三十二卷行世。

【拓展阅读】

牡丹的拒绝

张抗抗

它被世人所期待、所仰慕、所赞誉，是由于它的美。它美得秀韵多姿，美得雍容华贵，美得绚丽娇艳，美得惊世骇俗。它的美是早已被世人所确定、所公认了的。它的美不惧怕争议和挑战。

有多少人没有欣赏过牡丹呢？却偏偏要坐上汽车火车飞机轮船，千里万里爬山涉水，天南海北不约而同，揣着焦渴与翘盼的心，滔滔黄河般地涌进洛阳城。

欧阳修曾有诗云：洛阳地脉花最宜，牡丹尤为天下奇。

传说中的牡丹，是被武则天一怒之下逐出京城，贬去洛阳的。却不料洛阳的水土最适合牡丹的生长。于是洛阳人种牡丹蔚然成风，渐盛于唐，极盛于宋。每年阳历四月中旬春色融融的日子，街巷园林千株万株牡丹竞放，花团锦簇香云缭绕——好一座五彩缤纷的牡丹城。

所以看牡丹是一定要到洛阳去看的。没有看过洛阳的牡丹就不算看过牡丹。况且洛阳牡丹还有那么点来历，它因被贬而增值而名声大噪，是否因此勾起人的好奇也未可知。

这一年已是洛阳的第九届牡丹花会。这一年的春却来得迟迟。

连日浓云阴雨，四月的洛阳城冷风飕飕。

街上挤满了从很远很远的地方赶来的看花人。看花人踩着年年应准的花期。

明明是梧桐发叶，柳枝滴翠，桃花梨花姹紫嫣红，海棠更已落英纷纷——可洛阳人说春尚不曾到来；看花人说，牡丹城好安静。

一个又冷又静的洛阳，让你觉得有什么地方不对劲。你悄悄闭上眼睛不忍寻觅。你深呼吸掩藏好了最后的侥幸，姗姗步入王城公园。你相信牡丹生性喜欢热闹，你知道牡丹不像幽兰习惯寂寞，你甚至怀着自私的企图，愿牡丹接受这提前的参拜和瞻仰。

然而，枝繁叶茂的满园绿色，却仅有零零落落的几处浅红、几点粉白。一丛丛半人高的牡丹枝株之上，昂然挺起千头万头硕大饱满的牡丹花苞，个个形同仙桃，却是朱唇紧闭，皓齿轻咬，薄薄的花瓣层层相裹，透出一副傲慢的冷色，绝无开花的意思。偌大的一个牡丹王国，竟然是一片黯淡萧瑟的灰绿……

一丝苍白的阳光伸出手竭力抚弄着它，它却木然呆立，无动于衷。

惊愕伴随着失望和疑虑——你不知道牡丹为什么要拒绝，拒绝本该属于它的荣誉和赞颂？

于是看花人说这个洛阳牡丹真是徒有虚名；于是洛阳人摇头说其实洛阳牡丹从未如今年这样失约，这个春实在太冷，寒流接着寒流怎么能怪牡丹？当年武则天皇帝令百花连夜速发以待她明朝游玩上苑，百花慑于皇威纷纷开放，惟独牡丹不从，宁可发配洛阳。如今怎么就能让牡丹轻易改了性子？

于是你面对绿色的牡丹园，只能竭尽你想象的空间。想象它在阳光与温暖中火热的激情；想象它在春晖里的辉煌与灿烂——牡丹开花时犹如解冻的大江，一夜间千朵万朵纵情怒放，排山倒海惊天动地。那般恣意那般宏伟，那般壮丽那般浩荡。它积蓄了整整一年的精气，都在这短短几天中轰轰烈烈地迸发出来。它不开则已，一开则倾其所有挥洒净尽，终要开得一个倾国倾城，国色天香。

你也许在梦中曾亲吻过那些赤橙黄绿青蓝紫的花瓣，而此刻你须在想象中创造姚黄魏紫豆绿墨撒金白雪塔铜雀春锦帐芙蓉烟绒紫首案红火炼金丹……想象花开时节洛阳城上空被牡丹映照的五彩祥云；想象微风夜露中颤动的牡丹花香；想象被花气濡染的树和房屋；想象洛阳城延续了一千多年的“花开花落二十日，满城人人皆若狂”之盛况。想象给予你失望的纪念，给予你来年的安慰与希望。牡丹为自己营造了神秘与完美——恰恰在没有牡丹的日子里，你探访了窥视了牡丹的个性。

其实你在很久以前并不喜欢牡丹。因为它总被人作为富贵膜拜。后来你目睹了一次牡丹的落花，你相信所有的人都会为之感动：一阵清风徐来，娇艳鲜嫩的盛期牡丹忽然整朵整朵地坠落，铺散一地绚丽的花瓣。那花瓣落地时依然鲜艳夺目，如同一只奉上祭坛的大鸟脱落的羽毛，低吟着壮烈的悲歌离去。牡丹没有花谢花败之时，要么烁于枝头，要么归于泥土，它跨越委顿和衰老，由青春而死亡，由美丽而消遁。它虽美却不吝惜生命，即使告别也要留给人最后一次惊心动魄的体味。

所以在这阴冷的四月里，奇迹不会发生。任凭游人扫兴和诅咒，牡丹依然安之若素。它不苟且不俯就不妥协不媚俗，它遵循自己的花期自己的规律，它有权利为自己选择每年一度的盛大节日。它为什么不拒绝寒冷?!

天南海北的看花人，依然络绎不绝地涌入洛阳城。人们不会因牡丹的拒绝而拒绝它的美。如果它再被贬谪十次，也许它就会繁衍出十个洛阳牡丹城。

于是你在无言的遗憾中感悟到，富贵与高贵只是一字之差。同人一样，花儿也是有灵性、有品位之高低的。品位这东西为气为魂为筋骨为神韵只可意会。你叹服牡丹卓尔不群之姿，方知“品位”是多么容易被世人忽略或漠视的美。

（选自《打开自己那间屋的门窗：张抗抗经典散文》，
张抗抗著，山东文艺出版社，2017 年版）

【思考与练习】

1. 请从《西山的月》中选出自己最喜欢的句子，进行赏析。

2. 请仔细阅读《牡丹的拒绝》，梳理出“拒绝”的多层次涵义，领略牡丹拒绝的美。

3. 你认为可用牡丹来比喻哪些历史人物？

咬 菜 根

朱 湘

“咬得菜根，百事可做”，这句成话，便是我们祖先留传下来，教我们不要怕吃苦的意思。

还记得少年的时候，立志要作一个轰轰烈烈的英雄，当时不知在哪本书内发现了这句格言，于是拿起案头的笔，将它恭楷抄出，粘在书桌右方的墙上。并且在胸中下了十二分的决心，在中饭时候，一定要牺牲别样的菜不吃，而专咬菜根。上桌之后，果然战退了肉丝焦炒香干的诱惑，致全力于青菜汤的碗里搜求菜根。找到之后，一面着力的咬，一面又在心中决定，将来作了英雄的时候，一定要叫老唐妈特别为我一人炒一大盘肉丝香干摆上得胜之筵。

萝卜当然也是一种菜根。有一个新鲜的早晨，在卖菜的吆喝声中，起身披衣出房。看见桌上放着一碗雪白的热气腾腾的粥，粥碗前是一盘腌菜，有长条的青黄色的豇豆，有灯笼形的通红的辣椒，还有萝卜，米白色而圆滑，有如一些煮熟了的鸡蛋。这与范文正的淡黄，差得多远！我相信那个说咬得菜根百事可作的老祖宗，要是看见了这样的一顿早饭，决定会摇他那白发之头的。

还有一种菜根，白薯。但是白薯并不难咬，我看我们的那班能吃苦的祖先，如果由奈何桥或是望乡台在过年过节的时候回家，我们决不可供些什么煮得木头般硬的鸡或是浑身有刺的鱼。因为他们老人家的牙齿都掉完了，一定领略不了我们这班后人的孝心；我们不如供上一盘最容易咬的食品：煮白薯。

如果咬菜根能算得艰苦卓绝，那我简直可以算得艰苦卓绝中最艰苦卓绝的人了。因为我不单能咬白薯，并且能咬这白薯的皮。给我一个刚出笼的烤白薯，我是百事可做的；甚至教我将那金子一般黄的肉统统让给你，我都做得到。惟独有一件事，我却不肯做，那就是把烤白薯的皮也让给你；它是全个烤白薯的精华，又香又脆，正如那张红皮，是全个红烧肘子的精华一样。

山药、慈姑，也是菜根。但是你如果拿它们来给我咬，我并不拒绝。

我并非一个主张素食的人，但是却不反对咬菜根。据西方的植物学者的调查，中国人吃的菜蔬有六百种，比他们多六倍。我宁可这六百种的菜根，种种都咬到，都不肯咬一咬那名扬四海的猪尾或是那摇来乞怜的狗尾，或是那长了疮脓血也不多的耗子尾巴。

（选自《朱湘散文选集》，林呐、徐柏容、郑法清编，百花文艺出版社，2009年版）

【导读】

朱湘（1904—1933），字子沅，安徽太湖人，中国现代诗人，一生致力探索中国新诗创作和外国诗歌的译介，提倡诗歌的“形式美”。朱湘被鲁迅称为“中国的济慈”。主要作品有诗集《石门集》，散文书信集《中书集》、《海外寄霓君》等。

咬菜根，比喻安于过清苦的生活。出自宋吕本中《东莱吕紫微师友杂志》：“汪信民尝言：‘人常咬得菜根，则百事可做。’胡安国康侯闻之，击节叹赏。”

【拓展阅读】

书

朱　湘

拿起一本书来，先不必研究它的内容，只是它的外形，就已经很够我们赏鉴的了。

那眼睛看来最舒服的黄色毛边纸，单是纸色已经在我们的心目中引起一种幻觉，令我们以为这书是一个逃免了时间之摧残的遗民。他所以能幸免而来与我们相见的这段历史的本身，就已经是一本书，值得我们思索、感叹，更不需提起它的内含的真或美了。

还有那一个个正方的形状，美丽的单字，每个字的构成，都是一首诗；每个字的沿革，都是一部历史。飙是猎犬风一般快地驰过，嗅着受伤之兽在草中滴下的血腥，顺了方向追去，听到枯草飒索地响，有如秋风卷过去一般。昏是婚的古字：在太阳下了山，对面不见人的时候，有一群人骑着马，擎着红光闪闪的火把，悄悄向一个人家走近。等到了竹篱柴门之旁的时候，在狗吠声中，趁着门还未闭，一声喊齐拥而入，让新郎从打麦场上挟起惊呼的新娘打马而回。同来的人则抵挡着新娘的父兄，做个不打不成交的亲家。

印书的字体有许多种：宋体挺秀有如柳字，麻沙体夭矫有如欧字，书法体娟秀有如褚字，楷体端方有如颜字。楷体是最常见的了。这里面又分出许多不同的种类：一种是通行的正方体；还有一种是窄长的楷体，棱角最显；一种是扁短的楷体，浑厚颇有古风。还有写的书：或全体楷体，或半楷体，它们不单看来有一种密切的感觉，并且有时有古代的写本，很足以考证今本的印误，以及文字的假借。

如果在你面前的是一本旧书，则开章第一篇你便将看见许多朱色的印章，有的是雅号，有的是姓名。在这些姓名别号之中，你说不定可以发现古代的收藏家或是名倾一世的文人，那时候你便可以让幻想驰骋于这朱红的方场之中，构成许多飘渺的空中楼阁来。还有那些朱圈，有的圈得豪放，有的圈得森严，你可以就它们的姿态，以及它们的位置，悬想出读这本书的人是一个少年，还是老人；是一个放荡不羁的才子，还是老成持重的儒者。你也能借此揣摩出这主人翁的命运：他的书何以流散到了人间？是子孙不肖，将他舍弃了？是遭兵逃反，被一班庸奴偷窃出了他的藏书楼？还是运气不好，家道中衰，自己将它售卖了，来填偿债务，或是支持家庭？书的旧主人是这样。我呢？我这书的今主人呢？他当时对着雕花的端砚，拿起新发的朱笔，在清淡的炉香气息中，圈点这本他心爱的书，那时候，他是绝想不到这本书的未来命运。他自己的未来命运，是个怎样的结局；正如这现在读着这本书的我，不能知道我未来的命运将要如何一般。

更进一层，让我们来想象那作书人的命运：他的悲哀，他的失望，无一不自然地流露在这本书的字里行间。让我们读的时候，时而跟着他啼，时而为他扼腕叹息。要是不幸上再加上不幸，遇到秦始皇或是董卓，将他一生心血呕成的文章，一把火烧为乌有，或是像《金瓶梅》、《红楼梦》、《水浒》一般命运，被浅见者标作禁书，那更是多么可惜的事情啊！

天下事真是不如意的多。不讲别的，只说书这件东西，它是再与世无争也没有的了，也都要受这种厄运的摧残。至于那琉璃一般脆弱的美人，白鹤一般兀傲的文士，他们的遭忌更是不言可喻了。试想含意未伸的文人，他们在不得意时，有的樵采，有的放牛，不仅无异于庸人，并且备受家人或主子的轻蔑与凌辱；然而他们天生得性格倔强，世俗越对他白眼，他却越有精神。他们有的把柴挑在背后，拿书在手里读；有的骑在牛背上，将书挂在牛角上读；有的在蚊声如雷的夏夜，囊了萤照着书读；有的在寒风冻指的冬夜，拿了书映着雪读。然而时光是不等人的，等到他们学问已成的时候，眼光是早已花了，头发是早已白了，只是在他们的额头上新添加了一些深而长的皱纹。

咳！不如趁着眼睛还清朗，鬓发尚未成霜，多读一读“人生”这本书罢！

（选自《朱湘散文选集》，林呐、徐柏容、郑法清编，百花文艺出版社，2009 年版）

【思考与练习】

1. 结合实际说说为什么咬菜根的精神丢不得？
2. 作者对书有怎样的感情？

下　　棋

梁实秋

有一种人我最不喜欢和他下棋，那便是太有涵养的人。杀死他一大块，或是抽了他一个车，他神色自若，不动火，不生气，好象是无关痛痒，使你觉得索然寡味。君子无所争，下棋却是要争的。当你给对方一个严重威胁的时候，对方的头上青筋暴露，黄豆般的汗珠一颗颗地在额上陈列出来，或哭丧着脸作惨笑，或咕嘟着嘴作吃屎状，或抓耳挠腮，或大叫一声，或长吁短叹，或自怨自艾口中念念有词，或一串串地噎嗝打个不休，或红头涨脸如关公，种种现象，不一而足，这时节你“行有余力”便可以点起一支烟，或啜一碗茶，静静地欣赏对方的苦闷的象征。我想猎人追逐一只野兔的时候，其愉快大概略相仿佛。因此我悟出一点道理，和人下棋的时候，如果有机会使对方受窘，当然无所不用其极，如果被对方所窘，便努力作出不介意状，因为既然不能积极地给对方以苦痛，只好消极地减少对方的乐趣。

自古博弈并称，全是属于赌的一类，而且只是比“饱食终日无所用心”略胜一筹而已。不过弈虽小术，亦可以观人，相传有慢性人，见对方走当头炮，便左思右想，不知是跳左边的马好，还是跳右边的马好，想了半个钟头而迟迟不决，急得对方只好拱手认输。是有这样的慢性人，每一着都要考虑，而且是加慢的考虑，我常想这种人如加入龟兔竞赛，也必定可以获胜。也有性急的人，下棋如赛跑，噼噼啪啪，草草了事，这仍旧是饱食终日无所用心的一贯作风。下棋不能无争，争的范围有大有小，有斤斤计较而因小失大者，有不拘小节而眼观全局者，有短兵相接，作生死斗者，有各自为战而旗鼓相当者，有赶尽杀绝一步不让者，有好勇斗狠同归于尽者，有一面下棋一面诮骂者，但最不幸的是争的范围超出了棋盘，而拳足交加。有下象棋者，久而无声音，排闼视之，阒不见人，原来他们是在门后角里扭做一团，一个人骑在另一个人的身上，在他的口里挖车呢。被挖者不敢出声，出声则口张，口张则车被挖回，挖回则必悔棋，悔棋则不得胜，这种认真的态度憨得可爱。我曾见过二人手谈，起先是坐着，神情潇洒，望之如神仙中人，俄而棋势吃紧，两人都站起来了，剑拔弩张，如斗鹌鹑，最后到了生死关头，两个人跳到桌子上去了！

笠翁《闲情偶寄》说弈棋不如观棋，因观者无得失心，观棋是有趣的事，如看斗牛、斗鸡、斗蟋蟀一般，但是观棋也有难过处，观棋不语是一种痛苦。喉间硬是痒得出奇，思一吐为快。看见一个人要入陷阱而不作声是几乎不可能的事，如果说得中肯，其中一个人要厌恨你，暗暗地骂你一声：“多嘴驴！”

另一个人也不感激你，心想：“难道我还不晓得这样走！”如果说得不中肯，两个人要一齐嗤之以鼻：“无见识奴！”如果根本不说，憋在心里，受病。所以有人于挨了一个耳光之后还要抚着热辣辣的嘴巴大呼：“要抽车，要抽车！”

下棋只是为了消遣，其所以能使这样多人嗜此不疲者，是因为它颇合人类好斗的本能，这是一种“斗智不斗力”的游戏。所以瓜棚豆架之下，与世无争的村夫野老不免一枰相对，消此永昼；闹市茶寮之中，常有有闲阶级的人士下棋消遣，“不为无益之事，何以遣此有涯之生？”宦海里翻过身最后退隐东山的大人先生们，髀肉复生，而英雄无用武之地，也只好闲来对弈，了此残生，下棋全是“剩余精力”的发泄。人总是要斗的，总是要钩心斗角地和人争逐的。与其和人争权夺利，还不如在棋盘上抽上一车。宋人笔记曾载有一段故事：“李讷仆射，性卞急，酷好弈棋，每下子安祥，极于宽缓，往往躁怒作，家人辈则密以弈具陈于前，讷睹，便忻然改容，以取其子布弄，都忘其恚矣。”（南部新书）。下棋，有没有这样陶冶性情之功，我不敢说，不过有人下起棋来确实是把性命都可置之度外。我有两个朋友下棋，警报作，不动声色，俄而弹落，棋子被震得在盘上跳荡，屋瓦乱飞，其中棋瘾较小者变色而起，被对方一把拉住：“你走！那就算是你输了。”此公深得棋中之趣。

（选自《雅舍小品》，梁实秋著，江苏人民出版社，2015年版）

【导读】

梁实秋（1902—1987），原名梁治华，字实秋，笔名子佳、秋郎、程淑等，籍贯浙江杭县（今杭州），生于北京。中国著名的现当代散文家、学者、文学评论家、翻译家。代表作有《雅舍小品》、《雅舍谈吃》、《看云集》、《槐园梦忆》等。他是国内第一个研究莎士比亚的权威，译作有《莎士比亚全集》。

《雅舍小品》是梁实秋的一部散文作品集，初版收录小品文34篇，篇篇精致、优雅、幽默、有趣，透过文章可以窥见20世纪30年代的生活氛围，人生百态。梁实秋的小品文既不反映时代波澜壮阔，也不涉及国事，题材上都选取了生活琐事，《音乐》、《衣裳》、《下棋》、《握手》、《男人》、《孩子》等等，反映普遍人性，且有益于世道人心，今天看了，仍旧妙趣横生，使人会心一笑。

【拓展阅读】

雅　舍

梁实秋

到四川来，觉得此地人建造房屋最是经济。火烧过的砖，常常用来做柱子，孤零零的砌起四根砖柱，上面盖上一个木头架子，看上去瘦骨嶙嶙，单薄得可怜；但是顶上铺了瓦，四面编了竹篦墙，墙上敷了泥灰，远远的看过去，没有人能说不像是座房子。我现在住的“雅舍”正是这样一座典型的房子。不消说，这房子有砖柱，有竹篦墙，一切特点都应有尽有。讲到住房，我的经验不算少，什么“上支下摘”，“前廊后厦”，“一楼一底”，“三上三下”，“亭子间”，“茅草棚”，“琼楼玉宇”和“摩天大厦”，各式各样，我都尝试过。我不论住在哪里，只要住得稍久，对那房子便发生感情，非不得已我还舍不得搬。这“雅舍”，我初来时仅求其能蔽风雨，并不敢存奢望，现在住了两个多月，我的好感油然而生。虽然我已渐渐感觉它并不能蔽风雨，因为有窗而无玻璃，风来则洞若凉亭，有瓦而空隙不少，雨来则渗如滴漏。纵然不能蔽风雨，“雅舍”还是自有它的个性。有个性就可爱。

“雅舍”的位置在半山腰，下距马路约有七八十层的土阶。前面是阡陌螺旋的稻田。再远望过去是几抹葱翠的远山，旁边有高粱地，有竹林，有水池，有粪坑，后面是荒僻的榛莽未除的土山坡。若说地点荒凉，则月明之夕，或风雨之日，亦常有客到，大抵好友不嫌路远，路远乃见情谊。客来则先爬几十级的土阶，进得屋来仍须上坡，因为屋内地板乃依山势而铺，一面高，一面低，坡度甚大，客来无不惊叹，我则久而安之，每日由书房走到饭厅是上坡，饭后鼓腹而出是下坡，亦不觉有大不便处。

“雅舍”共是六间，我居其二。篦墙不固，门窗不严，故我与邻人彼此均可互通声息。邻人轰饮作乐，咿唔诗章，喁喁细语，以及鼾声，喷嚏声，吮汤声，撕纸声，脱皮鞋声，均随时由门窗户壁的隙处荡漾而来，破我岑寂。入夜则鼠子瞰灯，才一合眼，鼠子便自由行动，或搬核桃在地板上顺坡而下，或吸灯油而推翻烛台，或攀援而上帐顶，或在门框桌脚上磨牙，使得人不得安枕。但是对于鼠子，我很惭愧的承认，我“没有法子”。“没有法子”一语是被外国人常常引用着的，以为这话最足代表中国人的懒惰隐忍的态度。其实我的对付鼠子并不懒惰。窗上糊纸，纸一戳就破；门户关紧，而相鼠有牙，一阵咬便是一个洞洞。试问还有什么法子？洋鬼子住到“雅舍”里，不也是没有法子？

比鼠子更骚扰的是蚊子。“雅舍”的蚊风之盛，是我前所未见的。“聚蚊成雷”真有其事！每当黄昏时候，满屋里磕头碰脑的全是蚊子，又黑又大，骨骼都像是硬的。在别处蚊子早已肃清的时候，在“雅舍”则格外猖獗，来客偶不留心，则两腿伤处累累隆起如玉蜀黍，但是我仍安之。冬天一到，蚊子自然绝迹，明年夏天——谁知道我还是否住在“雅舍”！

“雅舍”最宜月夜——地势较高，得月较先。看山头吐月，红盘乍涌，一霎间，清光四射，天空皎洁，四野无声，微闻犬吠，坐客无不悄然！舍前有两株梨树，等到月升中天，清光从树间筛洒而下，地上阴影斑斓，此时尤为幽绝。直到兴阑人散，归房就寝，月光仍然逼进窗来，助我凄凉。细雨蒙蒙之际，“雅舍”亦复有趣。推窗展望，俨然米氏章法，若云若雾，一片弥漫。但若大雨滂沱，我就又惶悚不安了，屋顶湿印到处都有，起初如碗大，俄而扩大如盆，继则滴水乃不绝，终乃屋顶灰泥突然崩裂，如奇葩初绽，砉然一声而泥水下注，此刻满室狼藉，抢救无及。此种经验，已数见不鲜。

“雅舍”之陈设，只当得简朴二字，但洒扫拂拭，不使有纤尘。我非显要，故名公巨卿之照片不得入我室；我非牙医，故无博士文凭张挂壁间；我不业理发，故丝织西湖十景以及电影明星之照片亦均不能张我四壁。我有一几一椅一榻，酣睡写读，均已有着，我亦不复他求。但是陈设虽简，我却喜欢翻新布置。西人常常讥笑妇人喜欢变更桌椅位置，以为这是妇人天性喜变之一征。诬否且不论，我是喜欢改变的。中国旧式家庭，陈设千篇一律，正厅上是一条案，前面一张八仙桌，一边一把靠椅，两旁是两把靠椅夹一只茶几。我以为陈设宜求疏落参差之致，最忌排偶。“雅舍”所有，毫无新奇，但一物一事之安排布置俱不从俗。人入我室，即知此是我室。笠翁《闲情偶寄》之所论，正合我意。

“雅舍”非我所有，我仅是房客之一。但思“天地者万物之逆旅”，人生本来如寄，我住“雅舍”一日，“雅舍”即一日为我所有。即使此一日亦不能算是我有，至少此一日“雅舍”所能给予之苦辣酸甜，我实躬受亲尝。刘克庄词：“客里似家家似寄。”我此时此刻卜居“雅舍”，“雅舍”即似我家。其实似家似寄，我亦分辨不清。

长日无俚，写作自遣，随想随写，不拘篇章，冠以“雅舍小品”四字，以示写作所在，且志因缘。

（选自《雅舍小品》，梁实秋著，江苏人民出版社，2015 年版）

【思考与练习】

1. 有人说下棋就是没有硝烟和血腥的争斗，请以此为题写一篇读后感。

2. 说说“雅舍”雅在何处？

长城之外的草香

——读《席慕蓉和她的内蒙古》所记的随感

鲍尔吉·原野

这几天读一本诗文摄影集《席慕蓉和她的内蒙古》，目睹许多故乡的景物。读着，泪水哗然落下。想，泪水跑出来看这些画面，这也是我的内蒙古，虽然“就这样一直走下去罢/不许流泪不许回头/在英雄的传记里我们/从来不说他的软弱和忧愁”（席慕蓉：《祖训》）。

一

一群孩子向我们招手。

如实说，他们向摄影者招手。我看这些手，像看他们的脸。有的手羞涩，有的手大胆。有的孩子像上课发言那样举手，而他像敬礼，他在击掌，他在模仿别人伸出了手。

这些手的手心白，手背黑。它们牵马，摸土，捧石块堆在敖包上，拣牛粪回家晾干。这些手长大什么样？就像我在另一张图片看到的：一群人站在土路边上迎接客人。一个女人平端葱心绿带桃红滚边的蒙古袍，她的手弯回去攥衣服，骨节突出。另一个女人用海青色的哈达包着白瓷的酒瓶和镶银边的木碗。这些手黝黑，人不过三十多岁，手已经老了，就像这一片土地老了。有沙子的土地，野菜比草还多。

迎宾的队伍很长，站在车辙边上。一个孩子怕自己探出队伍，反手抱住大人的腿，而小狗大模大样站在路中央，眼上方有神气的斑点。

这是给谁的蒙古袍？给一个游子——席慕蓉。“在‘故乡’这座课堂里/我既没有学籍也没有课本/只能是个迟到的旁听生”（席慕蓉：《旁听生》）。

我看到十五六个用手笑的孩子，那件折叠的（诺日古拉的）蒙古袍有多么贵重。

二

白桦林要演出了，她们在候场。

如果树会唱歌，最先唱的是白桦林。

她们合唱。唱河水呀，云彩呀，还有小松鼠蹦蹦跳跳，藏不住后边的尾巴。

在树里面，桦树像准备奔赴一个地方，什么地方？

我小时候，我爸坐炕头晃着身子唱一支歌："高高的山上/流下一道清泉/清泉里的水呀/明亮又清澈/啊咴清泉的水呀/灌溉着草原/草原的人们/幸福又快乐。"

我印象深的，是他唱"水呀"。我爸因为支气管粘连，"水呀"嘶哑。

"水呀"是蒙古人的命根子。而今草原沙化，到哪里去"水呀"呀？

白桦树想去的地方是我爸唱的那个地方。吾父唱出一个生态链条。山—水—草原—人。

我小时候想，"幸福又快乐"谓之何义？幸福不就是快乐吗？非，幸福指一个大环境，快乐乃我等心里面小小的欢愉。

白桦树把裙子拎过脚踝，准备过河了，去一个地方，好地方。

三

西拉沐沦河如同脱去衣服洗澡的巨人，肌肤比鱼还白，露出波浪的肋骨。后来它睡着了，水鸟喊都喊不醒。

八只水鸟有红红的脚蹼，六只翅膀向下，两只向上，像拉满的、放松的弓，箭呢？

四

像向日葵那样黄，像凡·高饮苦艾酒吸雪茄烟造成神经错乱之后想象出的黄，像蜜蜂从花蕊里刚拔出的马裤般的大腿那样黄，像月亮喝过菊花酒于黄昏时分的黄——这是大兴安岭的落叶松林。

有一句歌词叫"金色的兴安岭"。小时候，我想：兴安岭怎么会是金色的呢？今天见到了。

是说秋天，说雨后，说灰蓝的群山像父亲一般照看这片落叶松林。香奈儿一支香水叫"五号"，不是第五款，她的幸运数字是"五"。香奈儿给自个儿起个名儿叫"可可"。可可说五号香水代表着北欧白夜的气味。我情愿告诉可可，去金色的兴安岭采集落叶松的香气吧，创造一款新香水。可惜她死了。临死前，香奈儿对佣人说："你见过人死亡吗？我今天就让你见到。"然后谢世。

"兴安"，是蒙古语，再往前也许是突厥语，我不懂。这是一个好词。

兴安，芳香的、泥土的、松针腐烂的、小鸟做窝的、宽展的、吉祥的名字。兴安！

五

一杯酒，洒在草原上。照片里的酒浆如同几十枚银币叠加滑落，小小的酒盅怎么能盛下这么多酒呢？

内蒙古的土地经常会遇到酒，因为祖先、森林、河流和亲人的缘故。

六

他们戴着解放帽。

这是解放军当年戴的制式军帽，后来老百姓也戴。在那个年代，一切人都戴这种帽子。

后来，越南战士、高棉的波尔布特的战士、尼泊尔毛主义战士、墨西哥的“副司令马科斯”的持木头枪的战士都戴这种帽子。

察哈尔牧人戴解放帽，穿蒙古袍，站在敖包前祭拜。女人戴护士的帽子或头巾。

那是 1989 年。

七

通戈拉格唱歌了，她的身影拉得很长，比身高长一倍，这应该是上午九点多钟；春天，草刚长出来。远处的砖房还没有开窗。

通戈拉格用尖细的童声唱察哈尔民歌。在牧区，如果两个蒙古孩子在一起唱歌，会唱出和声，我对此不理解。和声需要专业培训，需要有人写配器，小孩怎么会无由地唱出和声呢？但确实听到过。

就《乌尤黛》这首歌而言，次序的乐句几乎是上一句的和声。结实而单纯的旋律，像一个花梨木的架子，可以放上去很多东西。但这个事不太容易说得清楚。

八

蝴蝶落在没有开放的桔梗花上。蝴蝶好像对花说：“开不开？你不开我开，比你鲜艳。”

我忍不住想批评这只蝴蝶，太骄傲。

桔梗花有蓝色和白色的花朵，五角对称旋转。在英文里，桔梗叫“balloon flower”，直译为气球花。桔梗花瓣有鲜明的纹路，比杨树叶子的脉络还清晰。而落在花上的蝴蝶的翅膀的纹路更清晰。它们俩可能正在比对纹路。

《桔梗谣》是高丽民歌，原产地江原道，后来传遍世界。桔梗的根粗壮淡黄，是东北人爱吃的朝鲜小菜的原料。桔梗的中药药性为宣肺祛痰，而蝴蝶没什么药性。

我小时候听说，如果用捉蝴蝶的手捉东西吃，翅膀上的粉会让人哑巴。

哇！

九

马站在浅浅的河水里，水流过，围绕碎银子的水花。

马喝水，而小马吮吸它的奶。

小马像刚生出来，尾巴带着波浪，鬃毛也鬈曲。

锡白色母马的鬃毛，黑黑的披散下，遮住了眼睛。其他的马在看小马吃奶，这是庄严的仪式。

动物的母亲没有糖果，没有玩具和新衣裳，只有奶水，而母爱比人质朴。

十

元上都是一座大城市，马可·波罗说它是中华帝国最美丽的都市，宫殿巍峨华丽，而今已荡然无存。

这地方的“羊群庙石雕像”，淳朴华美。

一个石人坐在交椅上，肩膀上刻着回环的缠枝花纹。这些枝条的绕转方向有两种手性，右手性与左手性。

植物学所说的手性（chirality）指植物生长的旋转方向。贝壳、人和动物的毛发和人的指纹都有手性。

“任何一个非对称生长因子都会导致螺旋的产生，如果螺旋达到一定程度，植物就不可避免地出现旋转，其原因永远是某种不等量生长。”（库克《生命的曲线》）

藤缠树一般是右手性，啤酒花是左手性，DNA 的双螺旋也是右手性。

石人的脑袋没了，手里捧的东西也被凿掉，最奇怪的是他从肥硕的袍子里探出两只小而尖的脚。

十一

哈——扎布，你看他的手掌，软而厚，平日藏在蒙古袍的袖子里，唱歌时才拿出来。

“拿”是拿出歌声和一切好东西。

他说：“面对死亡，我并不惧怕。此刻，我的心情就像佩戴银鞍子的骏马，兴高采烈地往前走哪。”

大师的话。

从中世纪以来，好像来自民间的艺术大师已经没有了，哈扎布却是一位。他的歌声，哪里是歌声？承载着蒙古人的所有。

席慕蓉诗：

“我折叠着我的爱/我的爱也折叠着我/我的折叠着的爱/像草原上的长河那样宛转曲折/遂将我层层地折叠起来”（《我折叠着我的爱》）。

说尽了哈扎布的歌声。

歌王哈扎布（1922—2005）。

十二

想，水晶在指尖光芒晕眩，而蝴蝶也盯着指尖。我只好举着这只手指，走了很远的路。

想，羚羊站在山冈，灌木角拆散流云。

想，野花对谁仰起了脸庞？白的、蓝的脸，也有红脸，它们目不转睛。

接下来想，从羚羊之崖的上方，流水冲桃花，岸坍漂过整株桃树。坐轿子的桃树戴着花朵，左顾右盼，宛在水中央。

白雾止息了野百合与田鼠的对决，夜的蟒衣披在每一棵树上，深邃千里。

这像我对故乡的印象，尤其在杜康之后。

十三

越过巴丹吉林沙漠，到达曼德拉山，会看到史前岩画。

人们研究它的年代、作者、主旨，我关心的只有一件事：颜料。

什么颜料几万年不褪色？画的内容，我认为很容易理解。你看，这个丰满的人的肚子里还有一个小孩，说明她是母亲。她胸前一边点一个点儿，乳房，当然是母亲。骆驼双峰之间有一个太阳，是什么？有诗为证：大漠孤烟直，长河落日圆。

它们如儿童的画作。人类的儿童时期的画，稚拙、快乐。在镀银一般的宝蓝的岩石上，刻画橙黄的线条。人家早就知道橙是蓝的对比色，两者搭配舒服。

十四

所谓树桩，是被斩首的树，是树的遗骨或开裂的冢。

树桩都很粗，年轮湮灭，长满苔藓。而它身边尚细的白桦树，像拉着手的儿童，惊恐地看树桩，不肯离去。

或说，树桩是祖母干瘪下垂的乳房，是悬崖上被蒙住眼睛的骆驼。

我见过老死、完整的树，在四川海螺沟。巨大的、活了几千年的树老死了，倒在林中，而身上有许多生物，小虫呀、蜘蛛啊，老寿星多么幸福。

在我老家，过去有挺多林场——林的屠宰场。现在没了，因为没树了。人们扛着电锯、唱着歌儿，杀伐那些粗的、直的、好的树。伐树的“伐”字其实挺可怕，比军阀的“阀”吓人。树没了，沙子来了；人搬走，大地荒芜。

旧小说写豪强，常用“动了杀机”。机是机心，而杀是人之恶念中最恶的一种，不止杀人，还杀动物，植物也不放过。

草原沙化之后，都市的人只感到空气指数下降，车上落土，衣服需要再洗。有人想过没有？在所谓沙化的源头，牧民的家园没了。这里原来是一望无际的草原。你们衣服脏了，而他们的家园万劫不复。是谁毁掉了这一切？

十五

回到马。马在马群奔跑，嗅马的汗味，还有踩踏而出的草香。而这匹马披着彩色的毯子，毯子印有大朵的牡丹花，马去参加那达慕大会。

“那达慕”的意思是玩耍。牧区的马天天玩耍，玩耍半径每天好几百里。草滩去过了，蹚一蹚河水。后来，枣红的、花白的、炭黑的马站在了山冈上。

三马之中，一个是母亲，另两个是马童。

十六

包井兰是谁？我媳妇的奶奶。我从这些蒙古女人的照片上看到了她。这个蒙古老太太爱唱民歌，她爱黄昏时分拄杖于沈阳大街上，迎我岳父。为什么？怕他迷路，怕他找不到家。

我岳父快六十岁了，会找不到家吗？会，怎么不会？奶奶天天担心着，守望着，让儿子平安回家。

有一天，我偷闲回家，发现奶奶和一个穿阴丹士林蓝布衫，梳高髻（在沈阳，这样装束很特别）的老太太在南屋小声唱《诺恩吉雅》。我侧听，奶奶出来，看到我，白皙的脸上满是笑容羞怯，她说：“原野，哈哈，哈哈哈。”

她拄一支拐杖，那个高髻老太太也拄一支拐杖（她从多么远的地方来到的啊！）这一对老姐俩偷着（怕打扰别人）唱《诺恩吉雅》、《达古拉》，还有《天上的风》。

十七

风当鞭子，跨喜马拉雅之马。高原暮云四合，金箭放射。大湖漂来牧歌，这边是草，那边是花。

鹰当毫翎，“长生天”写上苍天。天空云追风转，龙蛇翩跹。先人庇佑草原，这边是马，那边是家。

十八

一捧一捧的奶子花开在了巴尔虎草原，花朵挤在一起，像看戏的儿童的脸。

二战时的日军把这些花叫“诺门罕樱”。

奶子花浅粉，花蕊金黄，好像每朵花里钻进了一只蜜蜂。

十九

成吉思可汗训辞中有：“越不可越之山，则登其巅；渡不可渡之河，则达彼岸”。对我来说，不可渡之河，乃由泪水汇聚，于心头桴渡。而不可越之山，是永远只存在脑海里的家乡。

（选自《鲍尔吉·原野散文选集》，鲍尔吉·原野著，
百花文艺出版社，2011年版，有删改）

【导读】

鲍尔吉·原野，姓“鲍尔吉”，即蒙古族诸部落中黄金家族的命号，祖籍

内蒙古自治区哲里木盟科左后旗。现为辽宁省公安厅专业作家，辽宁省作协副主席。

从1981年开始发表作品，已出版散文集《草木山河》等数十部作品，获全国少数民族骏马奖、蒲松龄短篇小说奖、内蒙古文艺突出贡献奖及金质奖章、朵日纳文学奖、文汇报笔会奖，人民文学散文奖。他与画家朝戈、歌手腾格尔并称中国文艺界“草原三剑客”。连续三年被评为“90年代中国十大散文家”。

他的作品豪放，真诚，幽默，灵动，节制，朴实，细腻，童心。席慕蓉读过他的作品《流水似的走马》后说：“这本书像银器上的镂刻，我可以感受到它的慢，这些花纹上附着匠人的呼吸，是用手指肚摩亮的。”

【拓展阅读】

伊胡塔的候车室

鲍尔吉·原野

科尔沁夏季的太阳照在没有边际的沙漠上的时候，那种刺眼的金黄让人不大敢四处张望。金黄的视野内有一间车站，日式拱脊建筑，顶上涂黄粉，屋檐的木板刷绿漆。当火车从远方呼啸而来时，它像穿节日服装的男孩子一样，捧着鲜花迎接，鲜花是月台上的两株丁香树，暗散使人头脑迟钝的浓香。

车站有两间房。候车室，另一间应该是站长室，但窗台挡蚊的纱布里探出一只狗的脑袋，如雕像似的一动不动，等着风来吹发亮的黑鼻子头。

候车室的两张长椅，对着放，挨得很近，身后是墙壁。我坐下以后，面对的是一位老人。两个陌生人，就这么鼻尖对着鼻尖坐着，没办法。

老汉两撇灰胡子向上翘起，能看出他常常用手捻，有尖。是一种晚年的游戏。老汉眼睛望着屋顶，目光迟滞，隔一会儿，飞瞥我一眼，接着连眨几下。显然他不习惯我像傻子一样盯他胡子看，距离太近。

这种式样的胡子，即使到了戴高乐时代也落伍了，如今在一个乡村的蒙古老汉的唇边出现。我不小心笑了出来。这使老汉猝不及防，也笑了，眼光灵活而明亮。他仿佛早就想笑，没敢。他是一个谦恭的乡下人，牙齿没几颗了，一笑，他的嘴像藏在柴草里的缺碴的旧碗，而红软的舌头蠕动在牙洞间。

交谈。老汉是图力古尔人，去甘旗卡的外甥家做客，膝上的布袋里装了一些杏，还有一包红茶和茶缸子。他说第一次去甘旗卡。甘旗卡是一个镇。他用粗黑裂口的指头，轻轻捻着浅粉色的车票。

话语结束，候车室又静下来，老汉向门外望闪闪发亮的铁轨。他用力抬眉毛，扛起前额一堆皱纹，这位老人与科尔沁草原的其他人一样，过着简朴的生活，心智单纯。假如你一笑，他会立刻报之一笑，胡子尖升达颧骨。他们的笑容，一生浮在脸上，没间断过。像孩子一样，他们笑起来很容易，绷着脸却困难。这样的脸如果不笑，看上去反而不得劲，仿佛带着忧愁。

（选自《鲍尔吉原野散文选集》，鲍尔吉·原野著，百花文艺出版社，2011 年）

【思考与练习】

1. 文中出现了许多内蒙古的地名，其中有你的家乡吗？说一说你对它们的了解。

2. 写一篇反映草原生活风貌的小品文。

怀念萧珊

巴　金

一

今天是萧珊逝世的六周年纪念日。六年前的光景还非常鲜明地出现在我的眼前。那一天我从火葬场回到家中，一切都是乱糟糟的，过了两三天我渐渐地安静下来了，一个人坐在书桌前，想写一篇纪念她的文章。在五十年前我就有了这样一种习惯：有感情无处倾吐时我经常求助于纸笔。可是一九七二年八月里那几天，我每天坐三四个小时望着面前摊开的稿纸，却写不出一句话。我痛苦地想，难道给关了几年的“牛棚”，真的就变成“牛”了？头上仿佛压了一块大石头，思想好像冻结了一样。我索性放下笔，什么也不写了。

六年过去了。林彪、“四人帮”及其爪牙们的确把我搞得很“狼狈”，但我还是活下来了，而且偏偏活得比较健康，脑子也并不糊涂，有时还可以写一两篇文章。最近我经常去火葬场，参加老朋友们的骨灰安放仪式。在大厅里，我想起许多事情。同样地奏着哀乐，我的思想却从挤满了人的大厅转到只有二三十个人的中厅里去了，我们正在用哭声向萧珊的遗体告别。我记起了《家》里面觉新说过的一句话：“好像珏死了，也是一个不祥的鬼。”四十七年前我写这句话的时候，怎么想得到我是在写自己！我没有流眼泪，可是我觉得有无数锋利的指甲在搔我的心。我站在死者遗体旁边，望着那张惨白色的脸，那两片咽下千言万语的嘴唇，我咬紧牙齿，在心里唤着死者的名字。我想，我比她大十三岁，为什么不让我先死？我想，这是多么不公平！她究竟犯了什么罪？她也给关进“牛棚”，挂上“牛鬼蛇神”的小纸牌，还扫过马路。究竟为什么？理由很简单，她是我的妻子。她患了病，得不到治疗，也因为她是我的妻子。想尽办法一直到逝世前三个星期，靠开后门她才住进医院。但是癌细胞已经扩散，肠癌变成了肝癌。

她不想死，她要活，她愿意改造思想，她愿意看到社会主义建成。这个愿望总不能说是痴心妄想吧。她本来可以活下去，倘使她不是“黑老 K”的“臭婆娘”。一句话，是我连累了她，是我害了她。

在我靠边的几年中间，我所受到的精神折磨她也同样受到。但是我并未挨过打，她却挨了“北京来的红卫兵”的铜头皮带，留在她左眼上的黑圈好几天后才褪尽。她挨打只是为了保护我，她看见那些年轻人深夜闯进来，害怕他们把我揪走，便溜出大门，到对面派出所去，请民警同志出来干预。那里只有一个人值班，不敢管。当着民警的面，她被他们用铜头皮带狠狠抽了一下，给押了回来，同我一起关在马桶间里。

她不仅分担了我的痛苦，还给了我不少的安慰和鼓励。在“四害”横行的时候，我在原单位（中国作家协会上海分会）给人当作“罪人”和“贱民”看待，日子十分难过，有时到晚上九十点钟才能回家。我进了门看到她的面容，满脑子的乌云都消散了。我有什么委屈、牢骚，都可以向她尽情倾吐。有一个时期我和她每晚临睡前要服两粒眠尔通才能够闭眼，可是天刚刚发白就都醒了。我唤她，她也唤我。我诉苦般地说：“日子难过啊！”她也用同样的声音回答：“日子难过啊！”但是她马上加一句：“要坚持下去。”或者再加一句：“坚持就是胜利。”我说“日子难过”，因为在那一段时间里，我每天在“牛棚”里面劳动、学习、写交代、写检查、写思想汇报。任何人都可以责骂我、教训我、指挥我。从外地到“作协分会”来串联的人可以随意点名叫我出去“示众”，还要自报罪行。上下班不限时间，由管理“牛棚”的“监督组”随意决定。任何人都可以闯进我家里来，高兴拿什么就拿走什么。这个时候大规模的群众性批斗和电视批斗大会还没有开始，但已经越来越逼近了。

她说“日子难过”，因为她给两次揪到机关，靠边劳动，后来也常常参加陪斗。在淮海中路“大批判专栏”上张贴着批判我的罪行的大字报，我一家人的名字都给写出来“示众”，不用说“臭婆娘”的大名占着显著的地位。这些文字像虫子一样咬痛她的心。她让上海戏剧学院“狂妄派”学生突然袭击、揪到作协去的时候，在我家大门上还贴了一张揭露她的所谓罪行的大字报。幸好当天夜里我儿子把它撕毁。否则这一张大字报就会要了她的命！

人们的白眼，人们的冷嘲热骂蚕食着她的身心。我看出来她的健康逐渐遭到损害。表面上的平静是虚假的。内心的痛苦像一锅煮沸的水，她怎么能遮盖住！怎样能使它平静！她不断地给我安慰，对我表示信任，替我感到不平。然而她看到我的问题一天天地变得严重，上面对我的压力一天天地增加，她又非常担心。有时同我一起上班或者下班，走进巨鹿路口，快到作家协会，或者走到南湖路口，快到我们家，她总是抬不起头。我理解她，同情她，也非常担心她经受不起沉重的打击。我记得有一天到了平常下班的时间，我们没有受到留难，回到家里她比较高兴，到厨房去烧菜。我翻看当天的报纸，在第三版上看到当时做了作协分会的“头头”的两个工人作家写的文章《彻底揭露巴金的反革命真面》。真是当头一棒！我看了两三行，连忙把报纸藏起来，我害怕让她看见。她端着烧好的菜出来，脸上还带笑容，吃饭时她有说有笑。饭后她要看报，我企图把她的注意力引到别处。但是没有用，她找到了报纸。她的笑容一下子完全消失。这一夜她再没有讲话，早早地进了房间。我后来发现她躺在床上小声哭着。一个安静的夜晚给破坏了。今天回想当时的情景，她那张满是泪痕的脸还在我的眼前。我多么愿意让她的泪痕消失，笑容在她憔悴的脸上重现，即使减少我几年的生命来换取我们家庭生活中一个宁静的夜晚，我也心甘情愿！

二

我听周信芳同志的媳妇说，周的夫人在逝世前经常被打手们拉出去当作皮球推来推去，打得遍体鳞伤。有人劝她躲开，她说：“我躲开，他们就要这样对付周先生了。”萧珊并未受到这种新式体罚。可是她在精神上给别人当皮球打来打去。她也有这样的想法：她多受一点精神折磨，可以减轻对我的压力。其实这是她一片痴心，结果只苦了她自己。我看见她一天天地憔悴下去，我看见她的生命之火逐渐熄灭，我多么痛心。我劝她，我安慰她，我想拉住她，但一点也没有用。

她常常问我：“你的问题什么时候才解决呢？”我苦笑说：“总有一天会解决的。”她叹口气说：“我恐怕等不到那个时候了。”后来她病倒了，有人劝她打电话找我回家，她不知从哪里得来的消息，她说：“他在写检查，不要打岔他。他的问题大概可以解决了。”等到我从“五·七干校”回家休假，她已经不能起床。她还问我检查写得怎样，问题是否可以解决。我当时的确在写检查，而且已经写了好几次了。他们要我写，只是为了消耗我的生命。但她怎么能理解呢？

这时离她逝世不过两个多月，癌细胞已经扩散，可是我们不知道，想找医生给她认真检查一次，也毫无办法。平日去医院挂号看门诊，等了许久才见到医生或者实习医生，随便给开个药方就算解决问题。只有在发烧到摄氏三十九度才有资格挂急诊号，或者还可以在病人拥挤的观察室里待上一天半天。当时去医院看病找交通工具也很困难，常常是我女婿借了自行车来，让她坐在车上，他慢慢地推着走。有一次她雇到小三轮车去看病，看好门诊回家雇不到车了，只好同陪她看病的朋友一起慢慢地走回来，走走停停，走到街口，她快要倒下了，只得请求行人到我们家通知。她一个表侄正好来探病，就由他去把她背了回家。她希望拍一张 X 光片子查一查肠子有什么病，但是办不到。后来靠了她一位亲戚帮忙开后门两次拍片，才查出她患肠癌。以后又靠朋友设法开后门住进了医院。她自己还很高兴，以为得救了。只有她一个人不知道真实的病情，她在医院里只活了三个星期。

我休假回家假期满了，我又请过两次假，留在家里照料病人。最多也不到一个月。我看见她病情日趋严重，实在不愿意把她丢开不管，我要求延长假期的时候，我们那个单位的一个“工宣队”头头逼着我第二天就回干校去。我回到家里，她问起来，我无法隐瞒。她叹了口气，说“你放心去吧。”她把脸掉过去，不让我看见她。我女儿、女婿看到这种情景，自告奋勇地跑到巨鹿路向那位“工宣队”头头解释，希望同意我在市区多留些日子照料病人。可是那个头头“执法如山”，还说：他不是医生，留在家里，有什么用！“留在家里对他改造不利！”他们气愤地回到家中，只说机关不同意，后来才对我传达了这句“名言”。我还能讲什么呢？明天回干校去！

整个晚上她睡不好，我更睡不好。出乎意外，第二天一早我那个插队落户的儿子在我们房间里出现了，他是昨天半夜里到的。他得了家信，请假回家看母亲，却没有想到母亲病成这样。我见了他一面，把他母亲交给他，就回干校去了。

在车上我的情绪很不好。我实在想不通为什么会有这样的事情。我在干校待了五天，无法同家里通消息。我已经猜到她的病不轻了。可是人们不让我过问她的事情。这五天是多么难熬的日子！到第五天晚上在干校的造反派头头通知我们全体第二天一早回市区开会。这样我才又回到了家，见到了我的爱人。靠了朋友帮忙，她可以住进中山医院肝癌病房，一切都准备好，她第二天就要住院了。她多么希望住院前见我一面，我终于回来了。连我也没有想到她的病情发展得这么快。我们见了面，我一句话也讲不出来。她说了一句：“我到底住院了。”我答说：“你安心治疗吧。”她父亲也来看她，老人家双目失明，去医院探病有困难，可能是来同他的女儿告别了。

我吃过中饭，就去参加给别人戴上反革命帽子的大会，受批判、戴帽子的不止一个，其中有一个我的熟人王若望同志，他过去也是作家，不过比我年轻。我们一起在“牛棚”里关过一个时期，他的罪名是“摘帽右派”。他不服，不听话，他贴出大字报，声明“自己解放自己”，因此罪名越搞越大，给捉去关了一个时期还不算，还戴上了反革命的帽子监督劳动。在会场里我一直像在做怪梦。开完会回家，见到萧珊我感到格外亲切，仿佛重回人间，可是她不舒服，不想讲话，偶尔讲一句半句。我还记得她讲了两次：“我看不到了。”我连声问她看不到什么？她后来才说：“看不到你解放了。”我还能再讲什么呢？

我儿子在旁边，垂头丧气，精神不好，晚饭只吃了半碗，像是患感冒。她忽然指着他小声说：“他怎么办呢？”他当时在安徽山区已经待了三年半，政治上没有人管，生活上不能养活自己，而且因为是我的儿子，给剥夺了好些公民权利。他先学会沉默，后来又学会抽烟。我怀着内疚的心情看看他，我后悔当初不该写小说，更不该生儿育女。我还记得前两年在痛苦难熬的时候她对我说：“孩子们说爸爸做了坏事，害了我们大家。”这好像用刀子在割我身上的肉。我没有出声，我把泪水全吞在肚里。她睡了一觉醒过来忽然问我：“你明天不去了？”我说：“不去了。”就是那个“工宣队”头头今天通知我不用再去干校就留在市区。他还问我：“你知道萧珊是什么病？”我答说：“知道。”其实家里瞒住我，不给我知道真相，我还是从他这句问话里猜到的。

三

第二天早晨她动身去医院，一个朋友和我女儿、女婿陪她去。她穿好衣服等候车来。她显得急躁，又有些留恋，东张张西望望，她也许在想是不是能再看到这里的一切。我送走她，心上反而加了一块大石头。

将近二十天里，我每天去医院陪伴她大半天。我照料她，我坐在病床前守着她，同她短短地谈几句话。她的病情恶化，一天天衰弱下去，肚子却一天天大起来，行动越来越不方便。当时病房里没有人照料，生活方面除饮食外一切都必须自理。后来听同病房的人称赞她“坚强”，说她每天早晚都默默地挣扎着下了床，走到厕所。医生对我们谈起，病人的身体经不住手术，最怕的是她肠子堵塞，要是不堵塞，还可以拖延一个时期。她住院后的半个月是一九六六年八月以来我既感痛苦又感到幸福的一段时间，是我和她在一起度过的最后的平静的时刻，我今天还不能将它忘记。但是半个月以后，她的病情有了发展，一天吃中饭的时候，医生通知我儿子找我去谈话。他告诉我：病人的肠子给堵住了，必须开刀。开刀不一定有把握，也许中途出毛病。但是不开刀，后果更不堪设想。他要我决定，并且要我劝她同意。我做了决定，就去病房对她解释。我讲完话，她只说了一句：“看来，我们要分别了。”她望着我，眼睛里全是泪水。我说：“不会的……”我的声音哑了。接着护士长来安慰她，对她说："我陪你，不要紧的。"她回答："你陪我就好。"时间很紧迫，医生、护士们很快作好准备，她给送进手术室去了，是她表侄把她推到手术室门口的，我们就在外面走廊上等了好几个小时，等到她平安地给送出来，由儿子把她推回到病房去。儿子还在她身边守过一个夜晚。过两天他也病倒了，查出来他患肝炎，是从安徽农村带回来的。本来我们想瞒住他的母亲，可是无意间让他母亲知道了。她不断地问："儿子怎么样？"我自己也不知道儿子怎么样，我怎么能使她放心呢？晚上回到家，走进空空的、静静的房间，我几乎要叫出声来："一切都朝我的头打下来吧，让所有的灾祸都来吧。我受得住！"

我应当感谢那位热心而又善良的护士长，她同情我的处境，要我把儿子的事情完全交给她办。她做好安排，陪他看病、检查，让他很快住进别处的隔离病房，得到及时的治疗和护理。他在隔离房里苦苦地等候母亲病情的好转。母亲躺在病床上，只能有气无力地说几句短短的话，她经常问："棠棠怎么样？"从她那双含泪的眼睛里我明白她多么想看见她最爱的儿子。但是她已经没有精力多想了。

她每天给输血，打盐水针。她看见我去就断断续续地问我："输多少 CC 的血？该怎么办？"我安慰她："你只管放心。没有问题，治病要紧。"她不止一次地说："你辛苦了。"我有什么苦呢？我能够为我最亲爱的人做事情，哪怕做一件小事，我也高兴！后来她的身体更不行了。医生给她输氧气，鼻子里整天插着管子。她几次要求拿开，这说明她感到难受，但是听了我们的劝告，她终于忍受下去了。开刀以后她只活了五天。谁也想不到她会去得这么快！五天中间我整天守在病床前，默默地望着她在受苦（我是设身处地感觉到这样的），可是她除了两三次要求搬开床前巨大的氧气筒，三四次表示担心输血较多付不出医药费之外，并没有抱怨过什么。见到熟人她常有这样一种表情：请原谅我麻烦了你们。她非常安静，但并未昏睡，始终睁大两只眼睛。眼睛很大，很美，很亮。我望着，望着，好像在望快要燃尽的烛火。我多么想让这对眼睛永远亮下去！我多么害怕她离开我！我甚至愿意为我那十四卷"邪书"受到千刀万剐，只求她能安静地活下去。

不久前我重读梅林写的《马克思传》，书中引用了马克思给女儿的信里的一段话，讲到马克思夫人的死。信上说："她很快就咽了气。……这个病具有一种逐渐虚脱的性质，就像由于衰老所致一样。甚至在最后几小时也没有临终的挣扎，而是慢慢地沉入睡乡。她的眼睛比任何时候都更大、更美、更亮！"这段话我记得很清楚。马克思夫人也死于癌症。我默默地望着萧珊那对很大、很美、很亮的眼睛，我想起这段话，稍微得到一点安慰。听说她的确也"没有临终的挣扎"，也是"慢慢地沉入睡乡"。我这样说，因为她离开这个世界的时候，我不在她的身边。那天是星期天，卫生防疫站因为我们家发现了肝炎病人，派人上午来做消毒工作。她的表妹有空愿意到医院去照料她，讲好我们吃过中饭就去接替。没有想到我们刚刚端起饭碗，就得到传呼电话，通知我女儿去医院，说是她妈妈“不行”了。真是晴天霹雳！我和我女儿、女婿赶到医院。她那张病床上连床垫也给拿走了。别人告诉我她在太平间。我们又下了楼赶到那里，在门口遇见表妹。还是她找人帮忙把“咽了气”的病人抬进来的。死者还不曾给放进铁匣子里送进冷库，她躺在担架上，但已经白布床单包得紧紧的，看不到面容了。我只看到她的名字。我弯下身子，把地上那个还有点人形的白布包拍了好几下，一面哭唤着她的名字。不过几分钟的时间，这算是什么告别呢？

据表妹说，她逝世的时刻，表妹也不知道。她曾经对表妹说：“找医生来。”医生来过，并没有什么。后来她就渐渐地“沉入睡乡”。表妹还以为她在睡眠。一个护士来打针，才发觉她的心脏已经停止跳动了。我没有能同她诀别，我有许多话没有能向她倾吐，她不能没有留下一句遗言就离开我！我后来常常想，她对表妹说：“找医生来”。很可能不是“找医生”。是“找李先生”（她平日这样称呼我）。为什么那天上午偏偏我不在病房呢？家里人都不在她身边，她死得这样凄凉！

我女婿马上打电话给我们仅有的几个亲戚。她的弟媳赶到医院，马上晕了过去。三天以后在龙华火葬场举行告别仪式。她的朋友一个也没有来，因为一则我们没有通知，二则我是一个审查了将近七年的对象。没有悼词没有吊客，只有一片伤心的哭声。我衷心感谢前来参加仪式的少数亲友和特地来帮忙的我女儿的两三个同学，最后，我跟她的遗体告别，女儿望着遗容哀哭，儿子在隔离房还不知道把他当作命根子的妈妈已经死亡。值得提说的是她当作自己儿子照顾了好些年的一位亡友的男孩从北京赶来，只为了见她最后一面。这个整天同钢铁打交道的技术员，他的心倒不像钢铁那样。他得到电报以后，他爱人对他说：“你去吧，你不去一趟，你的心永远安定不了。”我在变了形的她的遗体旁边站了一会。别人给我和她照了相。我痛苦地想：这是最后一次了，即使给我们留下来很难看的形象，我也要珍视这个镜头。

一切都结束了。过了几天，我和女儿、女婿到火葬场，领到了她的骨灰盒。在存放室寄存了三年之后，我按期把骨灰盒接回家里。有人劝我把她的骨灰安葬，我宁愿让骨灰盒放在我的寝室里，我感到她仍然和我在一起。

四

梦魇一般的日子终于过去了。六年仿佛一瞬间似的远远地落在后面了。其实哪里是一瞬间！这段时间里有多少流着血和泪的日子啊。不仅是六年，从我开始写这篇短文到现在又过去了半年，半年中我经常在火葬场的大厅里默哀，行礼，为了纪念给“四人帮”迫害致死的朋友。想到他们不能把个人的智慧和才华献给社会主义祖国，我万分惋惜。每次戴上黑纱插上纸花的同时，我也想起我自己最亲爱的朋友，一个普通的文艺爱好者，一个成绩不大的翻译工作者，一个心地善良的人。她是我生命的一部分，她的骨灰里有我的泪和血。

她是我的一个读者。一九三六年我在上海第一次同她见面。一九三八年和一九四一年我们两次在桂林像朋友似的住在一起。一九四四年我们在贵阳结婚。我认识她的时候，她还不到二十，对她的成长我应当负很大的责任。她读了我的小说，给我写信，后来见到了我，对我发生了感情。她在中学念书，看见我以前，因为参加学生运动被学校开除，回到家乡住了一个短时期，又出来进另一所学校。倘使不是为了我，她三七、三八年一定去了延安。她同我谈了八年的恋爱，后来到贵阳旅行结婚，只印发了一个通知，没有摆过一桌酒席。从贵阳我和她先后到了重庆，住在民国路文化生活出版社门市部楼梯下七八个平方米的小屋里。她托人买了四只玻璃杯开始组织我们的小家庭。她陪着我经历了各种艰苦生活。在抗日战争紧张的时期，我们一起在日军进城以前十多个小时逃离广州，我们从广东到广西，从昆明到桂林，从金华到温州，我们分散了，又重见，相见后又别离。在我那两册《旅途通讯》中就有一部分这种生活的记录。四十年前有一位朋友批评我：“这算什么文章！”我的《文集》出版后，另一位朋友认为我不应当把它们也收进去。他们都有道理。两年来我对朋友、对读者讲过不止一次，我决定不让《文集》重版。但是为我自己，我要经常翻看那两小册《通讯》。在那些年代，每当我落在困苦的境地里、朋友们各奔前程的时候，她总是亲切地在我耳边说：“不要难过，我不会离开你，我在你的身边。”的确，只有她最后一次进手术室之前她才说过这样一句：“我们要分别了。”

我同她一起生活了三十多年。但是我并没有好好地帮助过她。她比我有才华，却缺乏刻苦钻研的精神。我很喜欢她翻译的普希金和屠格涅夫的小说。虽然译文并不恰当，也不是普希金和屠格涅夫的风格，它们却是有创造性的文学作品，阅读它们对我是一种享受。她想改变自己的生活，不愿做家庭妇女，却又缺少吃苦耐劳的勇气。她听一个朋友的劝告，得到后来也是给“四人帮”迫害致死的叶以群同志的同意，到《上海文学》“义务劳动”，也做了一点点工作，然而在运动中却受到批判，说她专门向老作家组稿，又说她是我派去的“坐探”。她为了改造思想，想走捷径，要求参加“四清”运动，找人推荐到某铜厂的工作组工作，工作相当忙碌、紧张，她却精神愉快。但是到我快要靠边的时候，她也被叫回“作协分会”参加运动。她第一次参加这种急风暴雨般的斗争，而且是以“反动权威”家属的身份参加，她不知道该怎么办才好。她张皇失措，坐立不安，替我担心，又为儿女们的前途忧虑。她盼望什么人向她伸出援助的手，可是朋友们离开了她，“同事们”拿她当作箭靶，还有人想通过整她来整我。她不是“作协分会”或者刊物的正式工作人员，可是仍然被“勒令”靠边劳动、站队挂牌，放回家以后，又给揪到机关。过了一个时期，她写了认罪的检查，第一次给放回家的时候，我们机关的造反派头头却通知里弄委员会罚她扫街。她怕人看见，每天大清早起来，拿着扫帚出门，扫得筋疲力尽，才回到家里，关上大门，吐了一口气。但有时她还碰到上学去的小孩，对她叫骂“巴金的臭婆娘”。我偶尔看见她拿着扫帚回来，不敢正眼看她，我感到负罪的心情，这是对她的一个致命的打击。不到两个月，她病倒了，以后就没有再出去扫街（我妹妹继续扫了一个时期），但是也没有完全恢复健康。尽管她还继续拖了四年，但一直到死她并不曾看到我恢复自由。

这就是她的最后，然而绝不是她的结局。她的结局将和我的结局连在一起。

我绝不悲观。我要争取多活。我要为我们社会主义祖国工作到生命的最后一息。在我丧失工作能力的时候，我希望病榻上有萧珊翻译的那几本小说。等到我永远闭上眼睛，就让我的骨灰同她的搀和在一起。

（选自《随想录》，巴金著，人民文学出版社，1980年版）

【导读】

《怀念萧珊》是巴金散文集《随想录》中的一篇，是为悼念其妻子萧珊而作。这篇散文，记述了妻子在“文革”中因自己而受到牵连，身患绝症得不到及时治疗，最后连诀别的话也没留下一句就离开人世的悲惨遭遇，描写了夫妻俩在那段日子里患难与共、相濡以沫的深厚感情，以及互相鼓励着希望摆脱厄运的深切愿望。

【拓展阅读】

石缝间的生命

林　希

石缝间倔强的生命，常使我感动得潸然泪下。

是那不定的风把那无人采撷的种子撒落到海角天涯。当它们不能再找到泥土，它们便把最后一线生的希望寄托在这一线石缝里。尽管它们也能从阳光中分享到温暖，从雨水里得到滋润，而惟有那一切生命赖以生存的土壤却要自己去寻找。它们面对着的现实该是多么严峻。

于是，大自然出现了惊人的奇迹，不毛的石缝间丛生出倔强的生命。

或者只就是一簇一簇无名的野草，春绿秋黄，岁岁枯荣。它们没有条件生长宽阔的叶子，因为他们寻找不到足以使草叶变得肥厚的营养，它们有的只是三两片长长的细瘦的薄叶，那细微的叶脉告知你生存该是多么艰难；更有的，它们就在一簇一簇瘦叶下又自己生长出根须，只为了少向母体吮吸一点乳汁，便自去寻找那不易被觉察到的石缝。这就是生命。如果这是一种本能，那么它正说明生命的本能是多么尊贵，生命有权自认为辉煌壮丽，生机竟是这样地不可扼制。

或者就是一团一团小小的山花，大多又都是那苦苦的蒲公英。它们的茎叶里涌动着苦味的乳白色的浆汁，它们的根须在春天被人们挖去作野菜。而石缝间的蒲公英，却远不似田野上的同宗生长得那样茁壮。它们因山风的凶狂而不能长成高高的躯干，它们因山石的贫瘠而不能拥有众多的叶片，它们的茎显得坚韧而苍老，它们的叶因枯萎而失去光泽；只有它们的根竟似那柔韧而又强固的筋条，似那柔中有刚的藤蔓，深埋在石缝间狭隘的间隙里。生命就是这样地被环境规定着，又被环境改变着，适者生存的规律尽管无情，但一切的适者都是战胜环境的强者，生命现象告诉你，生命就是拼搏。

如果石缝间只有这些小花小草，也许还只能引起人们的哀怜；而最为令人赞叹的，是在那石岩的缝隙间，还生长着参天的松柏，雄伟苍劲，巍峨挺拔。它们使高山有了灵气，使一切的生命在它们的面前显得苍白逊色。它们的躯干就是这样顽强地从石缝间生长出来，扭曲着、旋转着，每一寸树衣上都结着伤疤。向上，向上，向上是多么地艰难。每生长一寸都要经过几度寒暑，几度春秋。然而它们终于长成了高树，伸展开了繁茂的枝干，团簇着永不凋落的针叶。它们耸立在悬崖断壁上，耸立在高山峻岭的峰巅，只有那盘结在石崖上的树根在无声地向你述说，它们的生长是一次多么艰苦的拼搏。那粗如巨蟒，细如草蛇的树根，盘根错节，从一个石缝间扎进去，又从另一个石缝间钻出来，于是沿着无情的青石，它们延伸过去，像犀利的鹰爪抓住了它栖身的岩石。有时，一株松柏，它的根须竟要爬满半壁山崖，似把累累的山石用一根粗粗的缆绳紧紧地缚住，由此，它们才能迎击狂风暴雨的侵袭，它们才终于在不属于自己的生存空间为自己占有了一片天地。

如果一切的生命都不屑于去石缝间寻求立足的天地，那么，世界上就会有一大片一大片的地方成为永远的死寂，飞鸟无处栖身，一切借花草树木赖以生存的生命就要绝迹，那里便会沦为永无开化之日的永远的黑暗。如果一切的生命都只贪恋于黑黝黝的沃土，它们又如何完备自己驾驭环境的能力，又如何使自己在一代一代的繁衍中变得愈加坚强呢？世界就是如此奇妙。试想，那石缝间的野草，一旦将它们的草子撒落到肥沃的大地上，它们一定会比未经过风雨考验的娇嫩的种子具有更为旺盛的生机，长得更显繁茂；试想，那石缝间的蒲公英，一旦它们的种子，撑着团团的絮伞，随风飘向湿润的乡野，它们一定会比其他的花卉生长得茁壮，更能经暑耐寒；至于那顽强的松柏，它本来就是生命的崇高体现，是毅力和意志最完美的象征，它给一切的生命以鼓舞，以榜样。

愿一切生命不致因飘落在石缝间而凄凄切切；愿一切生命都敢于去寻求最艰苦的环境。生命正是要在最困厄的境遇中发现自己，认识自己，从而锤炼自己，使自己的精神境界得到升华。

石缝间顽强的生命，它既是生物学的，又是哲学的，是生物学和哲学的统一。它又是美学的，作为一种美学现象，它展现给你的不仅是装点荒山秃岭的层层葱绿，它更向你揭示出美的、壮丽的心灵世界。

石缝间顽强的生命，它具有如此震慑人们心灵的情感力量，它使我们赖以生存的这个星球变得神奇辉煌。

（选自《平常人语》，林希著，民主与建设出版社，2017 年版）

【思考与练习】

1. 从《怀念萧珊》中找出通过细节描写展示人物的内心世界、再现苦难历史场景之处，说一说这样写有什么好处。

2. “石缝间倔强的生命”为什么使作者“感动得潸然泪下”？

一只特立独行的猪

王小波

插队的时候，我喂过猪，也放过牛。假如没有人来管，这两种动物也完全知道该怎样生活。它们会自由自在地闲逛，饥则食渴则饮，春天来临时还要谈谈爱情；这样一来，它们的生活层次很低，完全乏善可陈。人来了以后，给它们的生活做出了安排：每一头牛和每一口猪的生活都有了主题。就它们中的大多数而言，这种生活主题是很悲惨的：前者的主题是干活，后者的主题是长肉。我不认为这有什么可抱怨的，因为我当时的生活也不见得丰富了多少，除了八个样板戏，也没有什么消遣。有极少数的猪和牛，它们的生活另有安排。以猪为例，种猪和母猪除了吃，还有别的事可干。就我所见，它们对这些安排也不大喜欢。种猪的任务是交配，换言之，我们的政策准许它当个花花公子。但是疲惫的种猪往往摆出一种肉猪（肉猪是阉过的）才有的正人君子架势，死活不肯跳到母猪背上去。母猪的任务是生崽儿，但有些母猪却要把猪崽儿吃掉。总的来说，人的安排使猪痛苦不堪。但它们还是接受了：猪总是猪啊。

对生活做种种设置是人特有的品性。不光是设置动物，也设置自己。我们知道，在古希腊有个斯巴达，那里的生活被设置得了无生趣，其目的就是要使男人成为亡命战士，使女人成为生育机器，前者像些斗鸡，后者像些母猪。这两类动物是很特别的，但我以为，它们肯定不喜欢自己的生活。但不喜欢又能怎么样？人也好，动物也罢，都很难改变自己的命运。

以下谈到的一只猪有些与众不同。我喂猪时，它已经有四五岁了，从名分上说，它是肉猪，但长得又黑又瘦，两眼炯炯有光。这家伙像山羊一样敏捷，一米高的猪栏一跳就过；它还能跳上猪圈的房顶，这一点又像是猫——所以它总是到处游逛，根本就不在圈里呆着。所有喂过猪的知青都把它当宠儿来对待，它也是我的宠儿——因为它只对知青好，容许他们走到三米之内，要是别的人，它早就跑了。它是公的，原本该劁掉。不过你去试试看，哪怕你把劁猪刀藏在身后，它也能嗅出来，朝你瞪大眼睛，噢噢地吼起来。我总是用细米糠熬的粥喂它，等它吃够了以后，才把糠对到野草里喂别的猪。其他猪看了嫉妒，一起嚷起来。这时候整个猪场一片鬼哭狼嚎，但我和它都不在乎。吃饱了以后，它就跳上房顶去晒太阳，或者模仿各种声音。它会学汽车响、拖拉机响，学得都很像；有时整天不见踪影，我估计它到附近的村寨里找母猪去了。我们这里也有母猪，都关在圈里，被过度的生育搞得走了形，又脏又臭，它对它们不感兴趣；村寨里的母猪好看一些。它有很多精彩的事迹，但我喂猪的时间短，知道得有限，索性就不写了。总而言之，所有喂过猪的知青都喜欢它，喜欢它特立独行的派头儿，还说它活得潇洒。但老乡们就不这么浪漫，他们说，这猪不正经。领导则痛恨它，这一点以后还要谈到。我对它则不止是喜欢——我尊敬它，常常不顾自己虚长十几岁这一现实，把它叫做“猪兄”。如前所述，这位猪兄会模仿各种声音。我想它也学过人说话，但没有学会——假如学会了，我们就可以做倾心之谈。但这不能怪它。人和猪的音色差得太远了。

后来，猪兄学会了汽笛叫，这个本领给它招来了麻烦。我们那里有座糖厂，中午要鸣一次汽笛，让工人换班。我们队下地干活时，听见这次汽笛响就收工回来。我的猪兄每天上午十点钟总要跳到房上学汽笛，地里的人听见它叫就回来——这可比糖厂鸣笛早了一个半小时。坦白地说，这不能全怪猪兄，它毕竟不是锅炉，叫起来和汽笛还有些区别，但老乡们却硬说听不出来。领导上因此开了一个会，把它定成了破坏春耕的坏分子，要对它采取专政手段——会议的精神我已经知道了，但我不为它担忧——因为假如专政是指绳索和杀猪刀的话，那是一点门都没有的。以前的领导也不是没试过，一百人也逮不住它。狗也没用：猪兄跑起来像颗鱼雷，能把狗撞出一丈开外。谁知这回是动了真格的，指导员带了二十几个人，手拿五四式手枪；副指导员带了十几人，手持看青的火枪，分两路在猪场外的空地上兜捕它。这就使我陷入了内心的矛盾：按我和它的交情，我该舞起两把杀猪刀冲出去，和它并肩战斗，但我又觉得这样做太过惊世骇俗——它毕竟是只猪啊；还有一个理由，我不敢对抗领导，我怀疑这才是问题之所在。总之，我在一边看着。猪兄的镇定使我佩服之极：它很冷静地躲在手枪和火枪的连线之内，任凭人喊狗咬，不离那条线。这样，拿手枪的人开火就会把拿火枪的打死，反之亦然；两头同时开火，两头都会被打死。至于它，因为目标小，多半没事。就这样连兜了几个圈子，它找到了一个空子，一头撞出去了，跑得潇洒至极。以后我在甘蔗地里还见过它一次，它长出了獠牙，还认识我，但已不容我走近了。这种冷淡使我痛心，但我也赞成它对心怀叵测的人保持距离。

我已经四十岁了，除了这只猪，还没见过谁敢于如此无视对生活的设置。相反，我倒见过很多想要设置别人生活的人，还有对被设置的生活安之若素的人。因为这个原故，我一直怀念这只特立独行的猪。

（选自《一只特立独行的猪》，王小波著，北京十月文艺出版社，2017 年版）

【导读】

王小波（1952—1997），中国当代学者、作家，出生于北京，先后当过知青、民办教师、工人，1978 年考入中国人民大学，1980 年王小波与李银河结婚，同年发表处女作《地久天长》。1984 年赴美匹兹堡大学东亚研究中心求学，两年后获得硕士学位。在美留学期间，游历了美国各地，并利用 1986 年暑假游历了西欧诸国。1988 年回国，先后在北京大学、中国人民大学任教。1992 年 9 月辞去教职，做自由撰稿人。1997 年 4 月 11 日病逝于北京。

代表作品有《黄金时代》、《白银时代》、《青铜时代》、《黑铁时代》等。

【拓展阅读】

提醒幸福

毕淑敏

我们从小就习惯了在提醒中过日子。天气刚有一丝风吹草动，妈妈就说，别忘了多穿衣服。才相识了一个朋友，爸爸就说，小心他是个骗子。你取得了一点成功，还没容得乐出声来，所有关切着你的人一起说，别骄傲！你沉浸在欢快中的时候，自己不停地对自己说："千万不可太高兴，苦难也许马上就要降临……"我们已经习惯了在提醒中过日子。看得见的恐惧和看不见的恐惧始终像乌鸦盘旋在头顶。

在皓月当空的良宵，提醒会走出来对你说：注意风暴。于是我们忽略了皎洁的月光，急急忙忙做好风暴来临前的一切准备。当我们大睁着眼睛枕戈待旦之时，风暴却像迟归的羊群，不知在哪里徘徊。当我们实在忍受不了等待灾难的煎熬时，我们甚至会恶意地祈盼风暴早些到来。

风暴终于姗姗地来了。我们怅然发现，所做的准备多半是没有用的。事先能够抵御的风险毕竟有限，世上无法预计的灾难却是无限的。战胜灾难靠的更多的是临门一脚，先前的惴惴不安帮不上忙。

当风暴的尾巴终于远去，我们守住零乱的家园。气还没有喘匀，新的提醒又智慧地响起来，我们又开始对未来充满恐惧的期待。

人生总是有灾难。其实大多数人早已练就了对灾难的从容，我们只是还没有学会灾难间隙的快活。我们太多注重了自己警觉苦难，我们太忽视提醒幸福。请从此注意幸福！幸福也需要提醒吗？

提醒注意跌倒……提醒注意路滑……提醒受骗上当……提醒荣辱不惊……先哲们提醒了我们一万零一次，却不提醒我们幸福。

也许他们认为幸福不提醒也跑不了的。也许他们以为好的东西你自会珍惜，犯不上谆谆告诫。也许他们太崇尚血与火，觉得幸福无足挂齿。他们总是站在危崖上，指点我们逃离未来的苦难。但避去苦难之后的时间是什么？

那就是幸福啊！

享受幸福是需要学习的，当幸福即将来临的时刻需要提醒。人可以自然而然地学会感官的享乐，人却无法天生地掌握幸福的韵律。灵魂的快意同器官的舒适像一对孪生兄弟，时而相傍相依，时而南辕北辙。

幸福是一种心灵的震颤。它像会倾听音乐的耳朵一样，需要不断地训练。

简言之，幸福就是没有痛苦的时刻。它出现的频率并不像我们想象的那样少。

人们常常只是在幸福的金马车已经驶过去很远，捡起地上的金鬃毛说，原来我见过它。

人们喜爱回味幸福的标本，却忽略幸福披着露水散发清香的时刻。那时候我们往往步履匆匆，瞻前顾后不知在忙着什么。

世上有预报台风的，有预报蝗虫的，有预报瘟疫的，有预报地震的。没有人预报幸福。其实幸福和世界万物一样，有它的征兆。

幸福常常是朦胧的，很有节制地向我们喷洒甘霖。你不要总希冀轰轰烈烈的幸福，它多半只是悄悄地扑面而来。你也不要企图把水龙头拧得更大，使幸福很快地流失。而需静静地以平和之心，体验幸福的真谛。

幸福绝大多数是朴素的。它不会像信号弹似的，在很高的天际闪烁红色的光芒。它披着本色外衣，亲切温暖地包裹起我们。

幸福不喜欢喧嚣浮华，常常在暗淡中降临。贫困中相濡以沫的一块糕饼，患难中心心相印的一个眼神，父亲一次粗糙的抚摸，女友一个温馨的字条……这都是千金难买的幸福啊。像一粒粒缀在旧绸子上的红宝石，在凄凉中愈发熠熠夺目。

幸福有时会同我们开一个玩笑，乔装打扮而来。机遇、友情、成功、团圆……

它们都酷似幸福，但它们并不等同于幸福。幸福会借了它们的衣裙，袅袅婷婷而来，走得近了，揭去帏幔，才发觉它有钢铁般的内核。幸福有时会很短暂，不像苦难似的笼罩天空。如果把人生的苦难和幸福分置天平两端，苦难体积庞大，幸福可能只是一块小小的矿石。但指针一定要向幸福这一侧倾斜，因为它有生命的黄金。

幸福有梯形的切面，它可以扩大也可以缩小，就看你是否珍惜。

我们要提高对于幸福的警惕，当它到来的时刻，激情地享受每一分钟。据科学家研究，有意注意的结果比无意要好得多。

当春天来临的时候，我们要对自己说，这是春天啦！心里就会泛起茸茸的绿意。

幸福的时候，我们要对自己说，请记住这一刻！幸福就会长久地伴随我们。那我们岂不是拥有了更多的幸福！

所以，丰收的季节，先不要去想可能的灾年，我们还有漫长的冬季来得及考虑这件事。我们要和朋友们跳舞唱歌，渲染喜悦。既然种子已经回报了汗水，我们就有权沉浸幸福。不要管以后的风霜雨雪，让我们先把麦子磨成面粉，烘一个香喷喷的面包。

所以，当我们从天涯海角相聚在一起的时候，请不要踌躇片刻后的别离。在今后漫长的岁月里，有无数孤寂的夜晚可以独自品尝愁绪。现在的每一分钟，都让它像纯净的酒精，燃烧成幸福的淡蓝色火焰，不留一丝渣滓。让我们一起举杯，说：我们幸福。

所以，当我们守候在年迈的父母膝下时，哪怕他们鬓发苍苍，哪怕他们垂垂老矣，你都要有勇气对自己说：我很幸福。因为天地无常，总有一天你会失去他们，会无限追悔此刻的时光。

幸福并不与财富地位声望婚姻同步，这只是你心灵的感觉。

所以，当我们一无所有的时候，我们也能够说：我很幸福。因为我们还有健康的身体。当我们不再享有健康的时候，那些最勇敢的人可以依然微笑着说：我很幸福。因为我还有一颗健康的心。甚至当我们连心也不再存在的时候，那些人类最优秀的分子仍旧可以对宇宙大声说：我很幸福。因为我曾经生活过。

常常提醒自己注意幸福，就像在寒冷的日子里经常看看太阳，心就不知不觉暖洋洋亮光光。

（选自《恰到好处的幸福》，毕淑敏著，湖南文艺出版社，2017 年版）

【思考与练习】

1. 你对《一只特立独行的猪》是怎样理解的，写一篇读后感。
2. 幸福需要提醒吗？为什么？说说你对《恰到好处的幸福》的理解。

孔子的洒脱

周国平

我喜欢读闲书，即使是正经书，也不妨当闲书读。譬如说《论语》，林语堂把它当作孔子的闲谈读，读出了许多幽默，这种读法就很对我的胃口。近来我也闲翻这部圣人之言，发现孔子乃是一个相当洒脱的人。

在我的印象中，儒家文化一重事功，二重人伦，是一种很入世的文化。然而，作为儒家始祖的孔子，其实对于功利的态度颇为淡泊，对于伦理的态度又颇为灵活。这两个方面，可以用两句话来代表，便是“君子不器”和“君子不仁”。

孔子是一个读书人。一般读书人寒窗苦读，心中都悬着一个目标，就是有朝一日成器，即成为某方面的专门家，好在社会上混一个稳定的职业。说一个人不成器，就等于是说他没出息，这是很忌讳的。孔子却坦然说，一个真正的人本来就是不成器的。也确实有人讥他博学而无所专长，他听了自嘲说，那么我就以赶马车为专长罢。

其实，孔子对于读书有他自己的看法。他主张读书要从兴趣出发，不赞成为求知而求知的纯学术态度（“知之者不如好之者，好之者不如乐之者”）。他还主张读书是为了完善自己，鄙夷那种沽名钓誉的庸俗文人（“古之学者为己，今之学者为人”）。他一再强调，一个人重要的是要有真才实学，而无须在乎外在的名声和遭遇，类似于”不患莫己知，求为可知也”这样的话，《论语》中至少重复了四次。

“君子不器”这句话不仅说出了孔子的治学观，也说出了他的人生观。有一回，孔子和他的四个学生聊天，让他们谈谈自己的志向。其中三人分别表示想做军事家、经济家和外交家。唯有曾点说，他的理想是暮春三月，轻装出发，约了若干大小朋友，到河里游泳，在林下乘凉，一路唱歌回来。孔子听罢，喟然叹曰：“我和曾点想的一样。”圣人的这一叹，活泼泼地叹出了他的未染的性灵，使得两千年后一位最重性灵的文论家大受感动，竟改名“圣叹”，以志纪念。人生在世，何必成个什么器、做个什么家呢，只要活得悠闲自在，岂非胜似一切？

学界大抵认为“仁”是孔子思想的核心，至于什么是“仁”，众说不一，但都不出伦理道德的范围。孔子重人伦是一个事实，不过他到底是一个聪明人，而一个人只要足够聪明，就决不会看不透一切伦理规范的相对性质。所以，“君子而不仁者有矣夫”这句话竟出自孔子之口，他不把“仁”看作理想人格的必备条件，也就不足怪了。有人把“仁”归结为忠恕二字，其实孔子决不主张愚忠和滥恕。

愚忠：他总是区别对待“邦有道”和“邦无道”两种情况，“邦无道”之时，能逃就逃（“乘桴浮于海”），逃不了则少说话为好（“言孙”），会装傻更妙（“愚不可及”这个成语出自《论语》，其本义不是形容愚蠢透顶，而是孔子夸奖某人装傻装得高明极顶的话，相当于郑板桥说的“难得糊涂”）。

滥恕：他也不像基督那样，当你的左脸挨打时，要你把右脸也送上去。有人问他该不该“以德报怨”，他反问：那么用什么来报德呢？然后说，应该是用公正回报怨仇，用恩德回报恩德。

孔子实在是一个非常通情达理的人，他有常识，知分寸，丝毫没有偏执狂。

“信”是他亲自规定的“仁”的内涵之一，然而他明明说：“言必信，行必果”，乃是僵化小人的行径（“硁硁然小人哉”）。要害是那两个“必”字，毫无变通的余地，把这位老先生惹火了。

他还反对遇事过分谨慎。我们常说“三思而后行”，这句话也出自《论语》，只是孔子并不赞成，他说再思就可以了。

也许孔子还有不洒脱的地方，我举的只是一面。有这一面毕竟是令人高兴的，它使我可以放心承认孔子是一位够格的哲学家了，因为哲学家就是有智慧的人，而有智慧的人怎么会一点不洒脱呢？

（选自《守望的距离》，周国平著，浙江人民出版社，2018 年版）

【导读】

周国平（1945— ），中国社会科学院哲学研究所研究员，中国当代著名学者、作家、哲学研究者，是中国研究哲学家尼采的著名学者之一。1967 年毕业于北京大学哲学系，1981 年毕业于中国社会科学院研究生院哲学系。

代表作品有《尼采：在世纪的转折点上》、《尼采与形而上学》，散文集《守望的距离》、《各自的朝圣路》、《安静》、《善良丰富高贵》，纪实作品《妞妞：一个父亲的札记》、《岁月与性情——我的心灵自传》、《偶尔远行》、《宝贝，宝贝》，随感集《人与永恒》、《风中的纸屑》、《碎句与短章》，诗集《忧伤的情欲》，以及《人生哲思录》、《周国平人文讲演录》等，译有《尼采美学文选》、《尼采诗集》、《偶像的黄昏》等。

【拓展阅读】

孔子的幽默

林语堂

孔子自然是幽默的。论语一书，有很多他的幽默语，因为他脚踏实地，说很多入情入理的话。可惜前人理学气太厚，不曾懂得。他十四年间，游于宋、卫、陈、蔡之间，不如意事，十居八九，总是泰然处之。他有伤世感时的话，在鲁国碰到了季桓子、阳货这些人，想到晋国去，又去不成，到了黄河岸上，而有水哉水哉之叹。桓魋一类人想要害他，孔子“桓魋其如予何”的话虽然表示自信力甚强，总也是自得自适、君子不忧不惧的一种气派。为什么他在陈、蔡、汝、颍之间，住得特别久，我就不得而知了。他那安详自适的态度，最明显的例子，是在陈绝粮一段。门人都已出怨言了，孔子独弦歌不衰、不改那种安详幽默的态度。他三次问门人：“我们一班人，不三不四，非牛非虎，流落到这田地，为什么呢？”这是我所最爱的一段，也是使我们最佩服孔子的一段。有一次，孔子与门人相失于路上。后来有人在东门找到孔子，说他的相貌，并说他像一条“丧家犬”。孔子听见说：“别的我不知道。至于像一条丧家狗，倒有点像。”

须知孔子是最近人情的，他是恭而安，威而不猛，并不是道貌岸然，冷酷拒人于千里之外。但是到了程朱诸宋儒的手中，孔子的面目就改了。以道学面孔论孔子，必失了孔子原来的面目。仿佛说，常人所为，圣人必不敢为。殊不知道宋儒所不敢为，孔子偏偏敢为。如孺悲欲见孔子，孔子假托病不见，或使门房告诉来客说不在家。这也就够了，何以在孺悲犹在门口之时，故意取瑟而歌，使之闻之，这不是太恶作剧吗？这就是活泼泼的孔丘。但这一节，道学家就难以解释。朱熹犹能了解，这是孔子深恶而痛绝乡愿的表示。到了崔东壁（述）便不行了。有人盛赞崔东壁的《洙泗考信录》。我读起来，就觉得赞道之心有余，而考证的标准太差。他以为这段必是后人所附会，圣人必不出此。这种看法，离了现代人传记文学的功夫（若 Lytton。Strochey《维多利亚女王传》那种体会人情的看法），离得太远了。凡遇到孔子活泼泼所为未能完全与道学理想符合，或言宋儒之所不敢言（“老而不死是为贼”），或为宋儒之所不敢为（“举杖叩其胫”，“取瑟而歌，使之闻之”），崔东壁就断定是“圣人必不如此”，而斥为伪作，或后人附会。顾颉刚也曾表示对崔东壁不满处。“他信仰经书和孔孟的气味都嫌太重，糅杂了许多先入为主的成见。”（《古史辨》第一册的长序）

读《论语》，不应该这样读法。《论语》是一本好书，虽然编的太坏，或可说，根本没人编过。论语一书，有很多孔子的人情味。要明白《论语》的意味，须先明白孔子对门人说的话，很多是燕居闲适的话，老实话，率真话，不打算对外人说的话，脱口而出的话，幽默自得的话，甚至开玩笑的话，及破口骂人的话。

总而言之，是孔子与门人私下对谈的实录。最可宝贵的，使我们复见孔子的真面目，就是这些半真半假，雍容自得的实录，由这些闲谈实录，可以想见孔子的真性格。

孔子对他门人，全无架子。不像程颐对哲宗讲学，还要执师生之礼那种臭架子。他一定要坐着讲。孔子说：“你们两三位，以为我对你们有什么不好说的吗？我对你们老实没有？我没有一件事不让你们两三位知道。那就是我。”这亲密的情形，就可想见。所以有一次他承认是说笑而已。孔子到武城，是他的门人子游当城宰。听见家家有念书弦诵的声音，夫子莞尔而笑说：“割鸡焉用牛刀。”子游驳他说，夫子所教是如此。“君子学道则爱人，小人学道则易使也。”孔子说：“你们两三位听，阿偃是对的。我刚才说的，是和他开玩笑而已。”（“前言戏之耳。”）

这是孔子燕居与门人对谈的腔调。若做岸然道貌的考证文章，便可说“岂有圣人而戏言乎……不信也……不义也……圣人必不如此，可知其伪也。”你看见过哪一位道学老师，肯对学生说笑话没有？

《论语》通盘这类的口调居多。要这样看才行。随举几例：言志之篇，“吾与点也”，大家很喜欢，就是因为孔子作近情语，不作门面语。别人说完了，曾皙以为他的“志愿”不在做官，危立于朝廷宗庙之间，他先不好意思说。夫子说：“没有关系，我要听听各人言其志愿而已。”于是曾皙砰訇一声，把瑟放下，立起来说他的志愿。大约以今人的话说来，他说：“三四月间，穿了新衣服到阳明山中正公园。五六个大人，带了六七个小孩子，在公共游泳池游一下，再到附近林下乘凉，一路唱歌回来。”孔子吐一口气说，“阿点，我就要陪你去”或作“我最同意你的话”，在冉有、公西华说正经话之后，曾皙这么一来放松，就得幽默作用。孔子居然很赏识。

有许多《论语》读者，未能体会这种语调。必须先明白他们师生闲谈的语调，读去才有意思。

“御乎射乎？”章——有人批评孔子说“孔子真伟大，博学而无所专长”。孔子听见这话说：“教我专长什么？专骑马呢？或专射箭呢？还是专骑马好。”这话真是幽默的口气。我们也只好用幽默假痴假呆的口气读它。这哪里是正经话？或以为圣人这话未免煞风景。但是孔子幽默口气，你当真，煞风景是你，不是孔夫子。

“其然，岂其然乎？”章——孔子问公明贾关于公叔文子这个人怎样，听见说这位先生不言、不笑、不贪。公明贾说：“这是说的人张大其辞。他也有说有笑，只是说笑的正中肯合时，人家不讨厌。”孔子说，“这样？真真这样吗？”这种重叠，是《论语》写会话的笔法。

“赐也，非尔所及也”章——子贡很会说话。他说：“我不要人家怎样待我，我就不这样待人。”孔子说：“阿赐，（你说的好容易）我看你做不到。”这又是何等熟人口中的语气。

“空空如也”章——孔子说：“你们以为我什么都懂了。我哪里懂什么。有乡下人问我一句话，我就空空洞洞，了无一句话作回答。这边说说，再说说不下去了。”

“三嗅而作”章——这章最费解，崔东壁以为伪。其实没有什么。只是孔子嗅到臭雉鸡作呕不肯吃。这篇见乡党，专讲孔子讲究食。有飞鸟在天空翱翔，飞来飞去，又停下来。子路见机说："这只母野鸡，来的正巧。"打下来献给孔夫子，孔夫子嗅了三嗅，嫌野鸡的气味太腥，就站起来，不吃也罢。原来野鸡要挂起来两三天，才好吃。我们不必在这里寻出什么大道理。

"群居终日"章——孔子说："有些人一天聚在一起，不说一句正经话，又好行小恩惠——真难为他们。""难矣哉"是说亏得他们做得出来。朱熹误解为"将有患难"，就是不懂这"亏得他们"的闲谈语调。因为还有一条，也是一样语调，也是用"难矣哉"更清楚。"一天吃饱饭，什么也不用心。真亏得他们。不是还可以下棋吗？下棋用心思，总比那样无所用心好。"

幽默是这样的，自自然然，在静室对挚友闲谈，一点不肯装腔作势。这是孔子的《论语》。有一次，他说，"我总应该找个差事做。吾岂能像一个墙上葫芦，挂着不吃饭？"有一次他说，"出卖啊！出卖啊！我等着有人来买我。"（沽之哉，沽之哉，我待贾者也。）意思在求贤君能用他，话却不择言而出，不是预备给人听的。但在熟友闲谈中，不至于误会。若认真读他，便失了气味。

孔子骂人也真不少。今之从政者何如，孔子说："噫，斗筲之人，何足算也。""斗筲"是盛米器，就是说："那些饭桶算什么！"骂原壤"老而不死是为贼"。骂了不足，还举起棍子，打那蹲在地上的原壤的腿。骂冉求"非吾徒也。小子鸣鼓而攻之，可也。"真真不客气，对门人表示他非常生气，不赞成冉求替季氏聚敛。"由也不得其死然"，骂子路不得好死。这些都是例。

孔子真正属于机警（Wit）的话，平常读者不注意。最好的，我想是见于孔子家语一段。子贡问死者有知乎。孔子说，"等你死了，就知道。"这句话，比答子路"未知生，焉知死"更属于机警一类。"一个人不对自己说，怎么办？怎么办？我对这种人，真不知道怎么办。（不曰如之何，如之何者，吾未如之何也已矣。）""知之为知之，不知为不知，是知也。"也是这一类。"过而不改，是谓过矣。"相同。"不患人之不己知，求为可知也。"——这句话非常好。就在知字做文章，所以为机警动人的句子。

总而言之，孔子是个通人，随口应对，都有道理。他脚踏实地，而又出以平淡浅近之语。教人事父母，不但养，还要敬，却说"至于犬马，皆能有养"，这不是很唐突吗？"富而可求也，虽执鞭之士，吾亦为之。"这是说"如果财富是求得来的，叫我做马夫赶马车，我也愿意。"都是这派不加修饰的言辞。好在他脚踏实地，所以常有幽默的成分，在其口语中。美国大文豪 Carl. Van. Doren 对我说，他最欣赏孔子一句话，就是季文子三思而后行。孔子说："再，斯可矣。"这真正是自然流露的幽默。有点煞风景，想来却是实话。

（选自《林语堂散文作品》，林语堂著，长江文艺出版社，2014 年版）

【思考与练习】

1. 文中指出孔子的“洒脱”表现在哪两个方面？孔子坦然说：一个真正的人本来就是不成器。你是怎样理解这句话的，孔子所说的“真正的人”是什么样的人？

2. 如果将孔子思想的核心“仁”除外，孔子和他四个弟子聊天时还表现了一种什么样的人生态度？

乡　村

（俄）屠格涅夫

六月的最后一天；举目四顾一千俄里之内都是俄罗斯的大地——祖国的疆域。

整个天空抹上一派均匀的蓝色，只有一朵白云悬在天际，似动非动，似散非散。微风不兴，阳光和煦……空气就如刚挤下的奶汁那么新鲜！

云雀鸣声悠扬；吃得鼓起脖子的鸽子咕咕叫个不停；燕子默默地穿梭飞掠；马儿打着响鼻，嘴里不停地咀嚼；狗温顺地轻摇尾巴，不声不响地站着。

空气中散发着烟火味，青草味——淡淡的像松焦油的气息，又有点像水果味。大麻长势正旺，散发出浓厚然而悦人的气息。

深深的峡谷，坡度却并不陡。爆竹柳排成数行分布在两边的坡上，它们的树冠像顶着一个个大脑袋，树干向下分裂成道道裂缝。一条湍急的溪水流经峡谷。水光潋滟，水底的小卵石看去似在瑟瑟颤动。在远方，天地合一的尽头是一条蓝莹莹的大河。

峡谷里，一边排列着整洁的谷仓和门户紧闭的小栈房，另一边排列着五六间木板盖顶的松木小屋。每间小屋的顶上高高耸立着一根杆子，上面安着一个椋鸟窝；每个门廊的上方钉着一头领鬃高竖的镌刻出来的铁马。凹凸不平的窗玻璃辉映出彩虹般的光彩。百叶窗装饰着画得不高明的插花水瓶。每间小屋前整整齐齐地摆着一张完好无损的小长凳。贴外墙的土炕上猫咪缩成一团躺着，敏锐的耳朵高度警戒着。高高的门槛里面，穿堂暗幽幽的，阴凉可人。

我铺开一件马衣躺在峡谷的边沿。周围到处是一堆堆新割的干草，清香醉人。会理家的屋主人在小屋前扬草：让干草再晒上一会儿，然后就送进草棚里贮藏起来。到那时候，在干草堆里睡觉才美呢！

孩子们钻进每一个草垛，只露出头发卷曲的小脑袋；凤头鸡在草堆里寻找蚊蚋和小虫吃；嘴唇发白的小狗在搅乱的草堆里打滚戏耍。

几个长着淡褐色卷发的年轻后生，穿着干干净净的衬衫，衬衫的下摆低低地束在腰间，脚着沉重的滚边靴子，胸口靠在卸了马的大车上，伶牙俐嘴地你一言我一语说笑着。

一个圆脸的年轻女子从一扇窗户里探出头来笑着：不只是因为小伙子们的说笑，还有干草堆里孩子们的嬉闹。

另一个年轻女子正用一双健壮的手从井里吊起一只湿漉漉的大水桶……水桶抖动着，晃荡着，挂下一长串火红色的水滴。

年老的女主人站在我面前，她穿一件方格呢裙子，一双新的厚皮靴。

大空心珠穿的项链在她黝黑瘦小的脖子上绕了三圈；一块红点的黄头巾包着她的头，低低地盖在那双混浊的眼睛上。

然而那双老年人的眼睛却彬彬有礼地露着微笑：她那张皱纹交错的脸也堆满了微笑。看起来老人家已有七十开外年纪了……即使到今天也还看得出当年是一位绝色美人！

她叉开右手五根晒得黝黑的手指，握着一罐直接从地窖里取来的未脱脂冷牛奶；罐壁布满了小玻璃珠一般的小水珠。左手掌心里托着一大块余温犹存的面包，递给我。“随便吃吧，外地来的客人！”

蓦然间一只公鸡啼叫起来，忙不迭地扑棱起翅膀；一头拴着的小牛也慢吞吞地应声哞叫起来。

“燕麦长得真不错哇！”是我那马车夫的声音。

哦，自由自在的俄罗斯乡间，多么惬意、安宁、富足！哦，多么宁静、舒心！

我不由得想道：现在我们干吗还要皇城里圣索菲亚大教堂圆顶上的十字架？还有我们这些城里人孜孜以求的一切？

（选自《一世珍藏的散文130篇》，陈国恩、张健编，长江文艺出版社，2010年版）

【导读】

伊凡·谢尔盖耶维奇·屠格涅夫，19世纪俄国批判现实主义作家。主要作品有长篇小说《罗亭》、《贵族之家》、《前夜》、《父与子》、《处女地》，中篇小说《阿霞》、《初恋》等。屠格涅夫在大学时代就开始创作，1847—1852年陆续写成的《猎人笔记》是其成名作，主要表现农奴制下农民和地主的关系。从19世纪60年代起，屠格涅夫大部分时间在西欧度过，结交了许多作家、艺术家，如左拉、莫泊桑、都德、龚古尔等。参加了在巴黎举行的“国际文学大会”，被选为副主席（主席为维克多·雨果）。1883 年屠格涅夫病逝于法国巴黎。

【拓展阅读】

自由与克制

（英）罗斯金

明智的法规和适当的克制，对于高尚的民族而言，虽说在某种程度上不免有点累赘，但它们毕竟不是束人手足的锁链，而是护身的铠甲，是力量的体现。请记住，正是这种克制的必要性，如同劳动的必要性一样，值得人类崇敬。

每天，你都可以听到无数蠢人高谈自由，就好像它是个无上光荣的东西，其实远非如此。从总体上来讲，从广义上来讲，自由并不是什么值得炫耀的东西，它不过是低级动物的一种属性而已。

任何人，伟人也罢，强者也罢，都不能像游鱼那般自由自在。人可有所为，又必须有所不为，而鱼则可以为所欲为。集天下之王国于一体，其总面积也抵不上半个海大，纵使将世上所有的交通线路和运载工具都用上（现有的再添上将要发明出来的），也难比水中鱼凭鳍游来得方便。

你只要平心静气地想一想，就会发现，正是这种克制，而不是自由使得人类引以为荣，进而言之，即便低级动物也是如此。蝴蝶比蜜蜂自由得多，可人们却更赞赏蜜蜂，不就因为它善于遵从自己社会的某种规律吗？普天下的自由与克制这两种抽象的东西，后者通常更显得光荣。

确实，关于这类事物以及其他类似之物，你绝不可能单单从抽象中得出最后的结论。因为，对于自由与克制，倘若你高尚地加以选择，则二者都是好的；反之，二者都是坏的。然而，我要重申一下，在这两者之中，凡可显示高级动物的特性而又能改造低级动物的，还是有赖于克制。而且，上自天使的职责，下至昆虫的劳作，从星体的均衡到灰尘的引力，一切生物、事物的权利和荣耀，都归于服从而不是自由。

太阳是不自由的，枯叶却自由得很；人体的各部没有自由，整体却和谐，相反，如果各部有了自由，则势必导致整体的溃散。

（选自《外国名家散文丛书——罗斯金散文选》，罗斯金著，百花文艺出版社，2012 年版）

【思考与练习】

1.《乡村》描写了一个普通乡村傍晚时分的景色。描写俄罗斯乡村景物特点用了什么手法，这样写有什么好处？

2.《乡村》描写的乡村生活有何特点，你欣赏这样的生活吗？请联系实际生活谈谈你的感想。

巴尔扎克之死

（法）雨果

1850年8月18日，我的妻子曾在白天去看望德·巴尔扎克夫人，她对我说，德·巴尔扎克先生奄奄一息。我直奔他那里。

德·巴尔扎克先生一年半以来染上了心脏肥大症。二月革命以后，他到了俄国，在那里结了婚。他动身前几天，我在大街上遇到他；他已经叫苦不迭，大声地喘息。1850年5月，他回到法国，结了婚，变得富有，却行将就木。回来时他已经双腿肿胀。四个会诊的医生给他听诊。其中一个即路易先生7月6日对我说：他活不到六个星期。他和弗雷德里克·苏利埃患的是同一种病。

8月18日，我跟我的叔叔路易·雨果将军共进晚餐。一散席，我便与他分手，乘上一辆出租马车。马车把我送到博永区福蒂内林阴大道14号。德·巴尔扎克先生就住在那里。他买下德·博永先生的公馆的残留部分，这座低矮住宅的主要部分出于偶然才避免拆毁。他把这些破房子用家具布置得富丽堂皇，使之变成一幢迷人的小小公馆，大门面临福蒂内林阴大道，一个狭长的院子当作小花园，小径这里那里切割开花坛。

我按了按铃。月光蒙上了乌云。街道阒无人影。没有人来开门。我按了第二次铃。门打开了。一个女仆手拿蜡烛，出现在我面前。

“先生有何贵干？”她问。

她在哭泣。

我报了自己的名字。女仆让我走进底层的客厅，在壁炉对面的一个托座上，放着大卫的巴尔扎克大理石巨大胸像。一支蜡烛在客厅中央的椭圆形华丽桌子上燃烧着，这张桌子以六个式样至善至美的金色小雕像作为支脚。

另一个也在哭泣的女人来对我说：

“他已奄奄一息。夫人回到自己房里。医生们从昨天起已撒手不管他了。

他左腿有个伤口。生的是坏疽。医生们束手无策。他们说，先生的水肿是像猪肉皮似的水肿，是浸润性的，这是他们的话，皮和肉就像猪肉，不可能为他做穿刺术。嗨，上个月先生就寝时撞上一件有人像装饰的家具，皮肤划破了，他身体内所有的水都流出来。医生们说：哎呀！这使他们吃惊，从那时起，他们给他做穿刺术。他们说：按常规办事吧。但腿上又生了个脓肿。给他动手术的是鲁先生。昨天，起掉了器械。伤口不出脓，但发红、干燥、火辣辣的。于是他们说：他完了！便再也不来了。派人去找了四五个医生，都白费力气。所有的医生都回答：没有办法。昨夜情况恶化。今天早上六点，先生不能说话了。夫人派人去找教士。教士来了，给先生做了临终涂油礼。先生示意他明白了。一小时以后，他握了他妹妹德·舒维尔夫人的手。11 个小时以来，他发出嘶哑的喘气声，再也看不见东西。他过不了今夜。如果您愿意，先生，我会去找德·舒维尔夫人，她还没有睡下。”

这个女人离开了我。我等了一会儿。蜡烛刚刚照亮客厅富丽的陈设和挂在墙上的波布斯以及霍尔拜因的出色绘画。大理石胸像好似不久于人世那个人的幽灵那样，朦朦胧胧伫立在昏暗中。一种尸体气味充满了屋子。

德·舒维尔夫人进来了，给我证实了女仆告诉我的一切。我要求见见德·巴尔扎克先生。我们穿过一个走廊。登上铺着红地毯和摆满艺术品——瓷瓶、雕像、油画，搁着珐琅制品的餐具橱的楼梯，然后是另一道走廊，我看到一扇打开的门，我听到很响的不祥的嘶哑喘气声。我来到巴尔扎克的卧房。

一张床放在这个房间的中央。这是一张桃花心木床，床脚和床头有横档和皮带，表明这是一件用来使病人活动的悬挂器械。德·巴尔扎克先生躺在这张床上。他的头枕在一堆枕头上，人们还加上从房间的长靠背椅拿来的锦缎靠垫。他的脸呈紫色，近乎变黑，向右边耷拉，没有刮胡子，灰白的头发理得很短，眼睛睁开，眼神呆滞。我看到侧面的他，他这样酷似皇帝。

一个老女人，是女看护，还有一个男仆，站在床的两侧。枕后的桌上一支蜡烛燃烧着，另一支放在门旁的五斗柜上。一只银壶放在床头柜上。

这个男人和这个女人怀着某种恐怖默默无言，倾听着垂危病人大声嘶哑地喘息着。枕头边的蜡烛强烈照射着挂在壁炉旁粉红色和露出微笑的一幅年轻人肖像。

一股难以忍受的气味从床上冒出来。我掀开毯子，捏住巴尔扎克的手。它布满了汗。我捏紧这只手。他对挤压没有回应。

一个月前，正是在这同一个房间，我来拜访他，他很高兴，满怀希望，不怀疑会复元，笑着指出他的肿胀。

我们对政治谈论和争论得很多。他责备我“蛊惑人心的宣传”。他是正统主义者。他对我说："您怎么能这样平静地放弃这个仅次于法国国王头衔的最美的法国贵族院议员头衔呢？"

他这样对我说："我拥有德·博永先生的房子，除去花园，但加上街角那座小教堂的圣楼。我的楼梯上有扇门开向教堂。钥匙一转，我就能做弥撒，我更看重圣楼而不是花园。"

我跟他分手时，他送我走到这道楼梯，他走路很艰难，给我指出这道门，他对妻子喊道："尤其要让雨果看看我所有的画。"

女看护对我说：

"他在天亮时就会断气的。"

我下楼时脑际带走这苍白的脸；穿过客厅时，我又看到一动不动、冷漠无情、傲视一切、隐约闪光的胸像，我将死和不朽做比较。

回到家里，这是一个星期天，我看到几个人在等我，其中有土耳其代办黎查·贝，西班牙诗人纳瓦雷特和意大利流亡者阿里瓦贝纳伯爵。我对他们说：诸位，欧洲即将失去一个伟才。

他在夜里与世长辞，享年 51 岁。

下葬是在星期三。

他先停放在博永小教堂，他经过这扇门：惟有这扇门的钥匙，对他来说，比以往的包税人所有的天堂似的花园更为宝贵。

他谢世那一天，吉罗雕塑他的肖像。人们本想浇铸他的面模，但是无法做到，面孔毁坏得很快。他去世的第二天早上，赶来的模塑工人发现脸孔已毁败，鼻子塌倒在脸颊上。人们把他放进包铅的橡木棺材里。

宗教仪式是在圣菲利普-杜-鲁勒教堂进行的。我站在灵柩旁边寻思，我的二女儿就在这里洗礼，从那天以后，我没有再看过这个教堂。在我们的记忆中，死亡连接出生。

内政部长巴罗什前来参加葬礼。在教堂里他坐在我旁边，追思台前面，他不时同我交谈。

他对我说："这是一个杰出的人。"

我对他说："这是一个天才。"

送葬行列穿过巴黎，经过大街来到拉雪兹神甫公墓。我们从教堂出发和到达墓园时，雨滴往下飘落。这一天，老天爷似乎也洒落几滴眼泪。

我走在灵柩前头的右边，手执柩衣的一根银色流苏，卡齐米尔·德拉维涅、大仲马在另一边。

我们来到山冈上居高临下的墓穴时，那里有一大片人，道路崎岖不平而又狭窄，几匹马艰难地往上爬，要拉住往下坠的灵柩。我被挤在一只车轮和一座坟墓之间。我差点被车压着。站在坟茔上的观众抓住我的肩膀，把我提到他们身旁。

整个路程我们都是步行。

人们把灵柩放到墓穴里，这个墓穴与沙尔·诺迪埃和卡齐米尔·德拉维涅为邻。教士念了最后的祈祷，我说了几句话。

在我讲话时，太阳西沉。整个巴黎在我看来处在远处落日辉煌的雾气中。几乎在我脚边，泥土崩塌落在墓穴里，我的讲话被跌落在灵柩上的泥土沉闷的响声打断了。

［选自《雨果散文精选》，（法）维克多·雨果著，周瑛译，长江文艺出版社，2013 年版］

【导读】

维克多·雨果（1802—1885），19 世纪前期积极浪漫主义文学运动的代表作家，一生写过多部诗歌、小说、剧本、各种散文和文艺评论及政论文章，在世界有着广泛的影响力，被人们称为“法兰西的莎士比亚”。雨果的创作历程超过 60 年，作品包括 26 卷诗歌、20 卷小说、12 卷剧本、21 卷哲理论着，合计 79 卷之多，给法国文学和人类文化宝库增添了一份十分辉煌的文化遗产。代表作有长篇小说《巴黎圣母院》、《悲惨世界》、《海上劳工》等，短篇小说有《“诺曼底”号遇难记》。

【拓展阅读】

郁　金　香

（墨西哥）德佩雷拉

透过一扇窗子，人们可以看到很多东西。我就曾经坐在自家的窗前，一面绣着花边，一面目睹了女邻居的罗曼史。

我的邻居是一个织花边的女工。她人长得漂亮，但家境贫寒。她有两个追求者和一株栽在蓝瓷花盆里的郁金香。

我邻居和我住的那条街很背静，所以既无车辆来往，也很少有行人。过往人等全是当地的住户。像巴黎所有的街巷一样，那条街很窄，几乎每家的阳台上都挂有色彩鲜艳的宽红边遮阳布帘。

前面已经说过，我的邻居很穷，所以，她家的阳台上没有挂帘子。不过，太阳并未能阻止姑娘时常到阳台上去看她的郁金香。

那株没有几片叶子的柔弱小花，是我邻居时刻记挂在心的事情。每天晚上她都把它搬进卧室，怕它会受到北风的摧残；清晨再重新搬出来；中午阳光炽烈的时候，她就用一小块麻布给罩起来。她不时地跑进跑出，不是掸去沾染枝叶的尘土、摘掉偶然发现的枯叶，就是浇水、捉虫。

在当地的条件下，郁金香是长不好的，只有在炎热的地方，它才能长得枝繁叶茂。正是由于这个原因，我的邻居才对她的花盆那么精心地加以照料。早在好几个月之前她就把种子埋进了土里，直到现在它才初具样子，开始抽枝发芽，尽管还很柔弱、单薄，但毕竟还是就要开花了。

从姑娘挨近花盆时脸上流露出来的欣喜神态，我猜想这株花的枝头一定已经长出了第一个花骨朵儿了。

后来，我从这位漂亮的女工跟她楼上的邻居——她的追求者之一——的谈话中得到了证实。

“您一定非常高兴吧。几个月的苦心总算有了结果。很快您就能亲手摘下一朵美丽的郁金香啦。您打算把它和您的心一起送给谁呢?”

姑娘非常羞怯地回答：

“可能什么人也不给，我决不会把这朵朝思暮想的鲜花给摘下来的。它应该就在原来的枝头上凋谢。我还没有蠢到那种地步，让自己花费的如此巨大的心血毁之于一个短暂的瞬间。这是一个原因啰，再说，我还没想过要把我的心和这朵郁金香一起送给别人呢。”

“您瞧，我的好邻居，时间不饶人哪。春天已经到了，这可是谈情说爱的大好时机。您看那些小鸟，没有一只是独自飞翔的。您再瞧瞧这些花盆，全都在开花了。还有什么可说的呢？就说您这迟迟不开的郁金香吧，今天终于结了一个花骨朵儿。我的好邻居！您就可怜可怜我吧，您就痛痛快快地答应接受我做您的丈夫吧!”

女工的脸上泛起了红晕。

“您需要的不是妻子，而是理智。”

“如果您爱我，我就会有理智的。”

姑娘楼下的邻居是一个拘谨而又漂亮的小伙子，此刻，也正好站在自家的阳台上。他听了两个人的对话之后，皱了皱眉头，但却没动声色，因为他也爱着那个花边女工。

我是在绣花的时候，从窗口发现这个不善交际的小伙子的秘密的。不过，时至今日，他和心中的恋人一共也没有说过几句话。

我觉得他既腼腆又内向，既敏感又多情。

很久以前，我偶然发现，有一次，他趁女邻居不在的空隙，把一封信扔到了她的阳台上。

他是否收到了回信，我不得而知；不过每当姑娘来到阳台上的时候，他几乎连仰起头来跟她表示爱慕之情的勇气都没有，只能简单地寒暄几句。

“天气真好，小姐！”

“是啊，真好；对我的郁金香来说，可真是再好不过了。”

“您不再为它担心啦?”

“不啦，已经不用担心了，现在它长得可好啦，又长出了两片叶子。”

“谢天谢地，您总算如愿了。您为这株花可真是操尽了心啊！”

“是啊，的确是这样，我把空闲时间全搭上了。”

“您的空闲时间实在少得可怜，小姐！我看您太辛苦了……有时候，已经很晚很晚了，我还见您房里的灯光映在对面的墙上。您会累病的。”

“不会的，我身体很好。上帝会保佑我的。”

“但愿如此。”

小伙子的声音微微发颤，美好的憧憬使他的眼睛显得更加美丽。可是，姑娘却没法看到他眼神的含义，因为他已经闭上了眼睛。

“回头见，先生。”姑娘说着转身走进屋里。

“回头见，小姐。”

这种一向质朴的谈话，给我留下了极好的印象。

我的女邻居的确太忙。我总是看见她手里拿着编织针，不停地织呀、织呀，简直就像一只不知闲的小蜘蛛。她织出来的花边是多么轻巧、多么精美啊！……真可以说，仿佛一阵风就能吹破。一会儿是条边，一会儿是荷叶边，一会儿方，一会儿圆。丝线在她手中的活计上面宛如蝴蝶一般随意飞舞，看着它，真会觉得眼花缭乱。姑娘用她那双巧手麻利而又熟练地摆弄着根根丝线，又是穿、又是扯、又是捋。丝线也真听话，总是乖乖就范。

姑娘整天忙碌。她有时候嘴里哼着歌儿，有时候我又觉得她是在凝神沉思，好像手头碰到了难题。

楼下的邻居显然是放心不下，总是默默地仰望着她的阳台。

楼上的邻居却老是兴高采烈、笑容可掬，也常常低头注视着同一个地方，并且总能找到甜言蜜语和姑娘搭讪：

“您的脸蛋儿越来越漂亮，真像是两朵盛开的玫瑰。”

姑娘进进出出，虽然没有直接对答，但唇边却笑意盎然。

这位风流少年可能最后如愿吗?

这是谁也说不清楚的。姑娘还没有表露她的心愿，不过，这位小伙子却老是在用话语、用笑脸、用炽热的眼神把她纠缠。

在姑娘专心致志地编织着花边的同时，小伙子正在巧妙地铺排着俘获她的情网。这已经是由来已久的事情了。他能成功吗？谁知道呢？

我的女邻居终于盼来了这个欣喜的时刻：今天早晨花苞绽开了，一朵美丽的郁金香，红得像是一团炽烈的炭火，迎着春光展开了自己的花瓣。

姑娘喜不自胜，第一次忙中偷闲，心醉神迷地站在那初放的花前。

我坐在自己的屋角里分享着她的欢乐，尽量不引起姑娘的注意。她楼下的邻居也一定非常高兴，不过，他不在家。这是我从他那关着的阳台玻璃门上知道的。可是，她楼上的邻居却赶上了，如同表述大家的喜悦心情一般，连连发出赞叹：

"太好了！太好了！现在咱们来好好庆祝一番！郁金香开花了。求求您，我的邻居……把这朵花送给我吧！我每天都在算着它开花的日子，比您还着急呢。它是属于我的，我有权得到它。您要是不给我，我也会把它偷到手的。它属于我，因为我爱您。街上没有人，谁也听不见。让我再说一遍：我爱您，我喜欢您，我崇拜您！把花送给我吧，我的好邻居！请您把它给我吧，否则，我就从这儿下去自己动手摘啦！"

小伙子说得很坚决。看样子要贸然采取行动。姑娘像一只受惊的鸽子一样犹豫不决，她满脸绯红，两手颤抖，虽然这样，但她的唇边和眼角却似乎流露出某种满意神情……

"邻居，快把花给我！"

他的语气像是命令，不过，却又非常得体，强制之中包含着并未尽言的柔情蜜意。

"快点，快点！会有人来的。快把花给我……要不，我马上就从这儿下去自己动手啦！"

姑娘恳求地仰起脸，想要自卫；但是小伙子却投给他火一般深情目光。这还不算，他还做出了想要从阳台下来的样子。

姑娘被吓坏啦，终于屈服了。她走到花盆跟前，摘下花扔到楼上，然后就跑进卧室，隐没在屋子里了。

楼上的邻居得意地拾起了花朵，热切地吻了一下，就插进了衣领上的扣眼里。他先是哼起轻快的小调，没过一会儿，就随身带着那朵花从家里走了出去。

这时，我难过地想着那朵刚刚开放就被摘了下来的郁金香。同时也凄然想起……不过，我的痛苦与我的邻居的罗曼史毫无关系；那么，咱们还是只讲有关她的事情吧。

那位幸运的小伙子走后不久，美丽的姑娘就又来到阳台上用麻布罩起了花盆，因为阳光又变得火辣辣的了。

这真是一个令人欢快的明媚早晨。整个天空犹如一顶硕大无朋的蓝缎华盖。

这时候，那位一大早就出了门、整个上午都没露面的楼下邻居，突然出现在阳台上了。

姑娘一看见他，就轻轻地发出了一声惊叫，我也跟着叫了一声……因为，这位急匆匆赶回来的人手里拿着一朵鲜红的郁金香……

姑娘和我都感到困惑不解，期待着……

“小姐，”小伙子恭恭敬敬地仰起脸说，“今天早上我出门以前，看到您的花盆里开出了第一朵花，可是我现在回来的时候，却非常痛心地发现它被扔到了街上。这条街上只有您养着郁金香，所以我猜想这是您的；后来看到花盆里果然没有花了，知道这花确实是您的，一定是风把它吹落到了街上；幸好我来得及时，才能把它捡回来还给它的主人。您拿去吧，小姐；如果您愿意，我就上楼给您送去。”

小伙子的脸上带着质朴的甜蜜神情。当他举目凝望女友的时候，眼睛里闪烁着温柔的光芒。小伙子手举着郁金香站在阳台下面，真是一幅情趣无穷的图画。

当楼下邻居说话的时候，姑娘心中真是百感交集。她脸上流露出惊奇、气愤、鄙夷，不过，此刻却似乎又满含着一片柔情，带着甜蜜的笑意。

小伙子还憨厚地站在那里重复着：

“小姐，这是您的郁金香；如果您愿意，我就上楼给您送去。”

然而，姑娘却说：

“不，不，先生，不要给我啦；如果您喜欢，那您就留下吧……”

“那怎么行！”小伙子怯生生地说，“我可以把这朵花留下？”

姑娘也羞涩地回答：

“对，您可以留下，我希望您把它留下……”

两个人都不再说话了，这时，正有一群欢快的燕子叽叽喳喳地从街上飞过，好像是为此时此刻唱着赞歌。

（选自《最美的散文》，朱自清等著，中国华侨出版社，2013 年版）

【思考与练习】

1.《巴尔扎克之死》是雨果追忆一代巨匠巴尔扎克临终前的最后一刻的文章。但追忆这样一位文学史的杰出人物，作者为什么要把文章的气氛渲染得那么恐怖、压抑甚至是恶心？请结合文本，谈谈你的理解。

2. 送郁金香代表何意？谈谈你知道哪些花语。

到尼亚加拉大瀑布

（英）狄更斯

那一天的天气寒冷潮湿，着实苦人；凄雾浓重，几欲成滴，树木在这个北国里还都枝柯赤裸，完全冬意。不论多会儿，只要车一停下来，我就侧耳静听，看是否能听到瀑布的吼声，同时还不断地往我认为一定是瀑布所在那方面死乞白赖地看；我所以知道瀑布就在那一方面，因为我看见河水滚滚朝着那儿流去；每一分钟都盼望会有飞溅的浪花出现。恰恰在我们停车以前几分钟内，我看见了两片嵯峨的白云，从地心深处巍巍而出，冉冉而上。当时所见，仅止于此。后来我们到底下了车了；于是我才头一回听到洪流的砰訇，同时觉得大地都在我脚下颤动。

崖岸陡峭，又因为有刚刚下过的雨和化了一半的冰，地上滑溜溜的，所以我自己也不知道我是怎么下去的，不过我却一会儿就站在山根那儿，同两个英国军官（他们也正走过那儿，现在和我到了一块儿）攀登到一片嶙峋的乱石上了。那时澎湃大作，震耳欲聋，玉花飞溅，我全身濡湿，衣履俱透。原来我们正站在美国瀑布尼亚加拉大瀑布（有一山羊岛，把瀑布一分为二。一半在美国境内，一半在加拿大境内）的下面。我只能看见巨浸滔天，劈空而下，但是对于这片巨浸的形状和地位，却毫无概念，只渺渺茫茫，感到泉飞水立，浩瀚汪洋而已。

我们坐在小渡船上，从紧贴在这两个大瀑布前面那条汹涌奔腾的河里过的时候，我才开始感到是怎么回事；不过我却有些目眩心摇，因而领会不到这幅光景到底有多博大。一直到我来到平顶岩上看去的时候——哎呀天哪，那样一片飞立倒悬的晶莹碧波！——它的巍巍凛凛，浩瀚峻伟，才在我眼前整个呈现。

于是我感到，我站的地方和造物者多么近了，那时候，那幅宏伟的景象，一时之间所给我的印象，同时也就是永久无尽所给我的印象——一瞬的感觉，而又是永久的感觉——是一片和平之感：是心的宁静，是灵的恬适，是对于死者淡泊安详的回忆，是对于永久的安息和永久的幸福的展望，不掺杂一丁点暗淡之情，不掺杂一丁点恐怖之心。尼亚加拉一下就在我心里留下深刻的印象——留下了一副美丽的形象；这副形象一直永世不尽留在我的心头，永远不改变，永远不磨灭，一直到我的心房停止了搏动的时候。

我们在那个神工鬼斧、天魔帝力所创造出来的地方待了十天，在那永久令人难忘的十天里，日常生活中的龃龉和烦恼，如何离我而去，越去越远啊！巨浸的砰訇对于我如何震聋发聩啊！绝迹于尘世之上而却出现于晶莹垂波之中的，是何等的面目啊！在变幻无常、横亘半空的灿烂虹霓四围上下，天使的泪如何玉圆珠明，异彩缤纭，纷飞乱洒，纵翻横出啊！在这种眼泪里，天心帝意，又如何透露而出啊！

我一起始，就跑到了加拿大那一边儿，在那十天里就一直在那儿没动。我从来没再过过河，因为我知道，河那边也有人，而在这种地方，当然不能和不相干的闲杂人搀和。整天往来徘徊，从一切角度，来看这个垂瀑；站在马蹄铁大瀑布的边缘上，看着奔腾的水，在快到崖头的时候，力充劲足，然而却又好像在驰下崖头、投入深渊之前，先停顿一下似的；从河面上往上看巨涛下涌；攀上邻岭，从树杪间瞭望，看激湍盘旋而前，翻下万丈悬崖；站在下游三英里的巨石森岩下面，看着河水，波涌涡漩，砰訇应答，表面上看不出来它所以这样的原因，实在在河水深处，却受到巨瀑奔腾的骚扰；永远有尼亚加拉当前，看它受日光的蒸腾，受月华的迤逗，夕阳西下中一片红，暮色苍茫中一片灰；白天整天眼里看它，夜里枕上醒来耳里听它；这样的福就够我享的了。

我现在每到平静之时都要想：那片浩瀚汹涌的水，仍旧尽日横冲直滚，飞悬倒洒，砰訇澎渤，雷鸣山崩；那些虹霓仍旧在它下面一百英尺的空中弯亘横跨。太阳照在它上面的时候，它仍旧像玉液金波，晶莹明澈。天色暗淡的时候，它仍旧像玉霰琼雪，纷纷飞洒；像轻屑细末，从白垩质的悬崖峭壁上阵阵剥落；像如絮如棉的浓烟，从山腹幽岫里蒸腾喷涌。但是这个滔天的巨浸，在它要往下流去的时候，好像要先死去一番似的，从它那深不可测、以水为国的坟里，永远有浪花和迷雾的鬼魂，其大无物可与伦比，其强永远不受降伏，在宇宙还是一片混沌、黑暗的时候，在匝地的巨浸——水——以前，另一个漫天的巨浸——光——还没经上帝吩咐而一下弥漫宇宙的时候，就在这儿森然庄严地呈异显灵。

（选自《最美的散文》，朱自清等著，中国华侨出版社，2013 年版）

【导读】

查尔斯·约翰·赫芬姆·狄更斯（1812—1870），19 世纪英国批判现实主义作家。狄更斯特别注意描写生活在英国社会底层的“小人物”的生活遭遇，深刻地反映了当时英国复杂的社会现实，为英国批判现实主义文学的开拓和发展做出了卓越的贡献。他的作品至今依然盛行，对英国文学发展起到了深远的影响。主要作品《匹克威克外传》、《雾都孤儿》、《老古玩店》、《艰难时世》、《我们共同的朋友》、《双城记》等。狄更斯是高产作家，他凭借勤奋和天赋创作出一大批经典著作。他又是一位幽默大师，常常用妙趣横生的语言在浪漫和现实中讲述人间真相，狄更斯是19世纪英国现实主义文学的主要代表。艺术上以妙趣横生的幽默、细致入微的心理分析，以及现实主义描写与浪漫主义气氛的有机结合著称。

【拓展阅读】

马

（法）布封

人类曾做到的最高贵的征服，就是征服了这豪迈而剽悍的动物——马。它和人分担着疆场的劳苦，同享着战斗的光荣；它和它的主人一样，具有无畏的精神，它眼看着危急当前而慷慨以赴；它听惯了兵器搏击的声音，喜爱它，追求它，以同样的兴奋鼓舞起来；它也和主人共欢乐：在射猎时，在演武时，在赛跑时，它也精神抖擞，耀武扬威。但是它的驯良不亚于勇毅，它一点不逞自己的烈性，它知道克制它的动作：它不但在驾驭人的手下屈从着他的操纵，还仿佛窥伺着驾驭人的颜色，它总是按照着从主人的表情方面得来的印象而奔腾，而缓步，而止步，它的一切动作都只为了满足别人的愿望；这天生就是一种舍己从人的动物，它甚至于会迎合别人的心意，它用动作的敏捷和准确来表达和执行别人的意旨，人家希望它感觉到多少它就能感觉到多少，它所表现出来的总是在恰如人愿的程度上；因为它无保留地贡献着自己，所以它不拒绝任何使命，所以它尽一切力量来为人服务，它还要超出自己的力量，甚至于舍弃生命以求服从得更好。

以上所述，是一匹所有才能都已获得发展的马，是天然品质被人工改进过的马，是从小就被人保育、后来又经过训练、专为供人驱使而培养出来的马；它的教育以丧失自由而开始，以接受束缚而告终；这种动物被奴役或驯养已太普遍、太悠久了，以至于我们看到它们时，很少是处在自然状态中：它们在劳动中经常是披着鞍辔的；人家从来不解除它们的羁绊，纵然是在休息的时候；如果人家偶尔让它们在牧场上自由地行走，它们也总是带着奴役的标志，并且还时常带着劳动与痛苦所给予的残酷痕迹：嘴巴被衔铁勒成的皱纹变了形，腹侧留下一道道的疮痍或被马刺刮出一条条的伤疤，蹄子也都被铁钉洞穿了。它们浑身的姿态都显得不自然，这是惯受羁绊而留下的迹象；现在即使把它们的羁绊解脱掉也是枉然，它们再也不会因此而显得自由活泼些了。就是那些奴役状况最和婉的马，那些只为着摆阔绰，壮观瞻而喂养着、供奉着的马，那些不是为着装饰它们本身，却是为着满足主人的虚荣而戴上黄金链条的马，它们额上覆着妍丽的一撮毛，项鬣编成了细辫，满身盖着丝绸和锦毡，这一切之侮辱马性，较之它们脚下的蹄铁还有过之无不及。

天然要比人工更美丽些。在一个动物身上，动作的自由就构成美丽的天然。你们试看看那些繁殖在南美各地自由自在地生活着的马匹吧：它们行走着，它们奔驰着，它们腾跃着，既不受拘束，又没有节制；它们因不受羁勒而感觉自豪，它们避免和人打照面；它们不屑于受人照顾，它们能够自己寻找适当的食料；它们在无垠的草原上自由地游荡、蹦跳，采食着四季皆春的气候不断提供的新鲜产品；它们既无一定的住所，除了晴朗的天空外又别无任何庇荫，因此它们呼吸着清新的空气，这种空气，比我们压缩它们应占的空间而禁闭它们的那些圆顶宫殿里的空气，要纯洁得多；所以那些野马远比大多数家马来得强壮、轻捷和遒劲；它们有大自然赋予的美质，就是说，有充沛的精力和高贵的精神，而所有的家马则都只有人工所能赋予的东西，即技巧与妍媚而已。

这种动物的天性绝不凶猛，它们只是豪迈而犷悍。虽然力气在大多数动物之上，它们却从来不攻击其他动物；如果它们受到其他动物的攻击，它们并不屑于和对方搏斗，只把它们赶开或者把它们踏死。它们也是成群结队而行的，它们之所以聚集在一起，纯粹是为着群居之乐；因为，它们无所畏惧，原不需要团结御侮，但是它们互相眷恋，依依不舍。由于草木足够作它们的食粮，由于它们有充分的东西来满足它们的食欲，又由于它们对动物的肉毫无兴趣，所以它们绝不和其他动物作战，也绝不互相作战，也不互相争夺生存资料；它们从来不发生追捕一只小兽或向同类劫夺一点东西的事件，而这类事件正是其他食肉类动物通常互争互斗的根源：所以马总是和平生活着的，其原因就是它们的欲望既平凡又简单，而且有足够的生活资源使它们无需乎互相妒忌。

这一切，我们只要看看人家放在一块儿饲养，并且成群放牧着的那些小马，就可以观察得很清楚：它们有温和的习性和合群的品质，它们的力量和锐气通常只是在竞赛的表现中显露出来；它们跑起来都要努力占先，它们争着过一条河，跳一条沟，练习着冒险，甚至于眼看危险当前却更加起劲；而凡是在这些自发的练习当中奋勇当先，肯做榜样的马，都是最勇敢、最优良的，并且，一经驯服，常常又是最驯顺、最温和的……

在所有的动物中间，马是身材高大而身体各部分又都配合得最匀称、最优美的。因为，如果我们拿它和比它高一级或低一级的动物相比，就发现驴子长得太丑，狮子头太大，牛腿太细太短，和它那粗大的身躯不相称，骆驼是畸形的，而最大的动物，如犀、如象，都可以说只是些未成形的肉团。颚骨过分伸长本是兽类头颅不同于人类头颅的主要一点，也是所有动物的最卑贱的标志；然而，马的颚骨虽然很长，它却没有如驴的那副蠢相，如牛的那副呆相。相反地，它的头部比例整齐，这给它一种轻捷的神情，而这种神情又恰好与颈部的美相得益彰。马一抬头，就仿佛想要超出它那四足兽的地位；在这样的高贵姿态中，它和人面对面地相觑着；它的眼睛闪闪有光，并且目光十分坦率；它的耳朵也长得好，并且不大不小，不像牛耳太短，驴耳太长；它的鬣毛正好衬着它的头，装饰着它的颈部，给予它一种强劲而豪迈的模样；它那下垂而丰盛的尾巴覆盖着、并且美观地结束着它的身躯的末端：马尾和鹿、象等的短尾，驴、骆驼、犀牛等的秃尾都大不相同，它是密而长的鬃毛构成的，仿佛这些鬃毛就直接从屁股上生长出来，因为长出鬃毛的那个小肉桩子很短。它不能和狮子一样翘起尾巴，但是它的尾巴两边摆动，它就有效地利用尾巴来驱赶苍蝇，这些苍蝇很使它苦恼，因为它的皮肤虽然很坚实，并且满生着厚密的短毛，却还是十分敏感的。

［选自《自然史》，（法）乔治·布封著，杨卓宁编译，人民邮电出版社，2017 年版］

【思考与练习】

1.《到尼亚加拉大瀑布》是如何写景的？

2. 蒙古族堪称马背民族，在漫长的历史长河中，马的兴衰一直与蒙古族荣辱水乳交融，蒙古族马文化与能征善战的蒙古民族一同载入史册。说一说你了解的蒙古马文化。

3. 请运用对比的手法描写你喜欢的一种动物。

我的伊豆

（日）川端康成

伊豆是诗的故乡，世上的人这么说。

伊豆是日本历史的缩影，一个历史学家这么说。

伊豆是南国的楷模，我要再加上一句。

伊豆是所有的山色海景的画廊，还可以这么说。

整个伊豆半岛是一座大花园，一所大游乐场。就是说，伊豆半岛到处都具有大自然的惠赠，都富有美丽的变化。

如今，伊豆有三个入口：下田，三岛修善寺，热海。不管从哪里进去，首先迎接你的，是堪称伊豆的乳汁和肌体的温泉。然而，由于选择的入口不同，你定会感到有三个各不相同的伊豆呢。

北面的修善寺和南面的下田这两条通道，在天城山口相会合。山北称外伊豆，属田方郡，山南称内伊豆，属贺茂郡。南北两面不仅植物种类和花期各异，而且山南的天空和海色，都洋溢着南国的气息。天城火山脉东西约四十四公里，南北约二十四公里，占据着半岛的三分之一。海面的黑潮从三面包围着半岛。这山，这海，便是给伊豆增添光彩的两大要素。倘若把茶花当作海岸边的花，那么，石楠花就是天城山上的花。山谷幽邃，原生林木森严茂密，使你很难想象这原是个小小的半岛。天城山是闻名的狩鹿的场所，只有翻过这座山峦，才能尝到伊豆旅情的滋味。

开往热海的火车时髦得很，称为“罗曼车”。情死是热海的名产。热海是伊豆的都会，它是在关东温泉之乡中富有现代特征的城市。倘若把修善寺称为历史上的温泉，那么，热海便是地理上的温泉。修善寺附近，清静，幽寂；热海附近，热烈，俏丽。伊豆到伊东一带的海岸线，令人想起南欧来，这里显示着伊豆明朗的容颜。同是南国风韵，伊豆的海岸线多像一曲素朴的牧歌啊。

伊豆有热海、伊东、修善寺和长冈四大温泉，共有二三十个喷口，仅伊东就有数百处泉流。这些都是玄岳火山、天城火山、猫越火山、达磨火山的遗迹。伊豆，是男性火山之国的代表。此外，热海的间歇泉，下加茂峰的吹上温泉，拍击着半岛南端的石廊崎的巨涛，狩野川的洪水，海岸线的岩壁，茂盛的植物……所有这些，都带着男性的威力。

然而，各处涌流的泉水，使人联想起女乳的温暖和丰足，这种女性般的温暖与丰足，正是伊豆的生命。尽管田地极少，但这里有合作村，有无税町，有山珍海味，有饱享黑潮和日光馈赠，呈现着麦青肤色的温淑的女子。

铁路只有热海线和修善寺线，而且只通到伊豆的入口，在丹那线和伊豆环行线建成之前，这里的交通很是不便。代之而起的是四通八达的公共汽车。走在伊豆的旅途上，随时可以听到马车的笛韵和江湖艺人的歌唱。

主干道随着海滨和河畔延伸。有的由热海通向伊东，有的由下田通向东海岸，有的沿西海岸绵延开去，有的顺着狩野川畔直上天城山，再沿着海津川和逆川南下……温泉就散缀在这些公路的两旁。此外，由箱根到热海的山道，猫越的松崎道，由修善寺通向伊东的山道，所有这些山道，也都把伊豆当成了旅途中的乐园和画廊。

伊豆半岛西起骏河湾，东至相模湾，南北约五十九公里，东西最宽处约三十六公里，面积约四百零六平方公里，占静冈县的五分之一。面积虽小，但海岸线比起骏河、远江两地的总和还长。火山重叠，地形复杂，致使伊豆的风物极富于变化。

现在，人们都这么说，伊豆的长津吕是全日本气候最宜人的地方，整个半岛就像一个大花园。然而在奈良时代，这里却是可怕的流放地。到源赖朝举兵时，才开始兴旺发达起来。幕府末期，曾一度有外国黑船侵入。这里的史迹不可胜数，其中有范赖、赖家遭受禁闭的修善寺，有掘越御所的遗址，有北条早云的韭山城等。

请不要忘记，自古以来，伊豆在日本造船史上，发挥着重大的作用，这正因为伊豆是大海和森林的故乡啊。

（选自《外国名家散文经典》，长江文艺出版社，1996 年版）

【导读】

川端康成（1899—1972），新感觉派作家，著名小说家，日本文学界“泰斗级”人物。1968 年以《雪国》、《古都》、《千只鹤》三部代表作获得诺贝尔文学奖，成为继泰戈尔和约瑟夫·阿格农之后第三位获得诺贝尔文学奖的亚洲人。

【拓展阅读】

谈 读 书

（英）培根

学习的目的在于使人愉悦，在于装饰和增长才能。当你孤独寂寞时，读书可以令人心情舒畅；当你在高谈阔论时，学识是一种很好的装饰；当你在处世行事时，正确运用学识可以显示出个人的才能。

经验丰富的庄家，虽然善于正确判断细枝末节的小事，但要做到纵观全局、运筹帷幄，则非学识广博者莫属了。读书费时过多是懒散；将学问过度用来装饰是虚伪；完全凭借书本教条断事则是老学究。

学习可以完善人的天性，而经验又可以完善学识。因为人的天性犹如自然界野生的花草，读书就好像修剪花草。而学识本身，虽能指引方向，但往往流于浅泛，如果不受经验的约束，则难免会沦为空谈，贫乏无物。

有一技之长的人蔑视学识，头脑简单的人羡慕学识，而聪明的人则运用学识。学问本身并没有教人如何运用它，这种使用之道存在于书本之外，要通过实践和观察才能领会。

读书不可怀着抵触驳斥的目的，不可轻信盲从，更不可只为了寻求谈资而断章取义，而应仔细权衡，深思熟虑。

书籍好比食品，有些只需浅尝辄止，有些可以囫囵吞枣，而为数不多的则需要细嚼慢咽。换句话说，有些书只需读其部分，有些书可以读其大概，无需细读，而少数书则应当全神贯注地通读、细读。也就是说，有些书可以找人代读，然后读其摘要笔记，但这种方式只能用于次等重要的、不入流的书籍，否则提炼出的摘要就如同蒸馏水一般平淡无味。

读书使人充实，谈话使人敏捷，写作则使人严谨。因此，一个不常做笔记的人，就必须拥有超强的记忆力；一个不常与人交谈的人，就必须具备睿智的天分；一个不常读书的人又想冒充博学多识，就必须有几分小聪明，以掩饰他的无知。读史使人明智，诗歌使人聪慧，数学使人精细，哲学使人深邃，伦理使人庄重，逻辑和修辞学使人能言善辩。总之，“读书可以修身养性”。

不仅如此，但凡心智上的各种缺陷，都可以通过适当的学问予以弥补，就像身体上的种种疾病，都可以借助合适的运动得以治疗一样。例如，“滚球”有益于腰肾，射箭有益于胸肺，慢跑有益于肠胃，骑马有益于头脑，诸如此类。因此，对于心思散漫、难以集中的人，可以让他研究数学，因为在数学论证中稍一走神就得从头再来。对于缺乏分辨能力的人，最好让其研究经院哲学，因为这一派的学者都是吹毛求疵的人。对于不善于推理、阐述论证的人，可以让他学习法律案例。如此看来，心智上的任何缺陷，都可以通过专门的处方予以医治。

[选自《谈读书》，（英）培根著，储琢佳译，江苏凤凰文艺出版社，2018年版]

【思考与练习】

1. 据你了解在作者眼中伊豆是一个怎样的地方？本文开篇布局奇特，有什么好处？作者在文章的倒数第二段叙述了奈良、源赖朝和幕府末期的伊豆，如此安排有何作用？

2. 请课下阅读小说《伊豆的舞女》，感受日本文化。

3. 谈谈读书的好处。

第五单元　小　　说

天鹅之死

汪曾祺

"阿姨，都白天了，怎么还有月亮呀？"

"阿姨，月亮是白色的，跟云的颜色一样。"

"阿姨，天真蓝呀。"

"蓝色的天，白色的月亮，月亮里有蓝色的云，真好看呀！"

"真好看！"

"阿姨，树叶都落光了。树是紫色的。树干是紫色的。树枝也是紫色的。树上的风也是紫色的。真好看！"

"阿姨，你好看！"

"我从前好看。"

"不！你现在也好看。你的眼睛好看。你的脖子，你的肩，你的腰，你的手，都好看。你的腿好看。你的腿多长呀。阿姨，我们爱你！"

"小朋友，我也爱你们！"

"阿姨，你的腿这两天疼了吗？"

"没有。要上坡了，小朋友，小心！"

"哦！看见玉渊潭了！"

"玉渊潭的水真清呀！"

"阿姨，那是什么？雪白雪白的，像花一样的发亮，一，二，三，四。"

白蕤从心里发出一声惊呼：

"是天鹅！"

"是天鹅？"

"冬泳的叔叔，那是天鹅吗？"

"是的，小朋友。"

“它们是怎么来的?”
“它们是自己飞来的。”
“它们从哪儿飞来?”
“从很远很远的北方。”
“是吗?——欢迎你，白天鹅!”
“欢迎你到我们这儿来作客!”

天鹅在天上飞翔，
去寻找温暖的地方。
飞过了大兴安岭，
雪压的落叶松的密林里，闪动着鄂温克族狩猎队篝火的红光。
白蕤去看乌兰诺娃，去看天鹅。
大提琴的柔风托起了乌兰诺娃的双臂，钢琴的露珠从她的指尖流出。
她的柔弱的双臂伏下了。
又轻轻地挣扎着，抬起了脖颈。
钢琴流尽了最后的露滴，再也没有声音了。
天鹅死了。
白蕤像是在一个梦里。
她的眼睛里都是泪水。
她的眼泪流进了她的梦。

天鹅在天上飞翔。
去寻找温暖的地方。
飞过了呼伦贝尔草原，
草原一片白茫茫。
圈儿河依恋着家乡，
它流去又回头。
在雪白的草原上，
画出了一个又一个铁青色的圆圈。

白蕤考进了芭蕾舞校。经过刻苦的训练，她的全身都变成了音乐。
她跳《天鹅之死》。
大提琴和钢琴的旋律吹动着她的肢体，她的手指和足尖都在想象。

天鹅在天上飞翔，
去寻找温暖的地方。

某某去看了芭蕾。
他用猥亵的声音说：
“这他妈的小妞儿！那胸脯，那小腰，那么好看的大腿！……”
他满嘴喷着酒气。
他做了一个淫荡的梦。

天鹅在天上飞翔，
去寻找温暖的地方。
“文化大革命”。中国的森林起了火了。
白蕤被打成了现行反革命。因为她说：
“《天鹅之死》就是美！乌兰诺娃就是美！”

天鹅在天上飞翔。
某某成了“工宣队员”。
他每天晚上都想出一种折磨演员的花样。
他叫她们背着床板在大街上跑步。
他叫她们做折损骨骼的苦工。
他命令白蕤跳《天鹅之死》。
“你不是说《天鹅之死》就是美吗？你给我跳，跳一夜！”
录音机放出了音乐。音乐使她忘记了眼前的一切。她快乐。
她跳《天鹅之死》。
她看看某某，发现他的下牙突出在上牙之外。北京人管这种长相叫“地包天”。
她跳《天鹅之死》。
她羞耻。
她跳《天鹅之死》。
她愤怒。
她跳《天鹅之死》。
她摔倒了。
她跳《天鹅之死》。

天鹅在天上飞翔，
去寻找温暖的地方。
飞过太阳岛，
飞过松花江。
飞过华北平原，
越冬的麦粒在松软的泥土里睡得正香。
经过长途飞行，天鹅的体重减轻了，但是翅膀上增添了力量。

天鹅在天上飞翔，
在天上飞翔，
玉渊潭在月光下发亮。
“这儿真好呀！这儿的水不冻，这儿暖和，咱们就在这儿过冬，好吗？”
四只天鹅翩然落在玉渊潭上。

白蕤转业了。她当了保育员。她还是那样美，只是因为左腿曾经骨折，每到阴天下雨，就隐隐发痛。

自从玉渊潭来了天鹅，她隔两三天就带着孩子们去看一次。

孩子们对天鹅说：

“天鹅天鹅你真美！”

“天鹅天鹅我爱你！”

“天鹅天鹅真好看！”

“我们和你来做伴！”

甲、乙两青年，带了一支猎枪，偷偷走近玉渊潭。

天已经黑了。

一声枪响，一只天鹅毙命。其余的三只，惊恐万状，一夜哀鸣。

被打死的天鹅的伴侣第二天一天不鸣不食。

傍晚七点钟时还看见它。

半夜里，它飞走了。

白蕤看着报纸，她的眼前浮现出一张“地包天”的脸。

“阿姨，咱们去看天鹅。”

“今天不去了，今天风大，要感冒的。”

“不嘛！去！”

天鹅还在吗?

在!

在那儿，在靠近南岸的水面上。

“天鹅天鹅你害怕吗?”

“天鹅天鹅你别怕!”

湖岸上有好多人来看天鹅。

他们在议论。

“这个家伙，这么好看的东西，你打它干什么?”

“想吃天鹅肉。”

“想吃天鹅肉。”

“都是这场‘文化大革命’闹的! 把一些人变坏了，变得心狠了! 不知爱惜美好的东西了!”

有人说，那一只也活不成。天鹅是非常恩爱的。死了一只，那一只就寻找一片结实的冰面，从高高的空中摔下来，把自己的胸脯在坚冰上撞碎。

孩子们听着大人的议论，他们好像是懂了，又像是没有懂。他们对着湖面呼喊:

“天鹅天鹅你在哪儿?”

“天鹅天鹅你快回来!”

孩子们的眼睛里有泪。

他们的眼睛发光，像钻石。

他们的眼泪飞到天上，变成了天上的星。

一九八〇年十二月十九日清晨
一九八七年六月七日校，泪不能禁。
（选自《汪曾祺精短篇小说选》，汪曾祺著，新华出版社，2013 年版）

【导读】

汪曾祺（1920—1997)，中国当代作家、散文家、戏剧家、京派作家的代表人物，被誉为“中国最后一个士大夫”。汪曾祺在短篇小说创作上颇有成就，他的小说以含蓄、淡远的文笔构建深厚的文化意蕴。《天鹅之死》写于 1980 年，是其短篇小说的代表作。

《天鹅之死》是一部带有悲剧意味的短篇小说，作者用质朴清新的文字，描绘出意境隽永、回味悠长的故事，其中蕴含的无奈、苦涩和挣扎深深地触动着读者的心灵，那充满凄美的诗意令人久久回味。

【思考与练习】

1. 小说叙述了什么故事？试着概括故事的主要内容。

2. 小说以“天鹅之死”为标题，意蕴丰富，结合文章谈谈对不同“天鹅”的理解。

稻 草 人

叶圣陶

田野里白天的风景和情形，有诗人把它写成美妙的诗，有画家把它画成生动的画。到了夜间，诗人喝了酒，有些醉了；画家呢，正在抱着精致的乐器低低地唱：都没有工夫到田野里来。那么，还有谁把田野里夜间的风景和情形告诉人们呢？有，还有，就是稻草人。

基督教里的人说，人是上帝亲手造的。且不问这句话对不对，咱们可以套一句说，稻草人是农人亲手造的。他的骨架子是竹园里的细竹枝，他的肌肉、皮肤是隔年的黄稻草。破竹篮子、残荷叶都可以做他的帽子；帽子下面的脸平板板的，分不清哪里是鼻子，哪里是眼睛。他的手没有手指，却拿着一把破扇子——其实也不能算拿，不过用线拴住扇柄，挂在手上罢了。他的骨架子长得很，脚底下还有一段，农人把这一段插在田地中间的泥土里，他就整天整夜站在那里了。

稻草人非常尽责任。要是拿牛跟他比，牛比他懒怠多了，有时躺在地上，抬起头看天。要是拿狗跟他比，狗比他顽皮多了，有时到处乱跑，累得主人四处去找寻。他从来不嫌烦，像牛那样躺着看天；也从来不贪玩，像狗那样到处乱跑。他安安静静地看着田地，手里的扇子轻轻摇动，赶走那些飞来的小雀，他们是来吃新结的稻穗的。他不吃饭，也不睡觉，就是坐下歇一歇也不肯，总是直挺挺地站在那里。

这是当然的，田野里夜间的风景和情形，只有稻草人知道得最清楚，也知道得最多。他知道露水怎么样凝在草叶上，露水的味道怎么样香甜，他知道星星怎么样眨眼，月亮怎么样笑；他知道夜间的田野怎么样沉静，花草树木怎么样酣睡；他知道小虫们怎么样你找我、我找你，蝴蝶们怎么样恋爱；总之，夜间的一切他都知道得清清楚楚。

以下就讲讲稻草人在夜间遇见的几件事儿。

一个满天星斗的夜里，他看守着田地，手里的扇子轻轻摇动。新出的稻穗一个挨一个，星光射在上面，有些发亮，像顶着一层水珠；有一点儿风，就沙拉沙拉地响。稻草人看着，心里很高兴。他想，今年的收成一定可以使他的主人——一位可怜的老太太——笑一笑了。她以前哪里笑过呢？八九年前，她的丈夫死了。她想起来就哭，眼睛到现在还红着；而且成了毛病，动不动就流泪。她只有一个儿子，娘儿两个费苦力种这块田，足足有三年，才勉强把她丈夫的丧葬费还清。没想到儿子紧接着得了白喉，也死了。她当时昏过去了，后来就落了个心痛的毛病，常常犯。这回只剩她一个人了，老了，没有气力，还得用力耕种，又挨了三年，总算把儿子的丧葬费也还清了。可是接着两年闹水，稻子都淹了，不是烂了就是发了芽。她的眼泪流得更多了，眼睛受了伤，看东西模糊，稍微远一点儿就看不见。她的脸上满是皱纹，倒像个风干的橘子，哪里会露出笑容来呢！可是今年的稻子长得好，很壮实，雨水又不多，像是能丰收似的。所以稻草人替她高兴：想到收割的那一天，她看见收下的稻穗又大又饱满，这都是她自己的，总算没有白受累，脸上的皱纹一定会散开，露出安慰的满意的笑容吧。如果真有这一笑，在稻草人看来，那就比星星月亮的笑更可爱，更可珍贵，因为他爱他的主人。

稻草人正在想的时候，一个小蛾飞来，是灰褐色的小蛾。他立刻认出那小蛾是稻子的仇敌，也就是主人的仇敌。从他的职务想，从他对主人的感情想，都必须把那小蛾赶跑了才是。于是他手里的扇子摇动起来。可是扇子的风很有限，不能够教小蛾害怕。那小蛾飞了一会儿，落在一片稻叶上，简直像不觉得稻草人在那里驱逐他似的。稻草人见小蛾落下了，心里非常着急。可是他的身子跟树木一样，定在泥土里，想往前移动半步也做不到；扇子尽管摇动，那小蛾却依旧稳稳地歇着。他想到将来田里的情形，想到主人的眼泪和干瘪的脸，又想到主人的命运，心里就像刀割一样。但是那小蛾是歇定了，不管怎么赶，他就是不动。

星星结队归去，一切夜景都隐没的时候，那小蛾才飞走了。稻草人仔细看那片稻叶，果然，叶尖卷起来了，上面留着好些小蛾下的子。这使稻草人感到无限惊恐，心想祸事真个来了，越怕越躲不过。可怜的主人，她有的不过是两只模糊的眼睛；要告诉她，使她及早看见小蛾下的子，才有挽救呢。他这么想着，扇子摇得更勤了。扇子常常碰在身体上，发出啪啪的声音。他不会叫喊，这是惟一的警告主人的法子了。

老妇人到田里来了。她弯着腰，看看田里的水正合适，不必再从河里车水进来。又看看她手种的稻子，全很壮实；摸摸稻穗，沉甸甸的。再看看那稻草人，帽子依旧戴得很正，扇子依旧拿在手里，摇动着，发出啪啪的声音；并且依旧站得很好，直挺挺的，位置没有动，样子也跟以前一模一样。她看一切事情都很好，就走上田岸，预备回家去搓草绳。

稻草人看见主人就要走了，急得不得了，连忙摇动扇子，想靠着这急迫的声音把主人留住。这声音里仿佛说：“我的主人，你不要去呀！你不要以为田里的一切事情都很好，天大的祸事已经在田里留下根苗了。一旦发作起来，就要不可收拾，那时候，你就要流干了眼泪，揉碎了心；趁着现在赶早扑灭，还来得及。这儿，就在这一棵上，你看这棵稻子的叶尖呀！”他靠着扇子的声音反复地警告；可是老妇人哪里懂得，一步一步地走远了。他急得要命，还在使劲摇动扇子，直到主人的背影都望不见了，他才知道警告是无效了。

除了稻草人以外，没有一个人为稻子发愁。他恨不得一下子跳过去，把那灾害的根苗扑灭了；又恨不得托风带个信，叫主人快快来铲除灾害。他的身体本来很瘦弱，现在怀着愁闷，更显得憔悴了，连站直的劲儿也不再有，只是斜着肩，弯着腰，好像害了病似的。

不到几天，在稻田里，蛾下的子变成的肉虫，到处都是了。夜深人静的时候，稻草人听见他们咬嚼稻叶的声音，也看见他们越吃越馋的嘴脸。渐渐地，一大片浓绿的稻全不见了，只剩下光秆儿。他痛心，不忍再看，想到主人今年的辛苦又只能换来眼泪和叹气，禁不住低头哭了。

这时候天气很凉了，又是在夜间的田野里，冷风吹得稻草人直打哆嗦；只因为他正在哭，没觉得。忽然传来一个女人的声音：“我当是谁呢，原来是你。”他吃了一惊，才觉得身上非常冷。但是有什么法子呢？他为了尽责任，而且行动不由自主，虽然冷，也只好站在那里。他看那个女人，原来是一个渔妇。田地的前面是一条河，那渔妇的船就停在河边，舱里露出一丝微弱的火光。她那时正在把撑起的鱼罾放到河底；鱼罾沉下去，她坐在岸上，等过一会儿把它拉起来。

舱里时常传出小孩子咳嗽的声音，又时常传出困乏的、细微的叫妈的声音。这使她很焦心，她用力拉罾，总像很不顺手，并且几乎回回是空的。舱里的孩子还在咳嗽还在喊，她就向舱里说：“你好好儿睡吧！等我得着鱼，明天给你煮粥吃。你老是叫我，叫得我心都乱了，怎么能得着鱼呢！”

孩子忍不住，还是喊：“妈呀，把我渴坏了！给我点儿茶喝！”接着又是一阵咳嗽。

“这里哪来的茶！你老实一会儿吧，我的祖宗！”

“我渴死了！”孩子竟大声哭起来。在空旷的夜间的田野里，这哭声显得格外凄惨。

渔妇无可奈何，放下拉罾的绳子，上了船，进了舱，拿起一个碗，从河里舀了一碗水，转身给孩子喝。孩子一口气把水喝下去，他实在渴极了。可是碗刚放下，他又咳嗽起来；而且更厉害了，后来就只剩下喘气。

渔妇不能多管孩子，又上岸去拉她的罾。好久好久，舱里没有声音了，她的罾也不知又空了几回，才得着一条鲫鱼，有七八寸长。这是头一次收获，她很小心地把鱼从罾里取出来，放在一个木桶里，接着又把罾放下去。这个盛鱼的木桶就在稻草人的脚旁边。

这时候稻草人更加伤心了。他可怜那个病孩子，渴到那样，想一口茶喝都办不到；病到那样，还不能跟母亲一起睡觉。他又可怜那个渔妇，在这寒冷的深夜里打算明天的粥，所以不得不硬着心肠把生病的孩子扔下不管。他恨不得自己去做柴，给孩子煮茶喝；恨不得自己去做被褥，给孩子一些温暖；又恨不得夺下小肉虫的赃物，给渔妇煮粥吃。如果他能走，他一定立刻照着他的心愿做；但是不幸，他的身体跟树木一个样，定在泥土里，连半步也不能动。他没有法子，越想越伤心，哭得更痛心了。忽然啪的一声，他吓了一跳，停住哭，看出了什么事情，原来是鲫鱼被扔在木桶里。

木桶里的水很少，鲫鱼躺在桶底上，只有靠下的一面能够沾一些潮润。鲫鱼很难受，想逃开，就用力向上跳。跳了好几回，都被高高的桶框挡住，依旧掉在桶底上，身体摔得很疼。鲫鱼的向上的一只眼睛看见稻草人，就哀求说："我的朋友，你暂且放下手里的扇子，救救我吧！我离开我的水里的家，就只有死了。好心的朋友，救救我吧！"

听见鲫鱼这样恳切的哀求，稻草人非常心酸；但是他只能用力摇动自己的头。他的意思是说："请你原谅我，我是个柔弱无能的人哪！我的心不但愿意救你，并且愿意救那个捕你的妇人和她的孩子，除了你、渔妇和孩子，还有一切受苦受难的。可是我跟树木一样，定在泥土里，连半步也不能自由移动，我怎么能照我的心愿去做呢！请你原谅我，我是个柔弱无能的人哪！"

鲫鱼不懂稻草人的意思，只看见他连连摇头，愤怒就像火一般地烧起来了。"这又是什么难事！你竟没有一点儿人心，只是摇头！原来我错了，自己的困难，为什么求别人呢！我应该自己干，想法子，不成，也不过一死罢了，这又算得了什么！"鲫鱼大声喊着，又用力向上跳，这回用了十二分力，连尾巴和胸鳍的尖端都挺了起来。

稻草人见鲫鱼误解了他的意思，又没有方法向鲫鱼说明，心里很悲痛，就一面叹气一面哭。过了一会儿，他抬头看看，渔妇睡着了，一只手还拿着拉罾的绳，这是因为她太累了，虽然想着明天的粥，也终于支持不住了。桶里的鲫鱼呢？跳跃的声音听不见了，尾巴好像还在断断续续地拨动。稻草人想，这一夜是许多痛心的事都凑在一块儿了，真是个悲哀的夜！可是看那些吃稻叶的小强盗，他们高兴得很，吃饱了，正在光秆儿上跳舞呢。稻子的收成算完了，主人的衰老的力量又白费了，世界上还有比这更可怜的吗！

夜更暗了，连星星都显得无光。稻草人忽然觉得由侧面田岸上走来一个黑影，近了，仔细一看，原来是个女人，穿着肥大的短袄，头发很乱。她站住，望望停在河边的渔船；一转身，向着河岸走去；不多几步，又直挺挺地站在那里。稻草人觉得很奇怪，就留心看着她。

一种非常悲伤的声音从她的嘴里发出来，微弱，断断续续，只有听惯了夜间一切细小声音的稻草人才听得出。那声音说："我不是一头牛，也不是一口猪，怎么能让你随便卖给人家！我要跑，不能等着明天真个被你卖给人家。你有一点儿钱，不是赌两场输了就是喝几天黄汤花了，管什么用！你为什么一定要逼我？……只有死，除了死没有别的路！死了，到地下找我的孩子去吧！"这些话又哪里成话呢，哭得抽抽搭搭的，声音都被搅乱了。

稻草人非常心惊，又是一件惨痛的事情让他遇见了。她要寻死呢！他着急，想救她，自己也不知道为什么。他又摇起扇子来，想叫醒那个沉睡的渔妇。但是办不到，那渔妇睡得跟死了似的，一动也不动。他恨自己，不该像树木一样定在泥土里，连半步也不能动。见死不救不是罪恶吗？自己就正在犯着这种罪恶。这真是比死还难受的痛苦哇！"天哪，快亮吧！农人们快起来吧！鸟儿快飞去报信吧！风快吹散她寻死的念头吧！"他这样默默地祈祷；可是四围全是黑洞洞的，也没有一丝儿声音。他心碎了，怕看又不能不看，就胆怯地死盯着站在河边的黑影。

那女人沉默着站了一会儿，身子往前探了几探。稻草人知道可怕的时候到了，手里的扇子拍得更响。可是她并没跳，又直挺挺地站在那里。

又过了好大一会儿，她忽然举起胳膊，身体像倒下一样，向河里窜去。稻草人看见这样，没等到听见她掉在水里的声音，就昏过去了。

第二天早晨，农人从河岸经过，发现河里有死尸，消息立刻传出去。附近的男男女女都跑来看。嘈杂的人声惊醒了酣睡的渔妇，她看那木桶里的鲫鱼，已经僵僵地死了。她提了木桶走回船舱；生病的孩子醒了，脸显得更瘦了，咳嗽也更加厉害。那老农妇也随着大家到河边来看；走过自己的稻田，顺便看了一眼。没想到才几天工夫，完了，稻叶稻穗都没有了，只留下直僵僵的光秆儿。她急得跺脚，捶胸，放声大哭。大家跑过来问她劝她，看见稻草人倒在田地中间。

（选自《叶圣陶：儿童文学全集》，叶圣陶著，中国少年儿童出版社，2005 年版）

【导读】

叶圣陶（1894—1988），原名叶绍钧，20 世纪我国一位杰出的教育家，又是中国现代儿童文学创作的先行者。1916 年发表的第一篇童话故事《稻草人》是中国儿童文学史上的一座里程碑。他也是我国现代作家，长篇小说《倪焕之》是其现代文学的代表作。

《稻草人》是我国第一本专为儿童创作的童话集，是我国现代儿童文学史上的一块丰碑，为我国童话创作开辟了新的道路。这篇童话与当时流行的“王子公主”的童话模式不同，它直面人生，扩大题材，把现实事件引进童话创作领域，通过一个富有同情心而又无能为力的稻草人的所闻所思，真实地描绘了 20 年代中国农村风雨飘摇的人间惨状。

【思考与练习】

1. 文中通过描写老妇人、渔妇、弱女子的不幸遭遇，反映了我国 20 世纪二三十年代怎样的社会现实？

2. 分析稻草人形象。

琥珀色的篝火

乌热尔图

猎人尼库和他的儿子，还有妻子塔列走在山路上。

尼库高个儿头。他那被九月的太阳晒得发黑的脸，拉得挺长，显得很难看。秋卡头发蓬乱，牵着驯鹿，一窜一窜地跟在父亲身后，几乎在小跑。孩子的母亲骑在一头粗壮的驯鹿背上，弓着腰，垂着头，用深绿色的头巾包住额头。还有两头驮着炊具和行装的灰白色驯鹿，张着大嘴，晃着锯掉了茸角的光秃秃的脑袋，颠着碎步，跟在最后。

现在是黄昏，林子里倾斜的光线变成了玫瑰色。树枝上的鸟儿扯着嗓门叫着，发出各种悦耳动听的音调，可谁也没有兴趣理睬它们。

“爸爸！”

走在前面的尼库扭过头来，瞥了一眼儿子。

“太阳快下去了，还没到呀？”

尼库紧绷着脸，没说什么。他把目光投向妻子。他的妻子脸色苍白，眼神暗淡无光。他皱起眉头，心好像被什么东西揪了一下。他的步子迈得更大了，两眼盯着前面淡褐色的山脊。

他们走得很快。走过又高又密的松林，尼库收住脚步，低头盯着一条野鹿走过的小径。这样的小径常被人当成小路。小径上果真留着一片杂乱的印迹，不知是什么人走的脚印。这些足迹还很新鲜，被它踩倒的嫩草冒着叶浆，地面上几片掀翻了的枯叶散发着湿乎乎的霉味。

“秋卡——过来!”尼库呼唤着儿子。他声音不高，嘴撇了一下，脸上的皱纹连在一起。

秋卡牵着驯鹿的缰绳，倚在一棵小树上，真累乏了。听到喊声，他扶了扶被病痛折磨着的母亲，晃着又瘦又窄的膀子，慢腾腾地走过来。

“哪儿飞来这么几只鸟儿？真他妈的笨透了!”尼库低声骂了一句，顿了顿脚，在地上吐了口痰，继续朝前走去。

谁也没有再说什么。天快黑了，人太乏了。当跨过这片足迹的时候，塔列挺起精神，在驯鹿背上皱着眉头朝下瞅了瞅。

太阳悄悄地溜走了，林子里已经看不见它的影儿。他们来到小河边。这是猎人常用的露营地。露营地是靠近河边的一块平地，平地中间有一堆残灰。尼库砍来一抱细软的树枝，铺在潮湿的地面。秋卡把母亲扶下驯鹿，扯过一张犴皮铺在地上，让母亲躺在那里。秋卡忙了起来。他卸下驯鹿的鞍具，找来旧木桦，给每头驯鹿上妥蹄绊。然后把它们撵进林子，让驯鹿自己去找苔藓和蘑菇吃。

树枝上的鸟儿叫得真欢，就是几只喜欢熬夜的鸟儿。小河变得比白天还急躁。水流得哗哗响。天黑了。

篝火着了起来。尼库盘腿坐在火边，翻弄着木叉上的烤肉。吊锅里炖的肉粥咕咕地翻着气泡。从他背后传来塔列的咳嗽声，伴随着低沉的呻吟。

“我们吃饭吧，秋卡。”尼库说。

他从身旁的皮驮袋里取出三个小碗，两个厚厚的烤饼，还有一包白糖。他抽出猎刀，把烤饼切成块，摊在一张新剥的桦树皮上。这张米黄色的桦树皮成了干净的地桌。

“我……不想吃……一点也不饿。”塔列有气无力地说。

“还是吃点好。”尼库伸过粗硬的大手，在妻子额头上摸了摸，脸色阴沉，很难看。

“我……真挺不住了，驯鹿……都骑不稳，身子骨像散了架……咳……尼库，我胸口里有什么东西坏了，也许是烂了。”

“你累了，别瞎说。明天翻过前面的山脊下午就能赶到公路。顺当的话，晚上就住上医院了。”

“医院也……”她的声音很低。

“上次你真不该从医院跑回来。”

“在山上……我死了也不觉得难受……要不是怕你生气，这次我真不想下山……我真要死的话，早晚也得埋在山上。”

“你老说死，死！真烦人。秋卡，吃饱了吗？去把毛毯拿来。”

“你们一口都没吃！”秋卡站起来，映着火光的嫩脸变得暗淡，两片厚嘴唇噘了起来。

尼库上下打量着站在眼前的十四岁的儿子。他脸上虽然带着孩子气，可从他的眼神，全身的骨架，已经看得出将来他会成为有力气，有筋骨的猎手。尼库操起猎刀割块熏成暗红色的烤肉，填在嘴里，慢慢地嚼着。

秋卡双手抱膝躺在火堆边，小狗似的蜷卧在一块厚毛的獐子皮上，身上盖着毛毯睡着了。他眯着眼，半张着嘴，好像在梦里也为谁担忧。林子里真静。尼库紧闭着嘴，两眼直愣愣地盯着一个地方。塔列侧身倚着什么，半卧着，不时从她喉咙里发出一阵揪动人心的咳嗽声。

“尼库！”

“嗯。”

“你看星星，真多……天太晚了，你不想睡吗?”她望着头顶黑蓝色的夜空。

“我，不想睡，你睡吧。”

他抽了一块木柈，扔在火堆上，两眼死死地盯着它，全身一动不动。这块灰白色的木柈先是被暗红的火炭熏烤，发出几声细微的脆裂声。隔了一会儿，呼地一闪，木柈由下而上窜起几缕淡红的火苗。火苗开始的时候很弱，闪动了几下，转眼间变大了，变成一团明亮的，欢快的火。现在，他感到了这块木柈发出的全部热量，脸和手被它烤得热乎乎的。他感到说不出的快慰，还有一股由远而近、由近而远的暖气。可这一段时间太短暂了，短得真像一眨眼的功夫，那灼人的火光，透人心底的暖气，减弱了，消失了，这块木柈的全部热量燃烧掉了。它裂成几块，变成淡黄色的火炭，无声地跌落在火堆中。他看呆了，眼圈变得湿润，抓起一块烤肉，扔进火堆。烤肉冒了一缕细微的烟丝，眼看着烧成一团黑炭。他又把一块烤饼扔在里面，虔诚地望着，瞧着这堆有着自己生命的火。

“尼库！”

“哦。”

“你转过脸来，我想再说几句。”

“别说了，我不想听。你说一句话，比喝一口水都费劲。”

“尼库，你别这样。我想……告诉你，今天我从你身后，瞅着你的背、你的胳膊、你的两条腿，看你迈步，甩胳膊，我觉得心里真好受。我……想起，你第一次在桦树林里亲我，那时候我们真年轻。”

“塔列，你在说些什么?”他扭头瞅瞅自己的儿子，“你是不是在说胡话?”

“这不是胡话。昨天晚上，我是说了胡话。可现在不是。我……想起，你亲我的时候，我的心是怎么跳的，还想起，从那以后，让我高兴的事儿。咳——咳——尼库，你那么能干，喝醉酒也不像别人那样打自己的老婆。你多爱我呀！从你那次亲我，谁也没偷去我的心。它是你的。可我，我还是觉得对不起你。”她的声音变得颤抖。

“算了。你说这些干啥？我们都老了，老了，真老了！”

“一路上，我把这一生高兴的事儿，都想起来了。”

“你别说了，好不好?”

“我知道你心烦。”

“我烦透了。塔列！”

“我知道为什么?”

“为什么?”

“为我，还为那些脚印！”

“你也看见了？那几只鸟儿，真是笨透了。离小路只有几步远，蹭着边走过去，硬是没看见。妈的，看见他们没准我会用柳枝抽一顿。”

“尼库，你别那样。到了他们的城里，你也会迷路的。”

尼库扭过头去，盯着火，又垂下脑袋，神态十分苦恼。

“尼库，你想去。可你怕我……”塔列打起精神瞧着丈夫。在这个世界她是最了解他的人。

“可他们是三个人呀！是三个吗？那一阵儿，我头晕，两眼发花。”

“是三个人。这三个家伙拖着脚后跟，像受伤的野猪，可能……还没吃的，我在那儿瞧见他们的一摊屎，就像黑熊拉的。”

“你——去——吧！”

尼库很烦躁，他站起身，弯腰抱起几块木柈，哗的一声，压在火堆上，随后一屁股坐在那里，一句话也没说。火堆中响起木柴噼噼叭叭的爆裂声。

“咳——咳——尼库！我说话真费劲，心都跟着跳。你——去——吧。我知道你在等我这句话。”

尼库转过身来，凝视着妻子失去血色的脸。这张脸罩了一层橘黄色的火光。她年轻的时候多漂亮啊，他和她一起过了这么多年，从来也没觉得她难看。可现在，谁都感到自己老了，到了更加难离难舍的年纪了。他轻轻地抚摸着她那变得粗糙和松弛的脸，心里的血变得热乎乎的。他第一次这么强烈地体会到生命的美好，还有残存在心底的青春的气息。他觉得这一切并没有离开他。

“不要说这个好，那个好。你比谁都好……那你一定吃点东西。”他说。

“我吃。为了你，我也要吃一点。”

尼库轻轻地推了推睡得正香的儿子。“秋卡，你醒醒。”

秋卡睡意正浓。他翻个身，蹬了蹬腿，睁开眼睛，一挺腰，坐了起来，阴森森的冷气一吹，他打个哆嗦，急忙扯过毛毯裹在身上。

“秋卡，天亮你就把驯鹿赶回来。你听——在那片林子里，没走远。明早吃完东西就走，下午能到公路。堵一辆拉木头的汽车，就说是尼库的儿子，送妈妈下山看病，他们会把你们捎去的。”

“那你去哪儿？天这么黑！”

“去看那三个人。你在路上没看见他们的脚印？那是迷路了。”

孩子瞧着母亲，神色不安。

“不怕，孩子。给爸爸装点吃的。”塔列说。他的声音变得又低又哑。

秋卡借着闪动的火光取出食品，装在父亲的背夹子里。

“给你，斧子也得带上。”

尼库站在火堆旁，挺直了身腰，默默地望着妻子和孩子。他觉得该走了，弯腰把背夹子搭在后背，左肩挎上猎枪，右手拎着砍刀。火光在他的脸上闪来闪去。

“把路指给他们，我就往回走。明天也许能撵上你们。”说完，他迈开双腿，朝黑沉沉的林子里面走去。

秋卡裹着毛毯站在那里，呆呆地望着父亲黑黝黝的身影，这身影消失在一片昏暗中。他什么也看不见了，眼前是一堵黑色的墙，还有，从高高的墙顶透出的几块深蓝色的光斑。从那没有边沿的黑墙里传来一阵有节奏的砍树标的声音。渐渐地，声音越去越远了。

“这么黑，爸爸怎么看路？”秋卡站在那里一动不动。

“是呀，这时候野鹿的眼睛也不管用，它们要靠鼻子和耳朵。你爸爸，现在得靠他的脑袋。睡吧，孩子。”说完，她按着胸脯咳嗽起来，全身像痉挛似的抽动。

在林子里走夜路要比白天费力。尼库正在横穿黑幽幽的密林。他把一只手臂探在脸前，防止干硬的树梢划伤眼睛。他认为眼睛是最值得保护的。天要放亮时，他走出很远。他走的方向与公路正好相反。为此，他在心里把三个迷路人又臭骂了一顿。

这一天真糟，太阳还没升起来，就被厚厚的云块围住了。天空中的乌云翻腾起来，像一群松鼠在撕咬，追逐。尼库在林子里大步跑起来。他闻到了暴雨的气息。

暴雨到来之前，他总算找到了那些脚印。他松了口气，站在一棵树干下，任狂风吹拂自己发热的胸脯。他琢磨着那些拖拖拉拉的足迹，揣想那几个可怜的迷路人准是在绕一个山包转圈。他知道，眼下，他们的处境很危险。

大雨泼下来了，林子里原有的声音消失了，只有大粒的雨珠噼噼叭叭地落在树叶上、岩石上、河水里，汇成气势无比的音响，雨越下越大。

尼库走得更快了。他被淋得浑身精湿，全身颤抖的冷气针刺般穿透胸脯，朝他的心底逼进。这样冷飕飕的秋雨是能冻死人的。他的脑袋里闪出迷路人的影子：绝望的，饥饿的，僵硬的。眼前出现的变幻不定的情景，鞭子似的抽打着他的背脊。

他觉得这一天特别长。雨势弱下来的时候，他终于发现自己全力寻找的目标。三个迷路人蜷缩在一个陡峭的石壁下。铁青的岩石用冰冷的爪子，抓住了他们的肉体。

他站在他们面前。这是三个穿着野外作业服的陌生人。看来，是从很远的地方来的。也许为干件大事儿，甘心来冒这么大风险。他盯着一张年轻的脸，这还是个孩子。他那又厚又密的黑发，被冰冷的雨水粘在一起，有几绺垂在平滑的额头上。手臂搂着这个年轻人的是戴着眼镜的老头儿。他额头光秃，脸上的皱纹已经不少，还有一个中年人，好像在做梦，脸上挂着青紫的笑纹。

他喘了口长气，甩了一把脸上的水珠，从肩上取下猎枪，倚放在一块岩石上，把背夹子一甩，砰地扔在地上，身上那件湿淋淋的上衣，也被他“哗”地一扯，抛在一旁。他凑上前去伸手摸了摸那一张张冰冷的脸，把手放在年轻人的嘴唇上。他感觉到一丝微弱的气息。他用力扯了一把，觉得这个活着的血肉像一具由软变僵的新尸。他对准他的胸脯，猛捶一拳。年轻人哼了哼，声音那么微弱，眼神闪了闪，又被僵硬的眼皮遮住了。由于极度饥饿、疲乏引起的各种感觉，在他身上骤然消失了，一切都变得可以忍受，可以坚持。他解下背夹子上的斧头，左右望了望。附近青紫色的冷雾中，有片被雨水冲洗得十分新鲜的松林。他摇晃着双肩，迈着沉重的脚步，朝那里走去。

他在林子里四处寻找。他找到一棵枯死的松树，这棵树没有枝杈、光秃秃的。他用斧背敲敲外表湿润的树干，树干发出咚咚的声音。他挥起锋利的小斧，砍着树干的根部，树被砍倒了。失去根基支撑的树干猛地摔在岩石上，拦腰断成两截，从断裂处露出灰白的、干硬的木质。他又在林子里找了截碗口粗干枯的柳木，挟在腋下。他把半截树干扛在右肩，拎着小斧往回走来。

他干的真猛。一会儿功夫，半截树干劈成一堆细长的木柈，木柈散发着松脂的清香。

他蹲在地上，抽出猎刀，削起那截柳木，柳木外表的湿皮被削掉了，露出里面干爽的木芯，木芯很快又削成了花瓣似的木屑。这一切他做得很熟练，迅速。随后，他从贴身衣兜里掏出一个小巧的桦皮盒，打开木塞，抖出一盒火柴。嚓地一声，微小的火花在那堆木屑上跳了一下，冒起一缕青烟。紧接着，木屑变成火团，发出呼呼的燃烧声。他在火团上横竖交叉压了几块木柈。一堆篝火着了起来，火光是琥珀色的，很好看。在这满是水气、被暴雨糟蹋的林子里，用这么短的时间生起一堆火，他觉得挺愉快。

他砍来树枝，散铺在火堆四周，把三个冻僵的迷路人拖到火堆边。

他忙着，奔来奔去。帐篷终于搭成了，完全是鄂温克式的。它圆锥形，尖顶，四周的围子是用爬松枝排满的。简易帐篷里的火很旺，热气逼人。

“妈的，我干得不错，真顺当！”他对自己很满意。“我还没老，就是小伙子们这样干，也要累瘫的。”他想。

他用最后一点力气，把三个迷路人的湿乎乎的外衣脱掉，挂在火堆上面的枝杈上。从背夹子里取出带来的烤饼、烤肉，摊在火堆边。他想，这些很快就会暖和过来的迷路人，会吃掉这些东西的。

他觉得再也支撑不住了，难以忍受的饥饿，极度的疲劳，使他头晕、想吐、心慌。他还想干点什么，可失去头脑支配的肉体，软软地瘫在火堆边。他仰起头，望见树梢间露出两颗浅黄色的星星。好像有道闪电在他眼前划过。他想起病重的妻子，还有十四岁的儿子。他真想不出他们是怎样度过这场暴雨的。

“你们怎么样？塔——列！”

他用手臂支撑沉重的身体：“我要回去。回去，这就回去！”他命令自己。

太累了，脑袋越来越沉，全身松软无力。他身子一歪，昏睡过去。

不知睡了多久，朦胧中他感到难以忍受的饥渴。腰、腿，全身各部位，针刺般疼痛。他醒了，听见有人在耳边悄声细语。他睁开眼睛，天已经大亮。他眼前晃动着三个陌生人的面孔。他突然愣住了，仔细想想，想起了昨天发生的一切。

戴眼镜的老汉坐在他身边。脸蛋有了血色的年轻人，握着他的手，一会儿攥紧，一会儿放松。

“醒了，他醒了！”年轻人嚷了起来。

“哦——”他喘口长气。他嘴唇干裂，心里很不好受。

"您救了我们三个人的命!"戴眼镜的老汉嘴唇在抖，眼眶湿了。

他坐起来，瞅瞅他们，没说什么。他觉得没有什么可说的。不论哪一个鄂温克人在林子里遇见这种事儿，都会像他这样干的。只不过有的干得顺当，有的干得不顺当。他转过脸去，朝火堆瞥了一眼。火已经变成一堆残灰，木柈早已烧光。放在火堆边的烤饼、烤肉，一块也没剩下。他觉得心里很不舒服。他太想吃东西了，哪怕是喝口水。他的眼神在这些陌生人脸上慢慢地滑过。那种不痛快的感觉消失了，他心里又觉得很顺畅。这是从大城市来的人呀！他们见过多少世面！现在，他们用这么恭敬的眼光望着他——一个鄂温克猎人。他发现自己被人推到一个尊贵的位置，这是难得的心灵里的位置。这是第一次！多漂亮的第一次啊！他很满意，很痛苦，很高兴。

"你们——好了?"他问。

"好了，好了，就是饿了两天，身上还没劲。"年轻人说。

"您是猎人?"戴眼镜的老汉问。

他点点头。

"鄂温克猎人?"

他又点点头，脸上露出笑容。

"你们——在这个山转圈。"他提高了声音，汉语讲的生硬。"你们——住在帐篷——帆布的——在小河边。我知道。"

"对，我们的帐篷是在小河边。"

"你们——这样走——那个桦树林——穿过去——看见小河——顺小河走。"

"往哪里走?"

"顺流水走——半天——半天就到了。"

"谢谢您!"

"真谢谢您!"

他站起身，肩膀晃了晃。他觉得腰、腿一夜之间变得十分僵硬。

"您饿了吧?"戴眼镜的老汉问。"真对不起！您带的饼和熟肉让我们吃光了。"

"光了好——我去打猎。"他扛起猎枪，晃着双肩，朝林子里走去。

这次出猎很顺利。走出不远，在桦树林里他发现狍子的蹄印。这印迹新鲜，是刚走过去的。他放慢脚步，穿过树丛，瞧见那只狍子，它正在低头吃草。枪响了，狍子身子一抖，朝前蹿了两步，栽倒在那里。他走过去，抽出猎刀，剖开它的胸膛，掏空内脏。他干得非常利落。三下两下就弄妥了。他一屁股坐在地上，在草丛里擦了擦手，用猎刀把新鲜的，热乎乎的狍肝切成块，用手抓着，大口大口地吃起来。他饿极了，吃得很香。他觉得肚子不空了，身上添了劲儿。出猎的鄂温克人打到狍子，谁不先尝新鲜的生狍肝。

他把猎物扛了回来。三个饿得发慌的迷路人，瞪大了眼睛焦急地等待着他。

他没有心思再去理睬他们的问话，脸色变得阴沉，他默默不语，弯腰收起斧头。割了块狍子肉，绑在背夹子里。弄妥行装，他站起身。

“我——回去了。”他对他们说。他的声音很慢，语气挺重。“你们——那个桦树林穿过去——找到小河——能回到家。”说罢。他把背夹子搭在后背。操起猎枪，手中拎着砍刀。他最后望了他们一眼。他想：有一天，在他们的城里见面，能认出他来，就行了。不能再耽误了。他转过身去。

“大叔——”年轻人在他背后喊他。

“大叔——”戴眼镜的老汉也在这样称呼他。

“您——别走！我们还会迷路的。”这是那个中年人的声音。

他的心猛地被什么东西紧紧地拉住了。他转过身来，呆呆地站在那里。他盯着年轻人的脸。这两只眼睛湿漉漉的，眼神是真切的，诚实的。他瞧瞧戴眼镜的老汉。老汉脸上每个微小的表情，都在表达一个希望。这个希望他理解了。最使他愉快的是老汉刚才那声称呼：“大叔——”他心里想笑，因为他知道，眼前这位老汉比他的年岁要大。他又瞅了瞅那个中年人。他的脸像孩子似的，一下子变得这么哀愁。

他们站在那里，呆呆地对视着，彼此等待着。

尼库终于放弃走的念头。他摘下背夹子，猎枪。动作缓慢，凝重。

他笑了。他笑了。他也笑了。

尼库回到火堆旁，坐在那里，默默不语。不知为什么，他想起过去一些让他不愉快的事儿。他想起那次在小镇上喝醉了酒，舒舒服服地躺在路边的树荫下，一群孩子无缘无故朝他撇来一块块石头。他还想起，有一次，他扛着猎枪，穿着渍满血污的猎装，走在热闹的大街上，不少人用那样一种眼光盯着他，有的直躲，那种眼光他记得清清楚楚，好像他们在看一匹马，一头牛。他还想起，他走进招待所时，那个女服务员的神态，他记下了她扭歪了的小鼻子，捂得很严的、难看的大嘴。他还想起什么……他想哭，找个没人的地方，放声哭一场；他又想笑，扯开自己的喉咙大笑一通。他没有哭，也没有笑，仰起头，望着遥远的蓝天。它是那么蓝，那么干净。他觉得这块蓝天现在离他并不远，一点也不远。

他心情变得明朗，变得痛快，变得舒服了。他忘掉了一切忧愁。

“我们——做饭——我会烤肉——不会炒肉。”他笑了。几天没洗脸，他脸上留着几道污痕，笑起来反而很动人，很有神采。

“我们连个锅都没有。”

“我会——我都会。”他很自信。

“太好了，我来帮你。”年轻人说。

他忙了起来。他从白桦林剥来大张的桦树皮，折成盆形，用细软的松树根再把它缝得严严实实。他从河边捧来一堆卵石，把这些卵石扔在火堆中。他做桦皮桶很快。只把一块桦树皮折了折，用松树根缝了几下就成了。不过这个桶没有提手，装了水只能搂在怀里。他在盆形的桦皮锅里放上水，添了肉，又撒点盐，再用木棍把扔在火堆里的卵石，一块块夹出来，放在桦皮锅里。顿时，冰冷的水翻起白色的气泡，水开得翻花，滚烫的卵石炸裂了，桦皮锅里的肉变了颜色。弄妥炖肉，又忙起烤肉。他把切成片的生肉串在木叉上，抹了盐面，竖插在火堆旁，让年轻人照看。他没停手，翻出狍子的胃囊，去水坑洗净，在里面装水，添肉，把口扎紧，放在火堆里。炭火不紧不慢地熏烤着胃囊，等到胃囊被烧焦，里面的肉也就炖熟了。尼库兴致很高，他把祖辈传授的古老的生活经验表演出来了，就凭一把猎刀，一双手。

肉熟了，四周飘着香味。这些肚子变得又空又瘪的人，围着火堆，手拿把抓，大口大口地吃起来。尼库瞧着他们。

时间过得真快。尼库抿着嘴角，不说，也不笑，可心里痛快极了，不知是什么东西使他忘记忧愁，把他的心同陌生人连在一起，竟变得难离难舍。他累了，躺在地上，头枕着一块石头。该动身了，他想。

有什么响声？就在前面的林子里，声音微弱。他挺身坐起来，侧耳细听，那声音又传过来了，还是那么微弱，可又这么熟悉。他的心狠狠的被揪了一下。他腾地跳起来，拎起背夹子、猎枪、砍刀，直朝林子里跑去。幽幽山林变得灰蒙蒙的。

他一头冲进桦树林，呆立在那里。被树枝划伤脸蛋，撕破外衣的秋卡，可怜巴巴地站在他的面前。

“你来干什么？”他吼起来。

“爸爸……”

“你妈妈怎么样？”

“爸爸，桥断了，大水冲的。公路上一个汽车也没有。”

“你还小吗？不会想办法？笨东西！找木头，扎木排，坐木排过河！”

“爸爸，我连一把斧头也没有。”

“别说了，别说了。你妈妈怎么样？”

“……”

秋卡用手捂住眼睛，泪珠顺他手指缝里流出来。

“你说，你妈妈怎么样？快说！”

他随手折跟木棍，举在半空，猛抽在孩子的腰上。

秋卡被打个趔趄，撞在身后的小树上。他站在那里，既不躲，也不哀求，咬牙忍着疼痛，用泪汪汪的眼睛望着父亲。

“你哑巴了吗？”

“妈说，等你回去，见你一面……才……才……”

“别说死，别说死。鬼东西！我问你：她还好吗？”

“好……”

“能说话吗？”

“能……可我一点也听不清了。”

“走！我们快点走！”

“爸爸，我走不动了。”

“鬼东西，我背你。走吧，我们快点，快一点。你真笨，笨透了。”

尼库回头望了望，他知道那些迷路人很快就会找到自己的帐篷。

灰蒙蒙的密林像黑绿色的海，淹没了父子的身影。

“大叔——”

从他们背后传来喊声。这是那三个人的呼唤。大概是在林子里的缘故，他们的声音变了，变得清脆，像孩子充满渴望的，纯真的童音。

森林沉默了，倾听着他们的呼唤。

（原载《民族文学》1983年第10期）

（选自《短篇小说精选》，王蒙主编，长江文艺出版社，2009年版）

【导读】

乌热尔图（1952—　），现代鄂温克族作家。祖籍黑龙江省甘南县，出生于内蒙古兴安盟乌兰浩特。“文化大革命”期间，长期在呼伦贝尔盟额尔古纳旗敖鲁古雅鄂温克民族乡生活，当过猎民、工人、民警、党委副书记。鄂温克族古老而独特的森林狩猎生活和人民的历史命运，为乌热尔图的文学创作提供了丰饶的题材内容。

《琥珀色的篝火》是鄂温克民族精神的一曲赞歌，小说叙述的故事并不复杂，却能使读者心潮迭起、难以平静。这种阅读情感的产生主要缘于尼库这个鄂温克人以及他所代表的鄂温克民族精神。

在《谈小说创作》一文中，乌热尔图说：“我想表现的是鄂温克人的内心世界。”他还说：“鄂温克人这种无私的精神，是比较普遍的，贯穿在他们的日常行为中，也可以看成是缺乏私有观念的无意识反映。”小说对鄂温克人这种声音的传达，让人们更加了解了这个民族的精神气质，并以此上升为对人性、人类更深层的思考，从这个角度说，这篇小说获得的意义更深远、更普遍。

【思考与练习】

1. 阅读文章概括尼库一家人身上体现出来的独特的民族精神。
2. 尼库为什么撇下生病的妻子和年幼的儿子去寻找那三个陌生人？

父亲（节选）

梁晓声

小时候，父亲在我心目中，是严厉的一家之主，绝对权威，靠出卖体力供我吃穿的人，恩人，令我惧怕的人。

父亲板起脸，母亲和我们弟兄四个，就忐忑不安，如对大风暴有感应的鸟儿。

父亲难得心里高兴，表情开朗。

那时妹妹未降生，爷爷在世，老得无法行动了，整天躺在炕上咳嗽不止，但还很能吃。全家七口人高效率的消化系统，仅靠吭哑一个三级抹灰工的汗水。用母亲的话说，全家天天都在“吃”父亲。

父亲是个刚强的山东汉子，从不抱怨生活，也不叹气。父亲板着脸任我们“吃”他。父亲的生活原则——万事不求人。邻居说我们家：“房顶开门，屋地打井。”

我常常祈祷，希望父亲也抱怨点什么，也唉声叹气。因为我听邻居一位会算命的老太太说过这样一句话：“人人胸中一口气。”按照我的天真幼稚的想法，父亲如果能唉声叹气，则会少发脾气了。

父亲就是不肯唉声叹气。这大概是父亲的“命”所决定的吧？但父亲发脾气的时候，我却非常能谅解他，甚至同情他。

父亲第一次对我发脾气，就给我留下了终生难忘的印象。一个惯于欺负弱小的大孩子，用碎玻璃在我刚穿到身上的新衣服背后划了两道口子。父亲不容我分说，狠狠打了我一记耳光。我没哭，没敢哭，却委屈极了，三天没说话，在拥挤着七口人的不足十六平方米的空间内，生活绝不会因为四个孩子中的一个三天没说话而变得异常的。全家都没注意我三天没说话。

第四天，在学校，在课堂，老师点名，要我站起来读课文。那是一篇我早已读熟了的课文。我站起来后，许久未开口。老师急了，同学们也急了。老师和同学，都用焦急的目光看着我，教室的最后一排，坐着七八位外校的听课老师。

"你怎么了？你为什么不开口读？"老师生气了，脸都气红了。

我哇的一声大哭起来。

从此，我们小学二年级（3）班，少了一名老师喜爱的"领读生"，多了一个"结巴磕子"，我也从此失掉了一个孩子的自尊心……

我的口吃，直至上中学以后，才自我矫正过来。我变成了一个说话慢言慢语的人。有人因此把我看得很"成熟"，有人因此把我看得"胸有城府"。而在需要"据理力争"的时候，我往往成了一个"结巴磕子"，或是一个"理屈词穷"者。父亲从来也没对我表示过歉意。因为他从来也没将他打我那一耳光和我以后的口吃联系在一起……

爷爷的脾气也特火暴。父亲发怒时，爷爷不开骂，便很值得我们庆幸了。

值得庆幸的时候不多。

母亲属羊，像只羊那么驯服，完全被父亲所"统治"。中国的底层家庭的主妇，对窘困生活的适应力和忍耐力是极可敬的。他们凭一种本能对未来充满憧憬。虽然这憧憬是朦胧的，盲目的，带有浪漫的主观色彩的。期望孩子长大成人后都有出息，是她们这种憧憬的萌发基础。我的母亲在这方面的自觉性和自信心，我以为是高于许多母亲们的。

关于"出息"，父亲是有他独到的理解的。

一天，吃饭的时候，我喝光了一碗包谷面粥，端着碗又要去盛，瞥见父亲在瞪我。我胆怯了，犹犹豫豫地站在粥盆旁。父亲却鼓励我："盛呀！再吃一碗！"见我只盛了半碗，又说："盛满！"接着，用筷子指着哥哥和两个弟弟，异常严肃地说："你们都要能吃！能吃，才长力气！你们眼下靠我的力气吃饭，将来，你们是都要靠自己的力气吃饭的！"

父亲脸上呈现出一种真实的慈祥、一种由衷的喜悦、一种殷切的期望、一种欣慰、一种光彩、一种爱。

我将那满满一大碗包谷面粥喝下去了，还强吃掉半个窝窝头。为了报答父亲，报答父亲脸上那种稀罕的慈祥和光彩。

我以一个小学生的理解力，将父亲那番话理解为对我的一次具有征服性的教导。从那一天起饭量大了，觉得自己的肌肉也仿佛日渐发达，力气也似乎有所增长。

"老梁家的孩子，一个个都像小狼崽子似的！窝窝头，包谷面粥，咸菜疙瘩，瞧一顿顿吃得多欢，吃得多馋人哟!"这是邻居对我们家的惟一羡慕之处。父亲引以为豪。

我十岁那年，父亲随东北建筑工程公司支援大西北去了。父亲离家不久，爷爷死了。爷爷死后不久，妹妹出生了。妹妹出生不久，母亲病了。医生说，因为母亲生病，妹妹不能吃母亲的奶。哥哥已上中学，每天给母亲熬药，指挥我们将家庭乐章继续下去。我每天给妹妹打牛奶，在母亲的言传下，用奶瓶喂妹妹。

我极希望自己有一个姐姐。母亲曾为我生育过一个姐姐。然而我未见过姐姐长得什么样，她不满三岁就病死了。姐姐死得很冤，因为父亲不相信西医，不允许母亲抱她去西医院看病。母亲偷偷抱着姐姐去西医院看了一次病，医生说晚了。母亲由于姐姐的死大病了一场。父亲却从不觉得应对姐姐的死负什么责任。父亲认为，姐姐纯粹是因为吃了两片西药被药死的。

"西药，是治外国人的病的！外国人，和我们中国人的血脉是不一样的。怎么可以靠西药来治我们中国人的病？西药能治中国人的病，我们中国人还发明中医干什么?!"

父亲这样对母亲吼。

母亲辩驳："中医先生也叫抱孩子去看看西医。"

"说这话的，就不是好中医!"父亲更恼火了。

母亲，只有默默垂泪而已。

邻居那个会算命的老太太，说按照麻衣神相，男属阳，女属阴，说我们家的血脉阳盛阴衰，不可能有女孩。说父亲的秉性太刚，女孩不敢托生到我们家。说我夭折的姐姐，是被我们家的阳刚之气"克"逃了，又托生到别人家中去了。

一天晚上，我亲眼看见，父亲将一包中草药偷偷塞进炉膛里，满屋弥漫一种苦涩的中草药味。父亲在炉前呆呆站立了许久，从炉盖子缝隙闪耀出的火光，忽明忽暗地映在父亲脸上。父亲的神情那般肃穆，肃穆中呈现出一种哀伤……

我幼小的心灵，当时很信服麻衣神相之说。要不妹妹为什么是在父亲离家，爷爷死后才出生呢？我尽心尽意照料妹妹，希望妹妹是个胆大的女孩，希望父亲三年内别探家。惟恐妹妹也像姐姐似的"托生"到别人家中去。

父亲果然三年没探家，不是怕"克"逃了妹妹，是打算积攒一笔钱。他身在异地，但仍企图用他那条"万事不求人"的生活原则遥控家庭。

"要节俭，要精打细算，千万不能东借西借……"父亲求人写的每一封家信中，都忘不了对母亲谆谆告诫一番。父亲每月寄回的钱，根本不足以维持家中的起码开销。母亲彻底背叛了父亲的原则。我们家“房顶开门，屋地打井”的“自力更生”的历史阶段，很令人悲哀地结束了。我们连心理上的所谓“穷志气”都失掉了……

父亲第一次探家，是在春节前夕。父亲攒了三百多元钱，还了母亲借的债，剩下一百多元。

“你是怎么过的日子？啊?！我每封信都叮嘱你，可你还是借了这么多债！你带着孩子们这么个过法，我养活得起吗?!”父亲对母亲吼。他坐在炕沿上，当着我们的面，粗糙的大手掌将炕沿拍得啪啪响。

母亲默默听着，一声不吭。

“爸爸，您要责骂，就责骂我们吧！不过我们没乱花过一分钱。”哥哥不平地替母亲辩护。

我将书包捧到父亲面前，兜底儿朝炕上一倒，倒出了正反两面都写满字的作业本，几截手指般长的铅笔头。我瞪着父亲，无言地向父亲声明：我们真的没乱花过一分钱。

“你们这是干什么？越大越不懂事了！”母亲严厉地训斥我们。

父亲侧过脸，低下头，不再吼什么。许久，父亲长叹了一声，那是我第一次听到父亲叹气。我心中倏然对父亲产生了一种怜悯。

第二天，父亲带领我们到商店去，给我们兄弟四个每人买了一件新衣服，也给母亲买了一件平绒上衣……

父亲第二次探家，是在三年自然灾害期间。

“错了，我是大错特错了！”——细瞧着我们几个孩子因吃野菜而浮肿不堪的青黄色的脸，父亲一迭声说他错了。

“你说你什么事错了？”母亲小心翼翼地问。

父亲用很低沉的声音回答：“也许我十二岁那一年就不该闯关东……我想，如今老家的日子兴许会比城市的日子好过些？就是吃野菜，老家能吃的野菜也多啊……”

父亲要回老家看看。如果老家的日子比城市的日子好过些，他就将带领母亲和我们五个孩子回老家，不再当建筑工人，重当农民。

父亲这一念头令我们感到兴奋，给我们带来希望。我们并不迷恋城市。野菜也好，树叶也好，哪里有无毒的东西能塞满我们的胃，哪里就是我们的福地。父亲的话引发了我们对从未回去过的老家的向往。

母亲对父亲的话很不以为然。但父亲一念既生，便会专执此念。那是任何人也难以使他放弃的。

父亲要带一个儿子回山东老家。

在我们——他的四个儿子之间，展开了一次小小的纷争。最后，父亲庄严地对我说：“老二，爸带你一块儿回山东!”

老家之行，印象是凄凉的。对我，是一次大希望的大破灭。对父亲，是一次心理上和感情上的打击。老家，本没亲人了，但毕竟是父亲的故乡。故乡人，极羡慕父亲这个挣现钱的工人阶级。故乡的孩子，极羡慕我这个城市的孩子。羡慕我穿在脚上的那双崭新的胶鞋。故乡的野菜，还塞不饱故乡人的胃。我和父亲路途上没吃完的两掺面的馒头，在故乡人眼中，是上等的点心。父亲和我，被故乡一种饥饿的氛围所促使，竟忘乎所以地扮演起“衣锦还乡”的角色来。父亲攒下的三百多元钱，除了路费，东家给五元，西家给十元，以“见面礼”的方式，差不多全救济了故乡人。我和父亲带了一小包花生米和几斤地瓜干离开了故乡……

到家后，父亲开口对母亲说的第一句话是：“孩子他妈，我把钱抖搂光了！你别生气，我再攒……”

这是我第一次听到父亲用内疚的语调对母亲说话。

母亲淡淡一笑：“我生啥气呀！你离开老家后，从没回去过，也该回去看看嘛!”仿佛她对那被花光的二百多元钱毫不在乎。但我看见，母亲背转身时，眼泪从眼角溢出，滴落在她衣襟上。

那一夜，父亲翻身不止，长叹接短叹。

两天后，父亲提前回大西北去了。假期内的劳动日是发双份工资的……

（选自《短篇小说精选》，王蒙主编，长江文艺出版社，2009 年版）

【导读】

梁晓声（1949— ），我国当代著名作家，中国作家协会会员。祖籍山东荣成市泊于镇温泉寨。出生于哈尔滨市，现居北京，任教于北京语言大学人文学院汉语言文学专业。其创作的小说、散文、随笔及影视作品在中国当代文学史上具有很大影响。他有过知青生活经历，许多作品的灵感和源泉就来自那段难忘的知青岁月。北大荒知青题材的系列小说《这是一片神奇的土地》、《今夜有暴风雪》、《雪城》、《师恩难忘》、《年轮》等深受读者喜爱。

中短篇小说《父亲》曾获得过全国优秀小说奖，小说以第一人称的写法记叙了作者父亲一生的经历，展现了生动、鲜活而泥土气息浓郁的现实生活和有血有肉的人物形象，感染并感动、教育着无数个读者，文中洋溢出的撼人心魄的艺术魅力给人以巨大的激励与鼓舞。

【思考与练习】

1. 父亲不肯“唉声叹气”，这表明他是一个什么样的人？
2. 你如何理解“全家天天都在‘吃’父亲”这句话？

以沙漠为背景的人与狼

池　莉

“嗨？”

问他。

“嗨，”他说，“马上就好。”

在这简洁的问答之间，塔克拉玛干沙漠是美丽而安详的。下午三点钟的阳光光线已经比较柔和，微风中的沙漠以一种流线型的柔若无骨的姿态静静躺在阳光下，这就是历史有时候呈现在人们面前的某种状态。它容易使人们在无意之中深信不疑地接受它。于是，在这个美丽而安详的下午，在塔克拉玛干沙漠深处，车队没有停下。九辆大卡车一辆接一辆地从江安身边开了过去。江安吹着愉快的口哨钻进车厢底下修理他出了一点小毛病的大卡车。

江安一直都吹着愉快的口哨。江安以擅长吹口哨讲故事射击而闻名。在愉快的口哨声中，江安没用多少时间就把车修好了。

在踩着油门一气追赶了两个小时之后，富有经验的江安悚然[1]一惊，后背升起密密麻麻的蚁走感，他误入歧途了。

江安环顾四周：茫茫沙漠。茫茫沙漠。茫茫沙漠。茫茫沙漠。茫茫沙漠上只有一滴缓缓下坠的如血夕阳和一辆大卡车。江安有点傻兮兮地笑了一下。

人的视野是有限的，就在江安的视野边缘，有一片茂密的胡杨林，这里栖息着一群正处在动荡时期的狼。塔克拉玛干沙漠是有狼的，风和日丽的时候也有狼。但人们怎么可能在平常的某个吹口哨的时刻还想得那么深刻呢？

其实，人们总保持思想的深刻也无法预见自己会遭遇什么。狼也许来，也许不来。狼是另一个世界，就像树木、花鸟、虫鱼一样，与人不在同一个语境。它们与你不在同一个语境，你的深刻于它们有什么关系呢？

江安在傻笑的顷刻间已经变深刻了，他顿时感到了由沙漠的美丽安详中渗透出来的恐怖。他的脸变长了。他明白自己犯了错误。他极为懊丧呸地吐了一口痰。他飞快地转动脑筋，研究对策：是凭着多次的经验往前闯呢？还是掉头往回开呢？江安反复掂量，举棋不定。沙漠上只一滴缓缓下坠的如血的夕阳，他拿不准危险在哪个方向。他额头上冒出了冷汗。他又傻笑了一下。然后，他找出了一枚硬币。

在江安误入歧途的最初一刻，狼就知道了。

一只叫作敏的年轻的狼闪电般地将这个消息传到了胡杨林。

第一个决定是头狼王作出的。年迈的王只稳健地说了一句话：不宜出击！

如果这群狼里头没有出类拔萃的莻[2]的话，江安这次的误入歧途将有惊无险。但不幸的是这群狼里头有莻。莻是一只到了该做头狼的年纪而没得到机会的空怀壮志的狼。它是肯定要与王作对的。当王话音一落，莻就大声说：为什么不出击？

王声色不动。王身边的狼回答：这不是你该过问的事。

那么请问，莻依然大声说，我们可以过问什么呢？

莻根本不等回答，转而委屈又悲愤地说：我们已经饿了许多天了！我们很久很久没有吃人了！我们只是要活命吃饭而已！

王冷冷一笑。王身边的狼说：莻！你别他妈做出为民请命的样子！现在情况十分清楚，对于一辆性能优良的美式军用大卡车，我们能有什么办法？而且它拉的是一大罐汽油，难道还能指望它会因缺油而抛锚？你这不是让大家白白去送死吗？

整个狼群都糊涂了。狼们一会儿望着王，一会儿望着莻，不知所措。

莻仰天长叹一声，闭上双眼。

这是一个微妙的历史时刻，一个名叫江安的人误入歧途即将觉醒，狼也许来也许不来，此刻的沙漠一片宁静，空气在颤动，风儿神经质地反复地将沙漠梳理成鱼鳞状，西下的太阳无动于衷地面对着这一切，只有时间在无声地飞越这个空间。其实说到底，时间才是最重要的。

莻猛然睁开了眼睛，哀痛地说：都什么时候了？我们不抓住时机赶快行动却在这里争论不休！是的，那是一辆庞大而坚固的车，那车装的是汽油，但我们要的是人，人！我们快要饿死，我们需要的是行动。当然，我们也许会牺牲，这是因为我们要吃人，自古以来，人什么时候是心甘情愿俯首帖耳地让我们吃的呢？

狼群发出一片应和声。

王依然沉默着。大家都以为君命难收，却不料王突然说话了。王说：好！莻讲得好！现在我命令，莻带领敏以及十八头身强力壮的狼立刻出击！

整个胡杨林欢声雷动。

莻不由由衷佩服王。太妙了！王的确宝刀没老。它一句话既赢得了民心又将眼中之钉送上了战场。正因为理解了王，苎想，决不能再等了！一定要抓住这次机会摧毁王。

苎说：谢谢头狼。但我有一个小小的请求：尽管承爱让我领头，可我还是自感太年轻缺乏经验，请派十员老将临场指导！苎说着带领它的部下齐刷刷跪下。

在苎煽动起的狂热的战斗气氛里，王别无选择。王只好挑选了它的十名亲信供苎驱策。王用一种眼神与它们交流，要求他们一定战胜，包括一定战胜苎。

苎率领着二十八只狼如离弦之箭射出胡杨林。

江安掷币的结果是掉头回开。他这才呼出长长一口气，说：好了，就这么着吧！

江安发动了车，调了头，结束了几分钟的犹豫，踏上了归途。如果他像来的时候一样两个小时开足马力奔驰，那么他的命运将不会因为这次误入歧途而有所改变，改变命运的也许将是苎。但是，又一个对于司机来说不算什么意外的意外发生了：车突然熄了火。江安一看是没油了，他做梦也没有想到这有什么不得了的。江安拎起一只油桶就要下车去汲油。

就在这一刻，狼群赶到了。

江安一开车门，苎身先士卒猛扑上去。江安急退，但苎已经撕下了江安的半只裤腿。狼！江安跌坐在驾驶室上，这一下他彻底清醒：原来恐怖和危险和犹豫和不安的根源就在这儿——狼！江安立刻来劲了。不就是几只狼吗？江安驾驶的是性能优良的美式军用大卡车，宽敞的驾驶室里有一支“七九”步枪，有一百发子弹，有一箱干粮，有够喝三天的水。作为男子汉的江安有三大特长闻名车队：吹口哨讲故事射击。江安可是当过兵见过血的人。

一场人与狼的战争开始了。这时夕阳已经坠落，晚霞红了大半个沙漠。

苎这时已经退在远处，它在调兵遣将。而几只肥硕的老狼看见苎一口就撕下人的半只裤腿，它们便死死盯住车门不放。最初的混乱很快就过去了。江安稳稳握住枪，瞄准两只最肥的狼。江安非常细致。江安懂得第一枪至关重要，绝对是个下马威，就像方才苎对自己一样。但江安是人，苎不过是一只狼。

枪响了，连着两响。随着划破沙漠寂静的突兀而尖利的枪声，两只威风赫赫的老狼倒下了。狼群在一瞬间惊慌失措，四下逃窜。苎急坏了。在它看来，枪并不可怕。可它忘了大多数狼这辈子没见识过枪。它痛悔自己的失误。它在沙漠深处飞速奔跑，发出了螺号一般的狼嚎以召唤它的部下。

第一个回合，江安赢了。

狼群消失后，江安发现月亮正在升起。月光很亮很有颜色，它使沙漠像湖水一样平坦和波光粼粼，也使两只死狼的毛皮看上去油光水滑。江安笑了，这是一个男子汉独自在一个著名的大沙漠里射杀了凶恶的狼之后自豪的笑。他又有一个人生故事可讲了。一枪一只狼，真过瘾！江安点燃一支香烟，深深地慢慢地吸着。他本想去加油，他又想加油嘛着什么急？他想归队总是迟了，也不在乎这一会儿。他猜测狼群会回来的。不就是二十多只狼吗？一枪一只狼，也就是二十多枪。杀光了这些家伙再走，免得日后在这沙漠上人一离群就心里发毛。江安越想越兴奋。他吸烟。擦枪。他打算这支烟抽完如果狼不来就算了，就去加油。不过，他没有失算，烟只抽了一半，狼就回来了。五分钟，江安略感惊异，狼回来得真快。

这一次，江安认出了苎。苎是一匹大骨架的瘦狼，神色悲壮地走在狼群最前面。江安以人类的思维方式推断苎是炮灰是一个可怜的冒失鬼，而真正的当权者一定是它身后的肥狼。俗话说："擒贼先擒王。"江安决定暂时绕过苎，还是先解决肥胖的老狼。枪响了，狼群踌躇；枪又响了，苎一声嚎叫，狼群忽地成散兵线围了上来。老狼的死无人过问，狼们都跟着苎前进。江安这才恍然大悟：原来苎是狼们的头！

江安悔之晚矣，他找不到苎了。

苎其实就在江安眼皮底下。它已经通过一批老狼的死观察到江安的射击是有死角的，所以它冲到了驾驶室的踏板下面。苎在这里指挥狼一次又一次地冲撞两边的车门，告诉它们车头车尾及车厢底下是进攻之后藏身的好地方。老狼的全部遇难使苎万分高兴，它仿佛已经看到了头狼王被剪除羽翼之后的孤立和衰弱。

狼们在一个一个地倒下去，可它们又成群结队地涌现出来。这是因为苎让敏不断地回去报喜，说那人快完蛋了，说那人被我们围困了，说那里有很多肉吃。苎没有说假话，这里是有很多肉吃。参战的狼一来就问：肉呢肉呢？苎就让它们吃死去的狼肉。用枪打死的狼肉热热的非常香。苎自己也吃了很多。不是病死也不是老死又不须用搏斗厮杀来获取的新鲜狼肉真是非常香。苎肚皮吃得饱饱的，又不愁兵源，然后躺在十分安全的汽车踏板底下不慌不忙地与一个人周旋。这简直像个游戏。

当第二天的太阳升起的时候，江安惊呆了。这一夜他打死了五十只狼。他一枪一只。没错。可现在五十只死狼只剩下一堆堆残尸败骨，而活狼却差不多有上百只。上百只狼错错落落蹲在卡车周围，它们看上去一点不着急，几乎是懒洋洋文质彬彬的。江安好半晌才想过来：敢情狼们在利用他！狼利用人？

战斗了一整夜的江安放下了枪。

白天基本在对峙状态中度过。江安不到万不得已决不开枪。江安以为只要他不再为狼们打食狼们就会慢慢散去。开始江安觉得这情形可笑极了，的确像个游戏。好像狼们到这里来只是为了观赏他的枪法，品尝新鲜狼肉。后来他从恍惚的游戏感中清醒过来，试图下车去汲油，可他刚刚打开车门，几只狼嗖地扑了上来。他敏捷地关上门，但他的手背已经被狼爪抓了几道血痕。黄昏时分，江安又试探了几次，只要他有所动作，远远近近的狼立刻警觉起来。不！江安彻底清醒了，这可不是好玩的！

江安开始记日记。江安开始把食物分成小块小块的，很珍惜地吃。江安开始把尿液存留起来以备后用。江安开始做一系列进行持久战的准备工作，他的脸上再也没有一丝笑容。

第三天，狼群有增无减。

第四天，狼群有增无减，达到两百五十多头。

江安的子弹只剩十发了，他困顿不堪，饥渴交加，皮肤干裂，眼眶凹陷。

苇钻出它的藏身之处，在不远的沙丘上蹲着，与江安遥遥相对。它营养良好，精力充沛，神态安详，像一个体面的绅士。苇原本有一些委琐之像的，是这场战斗洗礼了它。它没有想到自己的智慧会在与王和人的较量中被发挥得如此辉煌。它借人压王，又借狼压人，又借人杀狼；借人杀狼称得上划时代的一手高招：一箭三雕，既消耗了王的力量，又消耗了人的力量，还消化了狼群的老弱病残。尽管这场战斗还没有结束，苇已经赢得了狼群的绝对拥护和爱戴，几乎所有的狼都来到了它的身边，王在胡杨林已成孤家寡人。而人呢？人也在一天天垮下去。

这无边无际的风云变幻的神秘莫测的大沙漠，哪里是人逞强的地方？

苇非常有耐心地蹲在沙丘上。

苇将狼群分成若干个纵队，命令它们不分昼夜轮番进攻。

苇蹲在沙丘上，凝神地望着江安。它不着急，但他是它的理想和美梦。

江安再次发现了苇，他想打死它，可他发现他打不死它。子弹飞到它所选择的位置已是强弩之末。可是从此江安只想打死苇。江安已经明白所有的狼都是乌合之众，唯有苇是精英。是苇在和他斗智。是苇给他设了个陷阱。如果他死，必死于苇之口。江安想：我一定要留颗子弹给苇！江安的这种想法只存在了一个小时。一再撞击车门的几只猖狂的狼消耗掉了江安的最后几颗子弹，它们已经撞松了车门，咬破了车窗玻璃。

这是第九天呢还是第十天？江安举起了电工刀。江安渴极了也困极了。江安有四昼夜没进一口水了。在这四昼夜里，沙漠上还刮了两昼夜干燥的大风。但江安还是举起了电工刀。

雪亮的刀锋在阳光下像宝石一样光芒四射，苇看见了。苇站立起来，抖了抖身上的毛，从容不迫地向江安走过来。

江安笑了。他紧紧地握住了电工刀。他牢牢地盯着苎。血从他焦裂的嘴唇渗了出来，他靠在椅背上，神志恍惚，虚弱得像个婴儿。沙漠和天空，月亮和太阳，时间和空间甚至生存和死亡都消失了，但他紧紧地握着电工刀。

这也是一个晚霞漫天的黄昏，狼藉满地的战场突然十分静寂。

苎和江安是在长久的对视之后猛然扑向对方的。紧接着，那柄雪亮的电工刀飞出驾驶室，闪电一样划破了沙漠红色的天空。

这篇小说取材四十多年前发生在塔克拉玛干沙漠的一次事故。事故是在半年之后被另一辆迷途的车发现的。那辆美式大卡车性能良好，加上油就可以开动。驾驶室里有一小堆人骨和一本日记，日记里把一只狼领导称作苎。

（选自《池莉文集 2——冬无雪》，江苏文艺出版社，2002 年版）

【注释】

［1］惧怕的样子。

［2］狼的名字。

【导读】

池莉（1957— ），当代著名女作家，湖北仙桃人，中国作家协会会员。她的作品大部分体现了武汉的特色，作品中描写的人物大部分也和武汉特色有关，多部作品被改编成电影和电视剧，引起强烈反响。

短篇小说《以沙漠为背景的人与狼》同时也是一则寓意深刻的寓言故事。故事围绕人与狼展开，通过叙述装备精良、粮水充足的江安落得悲惨境遇，揭示了人类文明的进程中，人类应该尊重自然、敬畏自然，与自然和谐共处之道。

【思考与练习】

1. 装备精良、粮水充足的江安为什么会落得悲惨的结局？
2. 你怎样看待和评价“苎”？

变形记[1]（节选）

（奥匈）卡夫卡

一天早晨，格里高尔·萨姆沙从不安的睡梦中醒来，发现自己躺在床上变成了一只巨大的甲虫。他仰卧着，那坚硬得像铁甲一般的背贴着床，他稍稍一抬头，便看见自己那穹顶似的棕色肚子分成了好多块弧形的硬片，被子在肚子尖上几乎待不住了，眼看就要完全滑落下来。比起偌大的身躯来，他那许多条腿真是细得可怜，都在他眼前无可奈何地舞动着。

“我出了什么事啦?”他想。这可不是梦。他的房间，一间略嫌小了些、地地道道的人住的房间静卧在四堵熟悉的墙壁之间。在摊放着衣料样品的桌子上方——萨姆沙是旅行推销员——挂着那幅画，这是他最近从一本画报上剪下来并装在了一只漂亮的镀金镜框里的。画上画的是一位戴毛皮帽子、围毛皮围巾的贵妇人，她挺直身子坐着，把一只没了整个前臂的厚重皮手筒递给看画的人。

格里高尔接着又朝窗口望去，那阴暗的天气——人们听得见雨点敲打在窗格子铁皮上的声音——使他的心情变得十分忧郁。“还是再睡一会儿，把这一切晦气事统统忘掉吧。”他想，但是这件事却完全办不到，因为他习惯侧向右边睡，可是在目前这种状况下竟无法使自己摆出这个姿势来。不管他怎么使劲扑向右边，总是又摆回到仰卧姿势。他试了大约一百次，闭上眼睛，好不必看见那些拼命挣扎的腿，后来他开始在腰部感觉到一种还从未感受过的隐痛，这时他才不得不罢休。

“啊，天哪，”他想，“我挑上了一个多么累人的差事，长年累月到处奔波。在外面跑买卖比坐办公室做生意辛苦多了。再加上还有经常出门的那种烦恼，担心各次火车的倒换，不定时的，劣质的饮食，而萍水相逢的人也总是些泛泛之交，不可能有深厚的交情，永远不会变成知己朋友。让这一切都见鬼去吧!”他觉得肚子上有点痒痒，便仰卧着慢慢向床头挪过去，好让自己头抬起来更容易些，看清了发痒的地方，那儿布满了白色小斑点，他不明白这是怎么回事；想用一条腿去搔，可是立刻又把腿缩了回来，因为这一碰引起他浑身一阵寒战。

他又滑下来回复到原来的姿势。“这么早起床，”他想，“简直把人弄得痴痴呆呆的了。人必须要有足够的睡眠。别的推销员生活得像后宫里的贵妇。譬如每逢我上午回旅店领取已到达的订货单时，这帮老爷才在吃早饭。我若是对老板来这一手，我立刻就会被解雇。不过话说回来，谁知道被解雇对我来说是否就不是一件很好的事呢。我若不是为了父母的缘故而克制自己的话，早就辞职不干了，我就会走到老板面前，把我意见一股脑儿全告诉他，他非从斜面桌上掉下来不可！他坐到那张斜面桌上，居高临下地同职员说话，而由于他重听人家就不得不走到他跟前来，这也真可以说是一种奇特的工作方式了。嗯，希望还没有完全破灭；只要等我积攒好了钱，还清父母欠他的债——也许还要五六年吧，我就一定把这件事办了。那时候我就会时来运转。不过眼下我必须起床，因为火车五点钟开。”

他看了看那边柜子上滴滴嗒嗒响着的闹钟。“天哪！”他想。六点半，指针正在悠悠然向前移动，甚至过了六点半了，都快六点三刻了。闹钟难道没有响过吗？从床上可以看到闹钟明明是拨到四点钟的；它一定已经闹过了。是闹过了，可是这可能吗，睡得那么安稳竟没听见这使家具受到震动的响声？嗯，安稳，他睡得可并不安稳，但是也许睡得更沉。可是现在他该怎么办？下一班车七点钟开，要搭这一班车他就得拼命赶，可是货样还没包装好，他自己则觉得精神甚是不佳。而且即使他赶上这班车，他也是免不了要受到老板的一顿训斥，因为公司听差曾等候他上那班五点钟开的火车并早已就他的误车作过汇报了。他是老板的一条走狗，没有骨气和理智。那么请病假如何呢？这可是令人极其难堪、极其可疑的，因为他工作五年了还从来没有病过。老板一定会带着医疗保险组织的医生来，会责备父母养了这么一个懒儿子并凭借着那位医生断然驳回一切抗辩，在这位医生看来他压根儿就是个完全健康，却好吃懒做的人。再说，在今天这种情况下医生的话就那么完全没有道理吗？除了有一种在长时间的睡眠之后确实是不必要的困倦之外，格里高尔觉得自己身体很健康，甚至有一种特别强烈的饥饿感。

他飞快地考虑着这一切，还是未能下定决心离开这张床——闹钟恰好打响六点三刻，这时有人小心翼翼敲他床头的房门。“格里高尔，”有人喊——是母亲在喊，“现在六点三刻。你不想出门了？”好和蔼的声音！格里高尔听到自己的回答声时大吃一惊，这分明是他从前的声音，但这个声音中却搀和着一种从下面发出来的无法压制下去的痛苦的叽喳声，这叽喳声简直是只在最初一瞬间让那句话保持清晰可听，随后便彻底毁坏了那句话的余音，以致人们竟不知道，是否听真切了。格里高尔本想回答得详细些并把一切解释清楚，可是在这样的情形下他只得简单地说：“是，是，谢谢母亲，我这就起床。”隔着木头门外面大概觉察不出格里高尔声音中的变化，因为一听到这句话母亲便放下心来，踢踢踏踏地走了。但是这场简短的谈话却使其余的家里人都注意到格里高尔现在还令人失望地在家里，而这时父亲则已经敲响了侧边的一扇门，敲得很轻，不过用的却是拳头。“格里高尔！格里高尔！”他喊，“你怎么啦？”过了一小会儿他又用更低沉的声音催促道：“格里高尔！格里高尔！”而在另一扇侧门旁边妹妹却轻声责怪道：“格里高尔？你不舒服吗？你需要什么东西吗？”格里高尔向两边回答说：“我马上就好了。”并努力以小心翼翼的发音以及在各个词儿之间加上长长的休止来使其他的声音失去一切异乎寻常的色彩。父亲也走回去吃他的早饭了，妹妹却悄声说：“格里高尔，开开门，我求你了。”可是他却根本不想去开门，而是暗自庆幸自己由于经常旅行而养成的这种小心谨慎的习惯，即便在家里他晚上也是要锁上门睡觉的。

首先他想静悄悄的、不受打扰地起床，穿衣，最要紧的是吃早饭，然后才考虑下一步的行动，因为他分明觉察到，躺在床上他是不会考虑出什么名堂来的。他记得在床上曾经常感受过某种也许是由于睡姿不好而造成的轻微的疼痛，及至起床时才知道这种疼痛纯属子虚乌有，现在他急于想知道，他今天的幻觉将会怎样渐渐消逝。声音的变化无非是一种重感冒、一种推销员职业病的前兆而已，对此他没有丝毫的怀疑。

要掀掉被子很容易：他只需把身子稍稍一抬，它自己就掉下来了。可是下一步就难了，特别是因为他的身子宽得出奇。他本来用胳臂和手就可以坐起来；可是他现在没有胳臂和手，却只有这众多的小腿们一刻不停地向四面八方挥动，而且他竟无法控制住它们。他想举起其中的一条腿，这条腿总是先伸得笔直；他终于如愿以偿把这条腿屈起来了，这时所有其余的小腿便像散了架，痛苦不堪地乱颤乱动。“可别无所事事地待在床上。”格里高尔暗自思忖。

他想先让下身离床，可是他尚未见过、也想象不出是什么模样的这个下身却实在太笨重；挪动起来十分迟缓；当他最后几乎发了狂，用尽全力、不顾一切向前冲去时，却选择错了方向，重重地撞在床腿的下端，一阵彻骨的痛楚使他明白，眼下他身上最敏感的部位也许恰好正是他的下身。

所以，他便试图先让上身离床，小心翼翼地把头转向床沿，这也轻易地做到了。尽管他身宽体重，他的躯体却终于慢慢地跟着头部转动起来。可是等到他终于将头部悬在床沿外边时，又害怕起来，不敢再以这样的方式继续向前移动，因为如果他终于让自己这样掉下去，脑袋不摔破那才叫怪呢，正是现在他千万不可以失去知觉：他还是待在床上吧。

但是，当他付出同样的辛劳后又气喘吁吁像先前那样躺着，并又看到自己的细腿也许更厉害地在相互挣扎，想不出有什么办法可以平息这种乱颤乱动时，他又心想，他不能老是在床上待着，即便希望微乎其微，也要不惜一切代价使自己脱离这张床，这才是最明智的做法。可是他同时也没有忘记提醒自己，三思而后行比一味蛮干强得多。这当儿，他竭力凝神把目光投向那扇窗户，但是遗憾的是，甚至连这条狭街的对面也都裹在浓雾中，这一片晨雾实在难以让人产生信心和乐观的情绪。“已经七点了，”方才闹钟响时他暗自思忖，“已经七点了，可是雾一直还这么重。”他带着轻微的呼吸静静地躺了片刻，仿佛他也许期盼着这充分的寂静会使那种真实的、理所当然的境况回归似的。

但是随后他又心想：“七点一刻以前我无论如何也要完全离开这张床。到那时候公司里也会有人来询问我的情况的，因为公司七点前开门。”于是他开始设法完全有节奏地将自己的整个身子从床上摆荡出去。倘若他以这样的方式让自己从床上掉下去，着地时尽量昂起脑袋，估计脑袋还不至于会受伤。后背似乎坚硬，跌在地毯上后背大概不会出什么事。他最担心的还是那必然会引起的巨大响声，这响声一定会在一扇扇门后即使不引起恐惧也会引起焦虑。可是这件事做起来得有点胆量。

当格里高尔已经将半个身子探到床外的时候——这种新方法与其说是一种艰苦的劳动，还不如说是一种游戏，他永远只需要一阵一阵地摆荡——忽然想起，如果有人来帮他一把，这一切将是何等的简单方便。两个身强力壮的人——他想到了他的父亲和那个使女——就足够了：他们只需要把胳臂伸到他那拱起的背下，这么一托把他从床上托起来，托着这个重物弯下腰去，然后只需小心翼翼耐心等待着他在地板上翻过身来，但愿细腿们一触到地便能发挥作用。那么，姑且不管所有的门都是锁着的，他是否真的应该叫人来帮忙呢？尽管处境非常困难，想到这一层，他禁不住透出一丝微笑。

他已经到了使出更大的力气摆荡几乎保持不了的平衡的地步，很快他就要不得不最终采取决定性的步骤了，因为再过五分钟便是七点一刻——正在这时候，寓所大门的门铃响了起来。“是公司里派什么人来了。”他暗自思忖，几乎惊呆了，而他的细腿们却一个劲儿舞动得更猛烈了。四周保持着片刻的寂静。“他们不开门。”格里高尔心里在想，怀抱着某种无谓的希望。但是随后使女自然就一如既往踏着坚定的步子到门口开门去了。格里高尔只需听见来访者的第一声招呼便立刻知道这是谁——是秘书主任亲自出马了。为什么只有格里高尔生就这个命，要给这样一家公司当差，只要有一点小小的差池，马上就会招来最大的怀疑？难道所有员工统统都是无赖，难道他们当中没有一个忠诚顺从的人，这个人即便只是在早晨占用公司两三个小时就于心不安得滑稽可笑，简直都下不了床了？若是派个学徒来问问真的不顶事——假若压根儿有必要这么刨根问底儿个不休的话——秘书主任就非得亲自出马，就非得由此而向无辜的全家人表示，这件可疑的事情只能委托秘书主任这样的行家来调查吗？与其说是由于做出了一个正确的决断，还不如说是由于格里高尔想到这些事内心十分激动，他用尽全力一跃下了床。响起了一声响亮的撞击声，但并不是什么了不起的闹声。地毯把跌落的声音减弱了几分，后背也比他想象的更富有弹性，这声并不十分惊动人的闷响便是这么产生出来的。只有那脑袋他没有足够小心地将其翘起，撞在地板上了；他扭动脑袋，痛苦而愤懑地将它在地毯上蹭了蹭。

“那里面有什么东西掉下来了。”秘书主任在左边邻室里说。格里高尔试着设想，类似今天他身上发生的事会不会有朝一日也让秘书主任碰上；其实人们必须承认这种可能性是存在的。可是像是对这个问题做出了粗暴的回答似的，现在秘书主任在隔壁房间里坚定地走了几步，让他那双漆皮靴发出咯吱咯吱的响声。妹妹从右边的邻室里用耳语向格里高尔通报消息："格里高尔，秘书主任来了。""我知道了。"格里高尔嘟哝道；但是他没敢将嗓门提高到足以让妹妹听见的程度。

"格里高尔，"这时父亲从左边邻室里说道，"秘书主任先生来了，他要知道为什么你没乘早班火车走。我们不知道我们该对他说什么。再者，他也想亲自和你谈谈。所以请你开开门吧。他度量大，对房间里凌乱不会见怪的。""早上好，萨姆沙先生！"秘书主任和蔼地招呼道。"他身体不舒服。"母亲对秘书主任说，而父亲则还在门旁说："他身体不舒服，您相信我吧，秘书主任先生。要不然格里高尔怎么会误了第一班火车！这孩子脑袋瓜子里一心只想着公事。他晚上从来不出门，连我瞧着都快要生气了。现在他已经在城里待了八天了，可是每天晚上他都守在家里。他和我们一起坐在桌旁，默默读报或研究火车时刻表。如果他用钢丝锯干点活儿，这对他来说就已经是一种消遣了。譬如他就用两三个晚上雕刻了一只小镜框；您会感到惊讶的，它雕刻得非常漂亮，就挂在这房间里。等格里高尔一开门，您马上就会看到它。您的光临真叫我高兴，秘书主任先生；光靠我们简直没法让他开门；他固执极了；他一定是身体不舒服了，尽管他早晨矢口否认。""我马上就来，"格里高尔慢条斯理地说，可是却寸步也没移动，生怕漏听了交谈中的一句话。"太太，我也想不出有什么别的原因，"秘书主任说，"但愿不是什么了不起的病。可是话也得说回来，我们买卖人——你可以说是晦气也可以说是福气——出于生意经往往只好不把这种小毛病当一回儿事。""秘书主任先生现在可以进去看你了吗？"不耐烦的父亲又敲门问道。"不行，"格里高尔说。左边邻室里顿时出现一片令人难堪的寂静，右边邻室里妹妹开始啜泣起来。

妹妹为什么不到其他人那儿去呢？她大概现在才起床，根本还没开始穿衣吧。那么她为什么哭呢？因为他不起床，不让秘书主任进来；因为他有丢掉这份差使的危险；因为随后老板就又要向父母亲逼债吗？眼下这不都是瞎操心嘛。格里高尔还在这里，丝毫也不想离开他的家人嘛。眼下他好好地躺在这儿的地毯上，哪个知道他目前状况的人都不会当真要求他让秘书主任进来的。可是格里高尔总不会由于这个小小的失礼行为马上就被开除吧，以后很容易就可以找个借口把它掩饰过去的嘛。格里高尔觉得现在他们与其抹鼻子流眼泪苦苦哀求，还不如别来打扰他的好。但是正是这种捉摸不定的情况令其他人感到苦恼，证明着他们的态度无可厚非。

"萨姆沙先生，"秘书主任提高嗓门说，"您这是怎么回事？您把您自己关在房间里，光是回答‘是’和‘不是’，不必要地引起您父母极大的忧虑，还以一种简直是闻所未闻的方式疏忽了——我只是捎带提一句——您的公务职守。我现在以您父母和您经理的名义和您说话，并正式要求您立刻做出明确的解释。我感到惊讶，我感到惊讶。我原以为您是个文文静静、明达事理的人，可是现在您似乎突然要耍怪脾气了。虽然今天早晨经理向我暗示了您不露面的原因——他提到了最近委托您收取的那笔现款，但是我确实几乎以我的名誉向他担保这根本不可能。可是如今我在这里看到您执拗得简直不可思议，我完全失去了任何兴致，丝毫也不想替您去说了。您在公司里的地位绝不是最牢固的。这些话我本来想私下里对您说的，但是既然您在这里白白糟蹋我的时间，我就不知道，为什么令尊和令堂就不可以也一起听听呢。近来您的成绩令人很不满意，现在虽然不是做生意的旺季，这一点我们承认；但是不做生意的季节是根本不存在的，萨姆沙先生，是不允许存在的。”

“可是秘书主任先生，”格里高尔气愤地说，一激动便忘记了一切，“我马上，我这就来开门。我有点不舒服，头晕，起不了床了。我现在还躺在床上呢。但是现在我已经又有了精神了。我正在下，我正在下床。请稍等片刻！情况还不像我想象的那么好。可是我已经恢复健康了。一个人怎么会突然患上这种病！昨天晚上我还好好的，我父母亲是知道的嘛，或许不如说，昨天晚上我就已经有所预感。想必人们已经看出我有点不对头了。我为什么没向公司告病假！我总以为，这病用不着请假，待在家里我也能挺过去的。秘书主任先生！请您体谅我的父母！您现在对我所作的种种指责都是没有根据的，有关这方面的问题人们一句话也没对我说过。也许您还没看到我已经寄出的最近一批订单吧，再者，我就乘八点钟的火车上路，这几个小时的休息使我精力充沛起来了。您别耽误时间了吧，秘书主任先生；我本人马上就上班，劳您大驾，把这一点告诉经理并代我向经理问好！”

就在格里高尔急促发出这一席话、几乎不知道自己讲了些什么的当儿，分明是由于有了床上的那些锻炼，他已经轻易地渐渐接近那只柜子，现在正试图靠着它使自己直立起来。他果真想开门，果真想露面并和秘书主任谈话，他很想知道，那些现在如此渴望见到他的人一旦看见他时会说些什么。如果他们给吓住了，那么格里高尔就不再有什么责任，就可以心安理得。但是如果他们对这一切泰然处之，那么他也就没有什么理由要大惊小怪，只要抓紧时间就真的可以在八点钟赶到火车站。起先他从光滑的柜上滑落下来几次，但是他最后猛一使劲终于站直了起来：对于下身的疼痛他一点儿也不在意了，虽然它火辣辣地作痛。他向着近处一把椅子的靠背倒下，他用自己的细腿紧紧抓住靠背的边缘。这一下他却也控制住了自己的身体，并且沉默不语，因为现在他可以倾听秘书主任讲话了。

“你们也哪怕听懂了一句话了吗？”秘书主任问父母亲，“他不是在拿我们寻开心吧？”“天哪，”母亲已经带着哭声在喊，“他也许得了重病了，我们还在折磨他。葛蕾特！葛蕾特！”随后她便嚷嚷。“母亲？”妹妹从另一边叫喊。她们隔着格里高尔的房间对嚷起来。“现在你赶快去找医生。格里高尔病了。快去请医生。你听见格里高尔现在的讲话声了吗？”“那是一种牲畜的声音，”葛蕾特说，比起母亲的叫喊来声音显得格外的轻。“安娜！安娜！”父亲通过门厅朝厨房里喊并拍着巴掌，“马上找个锁匠来！”话音未落，那两个女孩子便奔跑着穿过门厅，只听见裙子发出飕飕的响声——妹妹怎么会这么快穿上衣服的，并猛一把拉开寓所大门？人们根本没听见关门声；她们大概让大门敞开着了，哪家出了什么大不幸的事大门往往都是这么敞开着的。

可是格里高尔的心境却平静得多了。人们虽然再也听不懂他的话了，尽管他自己觉得他的话说得相当清楚，比从前清楚，也许是因为耳朵习惯了吧。可是人们总算相信他并不是完全没病，并准备帮助他了。采取这些初步措施时的那种信心和沉着令他感到欣慰。他觉得自己又被纳入到人类的圈子里，虽然其实不太清楚医生和锁匠是什么人，却希望这两个人取得了不起的、惊人的成绩。为了使自己在即将到来的重要谈话中声音尽可能清晰些，他稍微清了清嗓子，当然竭力压低声音，因为很可能这种咳嗽声听起来就已经不同于人的咳嗽声，这正是他自己都不再敢于决断的事。这当儿，隔壁房间里一片寂静。也许父母正和秘书主任一起坐在桌旁，在悄悄地说话，也许大家都靠在门旁，都在偷听呢。

格里高尔扒着椅子慢慢向门口移动过去，在门口撂下椅子，向房门扑过去，靠着门板直起身来——他的细腿的底部有一些黏性——在那儿休憩片刻，缓过一口气来。但是随后他便开始用嘴巴来转动插在锁孔里的钥匙。遗憾的是，他似乎没有什么真正的牙齿——他用什么来咬住钥匙呢？不过他的下颚倒十分结实，足以担当此项任务，在它的帮助下他也果真启动了钥匙，他没有注意到他无疑给自己造成某种伤害，因为一股棕色的液体从他嘴里流出来，淌过钥匙并滴到地上。“你们听，”秘书主任在隔壁房间里说，“他在转动钥匙。”这对格里高尔是一种很大的鼓舞；可是本来大家都应该对他喊，父亲和母亲也应该对他喊：“加油，格里高尔！”他们应该高喊：“永远向前，紧紧顶住锁孔！”以为大家都在全神贯注地注视着他的艰难动作，他竭尽全力，死命咬住钥匙。他随着钥匙的旋转而绕着锁孔舞动；现在还在用嘴使自己的身体保持直立，他按照需要或是吊在钥匙上，或是随后便用自己身体的全部重量又将钥匙压下去。锁终于啪的一声反弹回去，这个清脆的响声简直使格里高尔如梦初醒。他舒了一口气暗自思忖道："看我没用锁匠吧！"并将脑袋搁在门把上，想将门完全打开。

由于他不得不用这种方式来开门，所以实际上这扇门已经开出相当大的一个缝隙了，而人们却还看不见他的身影。他必须先慢慢绕着一扇门扇旋转，而且得十分小心，如果他不想恰好在进入房间之前重重地仰脸摔到地上去的话。他正在艰难地挪动自己，顾不上注意别的事情，这时他却听见秘书主任大声"哦！"了一声——这声音听起来就像风在呼啸——而他同时也看到，最靠近门口的他怎样用一只手捂住张开的嘴巴并徐徐向后退去，仿佛有一股无形的、均匀作用的力在驱动他们似的。母亲——虽然秘书主任在场，照样披散着一头一夜睡眠后蓬乱森竖的头发站立在那儿——先是合掌望着父亲，随后便向格里高尔走过去两步，然后倒在了地上，衣裙在她四周摊了开来，脸庞垂在胸口，完全隐匿不见了。父亲恶狠狠地捏紧拳头，仿佛他要将格里高尔打回房间里去似的，随即犹豫不定地扫视了一下起居室，接着便用双手捂住眼睛哭了起来，他宽阔的胸膛颤抖着。

格里高尔根本就不到房间里去，而是从里面靠住那半扇关紧的门，所以只有他的半个身子以及那上面那个向一边倾斜的脑袋可以看得见，他正歪着脑袋在张望别人。这当儿，天色明亮得多了，可以清清楚楚地看到街对面那幢长得没有尽头的深灰色建筑的一个分段——那是一座医院——一排隔一定距离安置的窗户贯穿这幢建筑的正面；雨还在下，但是落到地面上的只是一滴滴大的、个别可以看得见的并且全都是零零星星掉下的雨点。桌子上摆着数量极其多的早餐餐具，因为对于格里高尔的父亲来说早餐是一天里最重要的一顿饭，他一边读着各种报刊，一吃就是好几个小时。正对面墙上挂着一幅他服兵役时的照片，当时他是少尉，他的手按在剑上，脸上挂着无忧无虑的笑容，分明是要人家尊敬他的军人风度和制服。门厅的门开着，由于寓所的大门也开着，所以人们可以看到寓所外面的前院和向下的那道楼梯的开头几个梯级。

"唔，"格里高尔说，他分明意识到自己是惟一保持着镇静的人，"我马上就穿好衣服，包好样品就走。你们愿意，你们愿意让我走吗？唔，秘书主任先生，您会看到，我并不是冥顽不化，我喜欢工作；出差是辛苦的，但是不出差我就没法活。秘书主任先生，您去哪儿？去公司吗？是吗？您会如实报告一切吗？人可能一时没了工作能力，但是随后就会不失时机地回忆起从前的成绩，并想到以后，等消除了障碍，他一定会更兢兢业业地工作。我是非常感激经理先生的，这一点您十分清楚。另一方面，我要为我的父母和妹妹操心。我处境困难，但是我也会重新摆脱困境的。您就不要来给我平白地增添麻烦了。请您在公司里帮我美言两句！人们不喜欢旅行推销员，我知道。人们以为，他大把大把地挣钱，过着逍遥自在的日子。人们没有什么特别的诱因去更好地考虑这种成见嘛。可是您，秘书主任先生，您比公司里别的员工都更了解情况呀，而且甚至，我们私下里说说，比经理本人还更了解情况，他作为东家在作出判断时容易受迷惑，对一个员工产生不好的印象。您也很清楚地知道，旅行推销员几乎整年都不在公司里，很容易成为闲言碎语、飞短流长的牺牲品。对此他防不胜防，因为他对此等事情往往一无所知，待到他精疲力竭做完一次推销旅行，在家里亲身感受到那糟糕的、莫明其妙的后果时他才有所感悟。秘书主任先生，您先别走，您总得对我说一句话吧，向我表明，您认为我的话至少有一小部分是对的！”

可是一听到格里高尔的头几个词秘书主任就已经扭过身去，他只是张开嘴唇回头从耸动的肩膀上向格里高尔望去。在格里高尔讲话期间他片刻也没有站定，而是眼睛盯住了格里高尔，向门口溜过去，一步一步地踅过去，仿佛存在着一道不准离开房间的秘密禁令似的。他已经到了门厅，按照他最后一次将脚从起居室抽回时的那个突然的动作来判断，人们一定会以为，他刚才一定是灼伤脚跟了。可是一到门厅他便远远伸出右手指向楼梯，好似那儿有一个超自然的救星在等待着他。

格里高尔明白，如果他不想让自己在公司里的职位受到极大的危害，他就决不可以让这位秘书主任怀着这种心情离去。父母对这一切不甚了然；天长日久，他们已经形成了这样一种信念，以为格里高尔在这家公司里工作，一辈子可以吃穿不愁了，而且现在他们一心只想着眼前的愁苦事，根本无暇顾及将来的事。但是格里高尔顾及到了。必须挽留、安慰、说服秘书主任，并在最后博得他的好感；格里高尔和他一家人的前途全系在这上面呢！要是妹妹在这儿就好了！她聪明，当格里高尔还心平气和地仰卧着的时候她就已经哭了。秘书主任，这个爱好女人的人，一定会受她的驾驭；她就会关上寓所大门，在前室里劝他不要害怕。可妹妹就是不在，格里高尔只好亲自出马。没有想到他还根本不了解自己眼下的活动能力，也不去想一想，他的话可能——甚至十之八九又不会被人听懂。他离开了那半扇门扇，在门洞里挤过去；想向正可笑地用双手抓住过道楼梯栏杆的秘书主任走去；可是立刻一边寻找着支撑点，一边轻轻一声喊叫跌倒下来，他那众多的细腿着了地。它们刚一着地，他便在这一天早晨第一次感觉到了一种身体上的适意；细腿们踩在实地上了；他高兴地注意到，它们完全听从指挥，它们甚至竭力把他带向他想去的那个方向；他已经以为，最终摆脱一切苦难的时刻已经为期不远。可是就在这同时，就在他摇摇晃晃，由于动作受到遏制，在离他母亲不远处，躺在她正对面的地板上的时候，似乎正完全陷入沉思之中的母亲却霍地跳了起来，远远伸出双臂，叉开十指，大喊："救命，天哪，救命！"她低垂着脑袋，仿佛想把格里高尔看得更真切些似的，可是偏偏又身不由己地向后退去；忘记了她身后摆着那张已摆好餐具的桌子；当她退到桌子近旁时便好似心不在焉地一屁股坐了上去；并且好像丝毫不曾觉察到，咖啡正从她身旁那把已打翻的大咖啡壶里汩汩地往地毯上流。

"母亲，母亲！"格里高尔轻声说着，并抬起头来看着她。一瞬间他把秘书主任完全忘却了；可是他的嘴却忍不住咂起来，因为他看到了淌出来的咖啡。母亲见状再次尖叫起来，逃离开桌子，扑进向她迎面奔来的父亲的怀里。可是格里高尔现在无暇顾及他的父母；秘书主任已经在楼梯上；下巴搁在栏杆上，他还最后一次回头看了看。格里高尔急走几步，想尽快追上他；秘书主任想必有所察觉，因为他一个大步跳过好几级，消失不见了："嗬！"可是他一边还叫喊，这叫声响彻整个楼梯间。遗憾的是，秘书主任这一逃跑似乎使迄今一直比较镇静的父亲也慌乱了起来，因为他非但自己不去追赶秘书主任，或者起码不妨碍格里高尔去追赶，反倒用右手操起秘书主任的手杖，那根此人连同帽子和外套一起落在椅子上的手杖，用左手从桌子上抓起一大张报纸，一边跺着脚，一边挥动手杖和报纸，要把格里高尔赶回到他的房间里去。格里高尔百般请求也无济于事，他的请求也没有人懂得，不管他多么谦恭地晃动脑袋，父亲只是一个劲儿拼命跺脚。那一边，母亲不顾天气凉爽打开了一扇窗户，身子探在了窗外，她把手远伸到窗户外面捂住了自己的脸。胡同和楼梯间之间刮起一阵强劲的穿堂风，窗帘掀起来，桌子上的报纸沙沙响，有几张在地面上翻滚。父亲无情地驱赶并发出嘘嘘声，简直像个狂人。可是格里高尔还根本没练习过后退，所以确实退得很慢。假如格里高尔可以转身的话，他马上就回到他的房间里去了，但是他担心这极费时间的转身会让父亲不耐烦，父亲手中的手杖随时会照准他的后背或头部给以致命的一击。可是最终格里高尔也没有别的办法，因为他惊恐地发现，倒退起来他连方向也掌握不了；就这样，他一面始终不安地侧过头去瞅着父亲，一面开始尽量迅速、而其实却只是很慢地掉转身子。也许父亲觉察到了他的良好意愿，因为他非但不干扰他，时不时远远地用手杖尖头指点旋转动作。父亲若不发出这种让人无法忍受的嘘嘘声那该有多好！格里高尔让这嘘嘘声搞得心慌意乱。他已经几乎完全转过身来了，可是他却始终听着这嘘嘘声，竟晕头转向，又转回去了一些。然而当他最后总算将脑袋挪到门口时，这才发现，原来他的身体太宽，一下子还挤不进去。父亲在目前的心境下自然也绝不会想到应该打开另外半扇门，以便让格里高尔顺利通行。他一心只想着，格里高尔必须尽快回到自己的房间里去。他也绝不会允许格里高尔做那些繁琐的准备动作的，可是为了直起身来并且也许以这种方式从门口走进去，他就必须做好这些准备。现在他反倒大声喧嚷着把格里高尔往前赶，仿佛没有什么障碍似的，这在格里高尔身后听起来已经不再像是单纯一位父亲的声音了；现在确实不是闹着玩的了，于是格里高尔——不顾一切地——挤进门里去。他身子的一边拱了起来，他斜躺在门口，他的腰部一面完全擦伤了，洁白的门上留下了难看的斑点，不一会儿他就给卡住了，单凭自己竟丝毫也动弹不得，身子一边的细腿们悬在空中颤抖，另一边的则在地上给压得十分疼痛——这时，父亲从后面使劲推了他一把，现在这一把倒确实救了他的性命，他当即便血流如注，远远跌进了他的房间里。房门还在手杖的一击下砰地关上了，随后屋子里终于寂静了下来。

［选自《变形记：卡夫卡中短篇小说集》，（奥匈）卡夫卡著，张荣昌译，上海译文出版社，2012 年版］

【注释】

［1］变形记，是卡夫卡短篇小说的代表作。从作者当时致其未婚妻菲利斯·鲍尔的信中可以看出，该作写于 1912 年 11 月中下旬至 12 月上旬，卡夫卡曾想以《儿子们》为题，将它与《判决》、《司炉》结集出版，未果。后于 1915 年发表在乐奈·布克尔编的《白色书页》上，同年由莱比锡库尔特·沃尔夫出版社出版了单行本。作者为此书的封面设计致函这家出版社：“封面上可千万别画上那只昆虫啊！”最后，封面上的图象画的是一个孤苦的青年哭泣着走出家门。

【导读】

弗朗茨·卡夫卡（1883—1924），20 世纪奥匈帝国德语小说家，犹太人，现代派文学的奠基人。生于捷克首府布拉格，爱好文学和戏剧。1904 年开始发表小说，早期的作品颇受表现主义影响。1912 年写出短篇小说《判决》后形成自己独特的创作风格。1924 年 6 月 3 日逝世后，文章才得到比较强烈的反响。

《变形记》是深刻挖掘人性的冷漠和人性的扭曲的一部杰作。主人公格里高尔是众多普通人的缩影，他们为了支撑家庭去承受痛苦以及令自己厌恶的一切。这既是社会的悲哀，更是人性的弱点。故事以富有戏剧性的情节展现了社会生活中人们渴望做自己喜欢的工作、爱自己喜欢的人，却由于现实的残酷事与愿违的现状。

【思考与练习】

1. 本文通过描写格里高尔变成一只甲虫后的悲惨境遇反映了什么问题？

2. 卡夫卡文学作品的主题，在不同的时间，或因为读者、角度的不同，会有不同的体验和理解。有人认为《变形记》的主题是表现人对自己命运的无能为力，人失去自我就处于绝境；也有人认为，格里高尔变成甲虫，无利于人，也无法正常生存，因此只能痛苦地死亡；还有人认为一家人互帮互助，重新工作，走向新生活。对此，你作何感想？结合当下，你认为《变形记》的主题思想是什么？

罗　生　门[1]

（日）芥川龙之介

某日傍晚，有一家将，在罗生门下避雨。

宽广的门下，除他以外，没有别人，只在朱漆斑驳的大圆柱上，蹲着一只蟋蟀。罗生门正当朱雀大路，本该有不少戴女笠和乌软帽的男女行人到这儿来避雨，可是现在却只有他一个。

这是为什么呢？因为这数年来，接连遭了地震、台风、大火、饥馑等几次灾难，京城已格外荒凉了。照那时留下来的记载，还有把佛像、供具打碎，将带有朱漆和飞金的木头堆在路边当柴卖的。京里的情况如此，像修理罗生门那样的事，当然也无人来管了。在这种荒凉景象中，便有狐狸和强盗来乘机做窝。甚至最后变成了一种习惯，把无主的尸体，扔到门里来了。所以一到夕阳西下，气象阴森，谁也不上这里来了。

倒是不知从哪里，飞来了许多乌鸦。白昼，这些乌鸦成群地在高高的门楼顶空飞翔啼叫，特别到夕阳通红时，黑魆魆地好似在天空撒了黑芝麻，看得分外清楚。当然，它们是到门楼上来啄死人肉的——今天因为时间已晚，一只也见不到，但在倒塌了的砖石缝里长草的台阶上，还可以看到点点白色的鸟粪。这家将穿着洗旧了的宝蓝袄，一屁股坐在共有七级的最高一层的台阶上，手护着右颊上一个大肿疱，茫然地等雨停下来。

说是这家将在避雨，可是雨停之后，他也想不出要上哪里去。照说应当回主人家去，可是主人在四五天前已把他辞退了。上边提到，当时京城市面正是一片萧条，现在这家将被多年老主人辞退出来，也不外是这萧条的一个小小的余波。所以家将的避雨，说正确一点，便是“被雨淋湿的家将，正在无路可走”。而且今天的天气也影响了这位平安朝[2]家将的忧郁的心情。从申末下起的雨，到酉时还没停下来。家将一边不断地在想明天的日子怎样过——也就是从无办法中求办法，一边耳朵里似听非听地听着朱雀大路上的雨声。

雨包围着罗生门从远处飒飒地打过来，黄昏渐渐压到头顶，抬头望望，门楼顶上斜出的飞檐上正挑起一朵沉重的暗云。

要从无办法中找办法，便只好不择手段。要择手段便只有饿死在街头的垃圾堆里，然后像狗一样，被人拖到这门上扔掉。倘若不择手段哩——家将反复想了多次，最后便跑到这儿来了。可是这“倘若”，想来想去结果还是一个“倘若”。原来家将既决定不择手段，又加上了一个“倘若”，对于以后要去干的“走当强盗的路”，当然是提不起积极肯定的勇气了。

家将打了一个大喷嚏，又大模大样地站起来，夜间的京城已冷得需要烤火了，风同夜暗毫不客气地吹进门柱间。蹲在朱漆圆柱上的蟋蟀已经不见了。

家将缩着脖子，耸起里面衬黄小衫的宝蓝袄子的肩头，向门内四处张望，如有一个地方，既可以避风雨，又可以不给人看到能安安静静睡觉，就想在这儿过夜了。这时候，他发现了通门楼的宽大的漆朱漆的楼梯。楼上即使有人，也不过是些死人。他便留意着腰间的刀，别让脱出鞘来，举起穿草鞋的脚，跨上楼梯最下面的一级。

过了一会，在罗生门门楼宽广的楼梯中段，便有一个人，像猫儿似的缩着身体，憋着呼吸在窥探上面的光景。楼上漏下火光，隐约照见这人的右脸，短胡子中长着一个红肿化脓的面疱。当初，他估量这上头只有死人，可是上了几级楼梯，看见还有人点着火。这火光又这儿那儿地在移动，模糊的黄色的火光，在屋顶挂满蛛网的天花板下摇晃。他心里明白，在这儿点着火的，绝不是一个寻常的人。

家将壁虎似的忍着脚声，好不容易才爬到这险陡的楼梯上最高的一级，尽量伏倒身体，伸长脖子，小心翼翼地向楼房望去。

果然，正如传闻所说，楼里胡乱扔着几具尸体。火光照到的地方挺小，看不出到底有多少具。能见到的，有光腚的，也有穿着衣服的，当然，有男也有女。这些尸体全不像曾经活过的人，而像泥塑的，张着嘴，摊开胳臂，横七竖八躺在楼板上。只有肩膀胸口略高的部分，照在朦胧的火光里；低的部分，黑黢黢地看不分明，只是哑巴似的沉默着。

一股腐烂的尸臭，家将连忙掩住鼻子，可是一刹那，他忘记掩鼻子了，有一种强烈的感情，夺去了他的嗅觉。

这时家将发现尸首堆里蹲着一个人，是穿棕色衣服、又矮又瘦像只猴子似的老婆子。这老婆子右手擎着一片点燃的松明，正在窥探一具尸体的脸，那尸体头发很长，估量是一个女人。

家将带着六分恐怖四分好奇的心理，一阵激动，连呼吸也忘了。照旧记的作者的说法，就是“毛骨悚然”了。老婆子把松明插在楼板上，两手在那尸体的脑袋上，跟母猴替小猴捉虱子一般，一根一根地拔着头发，头发似乎也随手拔下来了。

看着头发一根根拔下来，家将的恐怖也一点点消失了，同时对这老婆子的怒气，却一点点升上来了——不，对这老婆子，也许有语病，应该说是对一切罪恶引起的反感，愈来愈强烈了。此时如有人向这家将重提刚才他在门下想的是饿死还是当强盗的那个问题，大概他将毫不犹豫地选择饿死。他的恶劣之心，正如老婆子插在楼板上的松明，烘烘地冒出火来。

他当然还不明白老婆子为什么要拔死人头发，不能公平判断这是好事还是坏事，不过他觉得在雨夜罗生门上拔死人头发，单单这一点，已是不可饶恕的罪恶。当然他已忘记刚才自己还打算当强盗呢。

于是，家将两腿一蹬，一个箭步跳上了楼板，一手抓住刀柄，大步走到老婆子跟前。不消说，老婆子大吃一惊，并像弹弓似的跳了起来。

“呔，哪里走!”

家将挡住了在尸体中跌跌撞撞地跑着、慌忙逃走的老婆子，大声吆喝。老婆子还想把他推开，赶快逃跑，家将不让她逃，一把拉了回来，两人便在尸堆里扭结起来。胜败当然早已注定，家将终于揪住老婆子的胳臂，把她按倒在地。那胳臂瘦嶙嶙地皮包骨头，同鸡脚骨一样。

“你在干么？老实说，不说就宰了你!”

家将摔开老婆子，拔刀出鞘，举起来晃了一晃。可是老婆子不做声，两手发着抖，气喘吁吁地耸动着双肩，睁圆大眼，眼珠子几乎从眼眶里蹦出来，像哑巴似的顽固地沉默着。家将意识到老婆子的死活已全操在自己手上，刚才火似的怒气，便渐渐冷却了，只想搞明白究竟是怎么一回事，便低头看着老婆子放缓了口气说：

“我不是巡捕厅的差人，是经过这门下的行路人，不会拿绳子捆你的。只消告诉我，你为什么在这个时候在门楼上，到底干什么?”

于是，老婆子眼睛睁得更大，用眼眶红烂的肉食鸟一般矍铄的眼光盯住家将的脸，然后把发皱的同鼻子挤在一起的嘴，像吃食似的动着，牵动了细脖子的喉尖，从喉头发出乌鸦似的嗓音，一边喘气，一边传到家将的耳朵里。

“拔了这头发，拔了这头发，是做假发的。”

一听老婆子的回答，竟是意外的平凡，一阵失望，刚才那怒气又同冷酷的轻蔑一起兜上了心头。老婆子看出他的神气，一手还捏着一把刚拔下的死人头发，又像蛤蟆似的动着嘴巴，做了这样的说明：

“拔死人头发，是不对，不过这儿这些死人，活着时也都是干这类营生的。这位我拔了她头发的女人，活着时就是把蛇肉切成一段段，晒干了当干鱼到兵营去卖的。要是不害瘟病死了，如今还在卖呢。她卖的鱼味道很鲜，兵营的人买去做菜还缺少不得呢。她干那营生也不坏，要不干就得饿死，反正是没有法子嘛。你当我干这坏事，我不干就得饿死，也是没有法子呀！我跟她一样都没法子，大概她也会原谅我的。”

老婆子大致讲了这些话。

家将把刀插进鞘里，左手按着刀柄，冷淡地听着，右手又去摸摸脸上的肿疱，听着听着，他的勇气就鼓起来了。这是他刚在门下所缺乏的勇气，而且同刚上楼来逮老婆子相比是另外的一种勇气。他不但不再为着饿死还是当强盗的问题烦恼，现在他已把饿死的念头完全逐到意识之外去了。

“确实是这样吗？”

老婆子的话刚说完，他讥笑地说了一声，便下定了决心，立刻跨前一步，右手离开肿疱，抓住老婆子的大襟，狠狠地说：

“那么，我剥你的衣服，你也不要怪我，我不这样，我也得饿死嘛。”

家将一下子把老婆子剥光，把缠住他大腿的老婆子一脚踢到尸体上，跨了五大步便到了楼梯口，腋下挟着剥下的棕色衣服，一溜烟走下楼梯，消失在夜暗中了。

没多一会儿，死去似的老婆子从尸堆里爬起光赤的身子，嘴里哼哼哈哈地，借着还在燃烧的松明的光，爬到楼梯口，然后披散着短短的白发，向门下张望。外边是一片沉沉的黑夜。

谁也不知这家将到哪里去了。

［选自《罗生门：芥川龙之介短篇小说选》，（日）芥川龙之介著，楼适夷、文洁若、吕元明译，译林出版社，2010 年版］

【注释】

［1］这个短篇，作者是根据日本 11 世纪的古籍《今夕物语》中的故事改写的。

［2］平安朝，794—1192 年。

【导读】

芥川龙之介（1892—1927），日本小说家，素有日本文坛“鬼才”之称，毕生创作都是短小精悍的中短篇小说，内容丰富，思想深刻，《罗生门》、《烟草与魔鬼》、《傀儡师》、《影灯笼》、《夜来花》和《春服》是其短篇名作。生于东京，生后 9 个月，母精神失常，送舅父芥川家为养子。龙之介在中小学时代喜读江户文学，在东京帝国大学学习期间发表短篇小说《罗生门》（1915）、《鼻》（1916）、《芋粥》（1916）、《手帕》（1916），确立起作家新星的地位。大学毕业后曾在学校、新闻社任职。1920 年来中国旅行，先后游览多个地区，回国后发表《上海游记》（1921）和《江南游记》（1922）等作品。1927 年 7 月服毒自杀。

《罗生门》讲述了天灾人祸时期导致尸横遍野，落魄的家将在城门下避雨时偶然看见一位老妇人在拔尸体上的头发，他起初劝阻老妇人的行为，但因为老妇人的一句话，像是瞬间顿悟了一般，将老妇人的衣服扒光抢走，只说了一句："如果我不这样，我也会饿死"，就消失在黑夜之中。故事短小而富有深意，充满了压抑、讽刺，又巧妙地揭露了当时日本社会的黑暗现实。

【思考与练习】

1. 作品一开始家将是比较正直的，但为什么最后又剥了老妇人的衣服？你如何理解家将的这一变化？

2. 作品通过家将的遭遇描绘了日本当时怎样的社会现实？

午　　餐

（英）毛姆

我是在剧场看戏时见到她的。她向我招了招手，我趁幕间休息的时候走了过去，在她旁边坐下。我最后一次见到她还是很久以前的事了，如果不是有人提过她的名字，我想我这次就认不出来她了。她满面春风地和我拉扯起来：

"哦，好多年没见了，时间过得真快！我们也都老了。你还记得咱们第一次见面的情况吗？你邀请我去吃了一次中饭。"

我怎么能不记得。

那是二十年之前的事了，当时我住在巴黎。我在拉丁区有一间小小的公寓，从窗里可以俯瞰教堂的墓地，我的收入刚好够维持住我的灵魂和躯壳不分家。她读了一本我写的书，给我写了封信谈论这本书。我回信表示感谢。过了没多久我就又收到她一封信，说她要路经巴黎，想同我谈谈；不过她的时间有限，只能在下星期四抽出点空来，早上她要去卢森堡公园，问我是否愿意中午请她在福约特餐厅随便吃点什么。福约特是法国议员们经常光顾的一家餐厅。

它远远超出我的经济能力，所以我从来不敢问津。但是她信中的恭维话说得我心头发痒，而且那时我太年轻，还没能学会对一位女士说“不”。（我不妨加一句，没有几个男人学得会拒绝女人。等到他们学会时，年纪已经太老了。）我还有八十个法郎（金法郎）可以维持月底之前的开销。一顿便餐不会超过十五个法郎。如果我后半月不喝咖啡的话，我没准可以对付过去。

我回信和我这位朋友约好星期四中午十二点半在福约特餐厅见面。她没有我想象的那样年轻。她的外表与其说风姿动人毋宁说富态魁梧。实际上她已经有四十岁了（一个颇能迷惑人的年纪，但不是一眼就可以使你激动和产生强烈情感的年龄），她给我的印象是她的牙齿比实际需要多了一些，整齐、洁白，比较大。她很善谈，但因为她好像倾向于谈论关于我的事，所以我准备好做一名专心致志的听众。

菜单拿上来的时候我吓了一跳，价钱比我预料的要贵得多。但她说的话叫我放了心。

“我中午从来不吃什么。”她说。

“哦，可不要这么说！”我慷慨大方地回答。

“我只吃一道菜。我觉得现在人们吃得太多了。也许我可以来点鱼，我不知道有没有鲑鱼。”

吃鲑鱼的季节还略嫌早了一点，菜单上也没有写着这道菜。但是我还是问了一下侍者。有，刚刚进了一条头等鲑鱼，这是他们今年第一次进这种货。我为我的客人叫了一份。侍者问她在等着烹制鲑鱼的时候是否吃点别的。

“不，”她回答，“我中饭只吃一道菜。除非你们有鱼子酱。吃点鱼子酱我倒不反对。”

我的心微微一沉，我知道我吃不起鱼子酱，但我无法对她讲明这点，结果我还是吩咐侍者拿了份鱼子酱。我为自己挑了一份菜单上价格最便宜的菜——一份羊排。

“我认为你吃肉可并不明智，”她说，“我不知道你在吃完像肉排这类油腻的东西以后还怎么能工作。我可不能叫我的胃负担过重。”

这以后出现了饮料问题。

“我中饭从来不喝什么酒。”她说。

“我也如此。”我迫不及待地补了一句。

“除了白葡萄酒，”她继续说道，仿佛没听到我刚才的话，“法国白葡萄酒一点儿也不厉害，对消化很有帮助。”

“你想喝点什么？”我依然殷勤地问道，但已不那么曲意逢迎了。

她的一口洁白的牙齿一闪，对我殷勤地笑了笑。

“除了香槟我的医生绝对禁止我喝其他的酒。”

我想我的脸当时一定变得有些苍白。我叫了半瓶。我用随便的语气提到我的医生不允许我喝香槟。

“那么你喝什么?”

“水。”

她吃掉鱼子酱。她吃掉鲑鱼。她谈笑风生地谈论艺术、文学和音乐。可我却一直琢磨账单加起来会要我多少钱。当我那份羊排端上来时，她非常严肃地教训我。

“我看得出来你习惯中饭吃得很多。我认为这肯定不好。为什么你不学学我只吃一道菜?我肯定这对你会大有好处的。”

“我是只吃一道菜。”我说道，这时侍者又带着菜单来了。

她手一挥把他打发到一边去。

“我可不这样，我中饭从来不吃什么，吃也只吃一点，吃这点也是为了聊天方便。我可再也吃不下什么了——除非那种大龙须菜。如果不尝尝的话，这次到巴黎来可是件憾事。”

我的心沉了下去。我在橱窗里见到过龙须菜，我知道这东西贵得要命。我的嘴巴也常常因为看到它们而馋涎欲滴。

“夫人想知道你们有没有龙须菜。”我问侍者。

我捏着把汗真希望他说没有，一个快乐的笑掠过了侍者的神甫似的大脸。他对我说他们有一些那么大、那么好、那么嫩的龙须菜，简直绝无仅有。

我叫了一份。

“你不要吗?”

“不要，我从来不吃龙须菜。”

“我知道有人不喜欢龙须菜。事实是你吃的那些肉把你的胃口破坏了。”

我们等着龙须菜上来。我吓得心惊胆战。现在已经不是我可以剩下几个钱过日子的问题了，而是我是否有足够的钱拿出来付账。如果发现自己缺十个法郎不得不向客人张口的话，那就太叫人丢脸了。说什么我也不能丢这个丑。我清楚地知道我有多少钱，如果不够付账的话我下决心把手往兜里一伸然后戏剧性地大喊一声，跳起来说我被扒手扒了。当然了，那将是一个极其尴尬的场面，如果她也没有足够的钱付账的话。要是那样，唯一可行的办法就是留下我的表作抵押，过后再来赎了。

龙须菜上来了，又大又粗，一咬一汪水，真吊人胃口。它那滋滋作响的奶油香味一阵阵地往我鼻孔里钻，就像耶和华嗅到虔诚的希伯来人奉献上烤得香喷喷的供品。我一边望着这位纵情大嚼的女人一大口一大口地往嗓子眼里塞，一边客客气气地谈论着巴尔干半岛的戏剧界现状。她终于吃完了。

“咖啡?”我问道。

“好吧，一客冰激凌加咖啡。”她回答。

我现在已经把一切置之度外了，我给自己也叫了咖啡，给她要了冰激凌加咖啡。

“你知道，我是相信这个真理的，”她边吃冰激凌加咖啡边说，“一个人吃饭时一定要只吃八成饱。”

“你还饿吗?”我有气无力地问道。

“哦，不饿了；你看，我中午不吃饭。早上我喝一杯咖啡，之后就吃晚饭了。中饭我至多只吃一道菜。我这也是在劝你。”

“说得是，我一定听从你的劝告。”

之后一件可怕的事发生了。当我们等着咖啡的时候，领班侍者摆着一副讨好的笑容向我们走来，胳膊上挎着一满篮子大桃，红得好像纯洁的姑娘的脸蛋，色调有如意大利绚丽的风景画。桃子肯定还没有到上市的季节。只有上帝知道多少钱一个。我也知道了——那是在过了一会儿以后，因为我的客人一边继续谈话，一边心不在焉地随手拿了一个。

“你看，你用肉塞满了肠胃，”——她指的是我那一块可怜的肉排——“你什么也吃不下去了。而我只随便像吃点心一样地吃了点，我还可以享受个桃子。”

账单来了，付完账后我发现剩下的钱不够一次像样的小费。她的目光在我留给侍者的三个法郎上停留了片刻，我知道她一定在想我很吝啬。但是我在走出饭馆时，带着一张嘴和一个肚子，但口袋里却一文不名。

“学我的样子，”在我们握手道别时她说道，“中饭千万只吃一道菜。”

“我会比这做得还好，”我大声回答，“今天晚饭我就什么也不吃了。”

“幽默家!”她快乐地喊着，跳上了一辆马车，“你真是一个十足的幽默家!”

但我终于复了仇。我不认为我是位睚眦必报的人，可是当不朽的大神插手这件事时，你暗自得意地看着这个结果也还是可以原谅的。今天她体重三百磅。

[选自《毛姆短篇小说精选集》，(英)威廉·萨默塞特·毛姆著，冯亦代、傅惟慈、陆谷孙译，译林出版社，2012年版]

【导读】

威廉·萨默塞特·毛姆(1874—1965)，英国小说家、戏剧家。最早从医，后致力写作。毛姆的作品常以冷静、客观、挑剔的态度观察人生，基调超然，带讽刺和怜悯意味，在全世界拥有大量读者。戏剧《圈子》，长篇小说《人生的枷锁》、《月亮和六便士》，短篇小说集《叶的震颤》、《卡苏里那树》、《阿金》等是他的杰作。

《午餐》描述了年轻作家和一位女士共进午餐的故事。小说叙事幽默、讽刺，人物形象鲜明、生动，以“共进午餐”为全文的切入点，从绅士情节、话语权力、礼貌原则等三个角度对“午餐”进行了深入解读。

【思考与练习】

1. 本文以共进“午餐”为全文切入点，从哪几个角度对《午餐》进行了深入探讨？这有何典型意义？

2. 结合日常饮食谈如何养成健康饮食习惯。

白象似的群山

（美）海明威

埃布罗河[1]谷的另一边，绵延着白色的山峦。河谷这边，没有树木，无处成荫，阳光下，站台就伫立在两条铁轨线中间。紧靠站台的一边，一幢房屋投下温暖的影子，酒吧的门口挂着竹珠子串成的门帘，用来挡苍蝇。那个美国人和同行的女孩坐在屋外阴凉处的一张桌子旁。天气十分炎热，从巴塞罗那[2]发出的快车还有四十分钟才到站，列车在此站只停两分钟，然后会继续行驶，开往马德里。

“我们喝什么呢？”女孩问。她已经摘掉帽子，把它搁在桌子上。

“天气太热了。”男人说。

“喝杯啤酒吧。”

“来两杯啤酒。”男人冲着门帘里面叫了一声。

“要大杯的吗？”一个女人站在门口问。

“对。两大杯。”

那个女人端来两大杯啤酒，拿来两只毡垫。她把毡垫和啤酒杯一一放到桌子上，看了看那个男人和那个女孩。女孩正在眺望远处的群山。阳光下，山都是白色的，而山野却干巴巴的，呈灰褐色。

“它们看上去像一群白象。”她说。

"我从未看到过大象。"男人把啤酒一饮而尽。
"当然，你肯定没见过。"
"说不定我还见过呢。"男人说，"你说我没见过就没见过了？"
女孩看看珠帘。"他们在上面喷了字。"她说，"那上面写的是什么？"
"茴香酒[3]。一种酒。"
"我们可以试试吗？"
男人冲珠帘叫了一声："喂。"
那女人从酒吧里走了出来。
"一共四里亚尔[4]。"
"我们要两杯茴香酒。"
"要加水吗？"
"要不要加水？"
"我不知道。"女孩说，"加了水好喝吗？"
"好喝。"
"你们要加水吗？"那女人问。
"好。要加了水的。"
"这酒的味道好像甘草。"女孩说着，放下酒杯。
"所有的东西都这样。"
"是啊。"女孩说，"一切事物都有甘草一样的味道。特别是你盼望了好久的那些东西，简直就像苦艾酒[5]。"
"噢，别说了。"
"是你先开始的，"女孩说，"我刚才一直觉得挺有意思，挺开心的。"
"好啊，咱们就想办法开心开心。"
"好了，我一直在努力。我说这些山看上去像一群白象，这话难道还不叫人愉悦？"
"很愉悦。"
"我还说要尝尝这种没喝过的酒。这就是我们所做的一切，不是吗——到处看看，尝尝没喝过的酒？"
"你说的对。"
女孩又开始眺望远处的群山。
"这些山真美。"她说，"它们并不是真的像一群白象。我刚才只是说，穿过树木望去，那些山表面的颜色是白色的。"
"还要再来一杯吗？"
"行啊。"

珠帘被温暖的风吹起，拂过了桌子。

“这啤酒很凉爽，好喝。”男人说。

“真是棒极了。”女孩说。

“其实那个手术真的很简单，吉格。”男人说，“甚至都算不上手术。”

女孩盯着桌腿下的地面。

“我知道你不会介意的，吉格。真的没什么大不了的，只要灌点儿空气进去就行了。”

女孩不做声。

“我会跟你一起去，而且会一直陪在你身边。他们只是注入空气，然后就完全正常了。”

“之后咱们怎么办？”

“咱们以后会很好啊，就像以前那样。”

“你凭什么这么认为？”

“因为那是唯一困扰咱们的事，是唯一叫咱们不开心的事儿。”

女孩看着珠帘，伸手抓住两串珠子。

“你还觉得从那以后咱们就会没事了，就可以幸福地生活下去了。”

“我知道咱们会幸福地生活下去的，别害怕，我认识很多做过这种手术的人。”

“我也认识很多做过的人，”女孩说，“手术后他们都过得那么开心。”

“好吧。”男人说，“要是你不想做那就不用去做。如果你不想做，我不会勉强你。不过我知道那很简单。”

“你真的想让我做吗？”

“在我看来，那是最好的办法了。不过如果你不想做，我绝不勉强。”

“可是如果我去做了，你就会很高兴，一切就跟原来一样，你就会爱上我，是吗？”

“我现在就爱着你。你知道我是爱你的。”

“我知道。但是，如果我去做了，那么情况就又会好起来。假如我再说什么东西像群白象，你也会喜欢吗？”

“对，我会很喜欢的，其实我现在就很喜欢，只是我没心思考虑这些。你知道我心烦的时候什么样儿。”

“如果我去做手术，你就再也不会心烦了吗？”

“我不会心烦了，因为真的很简单。”

“那我就去做。因为我根本不在乎自己。”

“什么意思？”

“我根本不在乎自己。”

“噢！我在乎你啊！”

“哦，是。可我不在乎。而且我去做那手术，一切都会好起来。”

“如果你是这种想法，我宁愿你不要做手术。”

女孩站起身来，走到站台尽头。铁路那边是埃布罗河，两岸长着庄稼和树林。远处，河的那边是起伏的山峦。一片云影掠过粮田，穿过树林往前看，便可以看到河流。

“这一切本来都应该属于我们。”她说，“这一切本该属于我们，然而，随着日子一天天过去，这一切都变得越来越不可能。”

“你说什么呢？”

“我说我们原本可以拥有这一切。”

“我们会的。”

“不，我们不会。”

“我们可以拥有整个世界。”

“不，我们不能。”

“我们可以去往任何地方。”

“不，我们不能。这个世界已经不再是我们的了。”

“是我们的。”

“不，不是。一旦他们把它拿走，你便永远不可能将它收回。”

“可他们还没有把它拿走。”

“咱们等着瞧。”

“回阴凉底下去吧，”他说，“你千万不要再那么想了。”

“我什么都没想，”女孩说，“我说的都是事实。”

“我不想让你去做任何你不想做的事。”

“或者对我不怎么好的事。”她说，“我知道。咱们再来杯啤酒好吗？”

“好的。可你必须得知道。”

“我知道。”女孩说，“我们能不能不要再说这些了？”

他们在桌边坐下。女孩望着对面干涸的河谷上连绵的群山，男人则看了看女孩，又看了看桌子。

“你必须得知道。”他说，“要是你自己不想做，我是不会逼你的。如果这对你很重要的话，我甘愿自己承受。”

“难道这对你不重要吗？我们还得继续走下去啊。”

“对我当然重要。可我谁都不要，我只想要你一个人。何况，我知道真的很简单。”

“你当然知道那很简单。”

“随你怎么说，可我的的确确知道。”

“你现在能为我做点事儿吗？”

“为了你，我愿意做任何事情。”

“那就拜托拜托拜托拜托拜托拜托拜托你，别再说了，行吗？”

他望着站台那边靠墙根堆着的旅行包，没有吭声。旅行包上贴着他们曾住过的所有旅馆的标签。

“可我不想让你去。”他说，“我一点儿也不在意你做不做手术。”

“你再说我可要大叫了。”

那女人端着两杯啤酒穿过珠帘，走了出来，她把酒杯放在湿漉漉的杯垫上，说：“火车五分钟就到站。”

“她说什么？”女孩问。

“她说还有五分钟，火车就到站了。”

女孩对那女人嫣然一笑，表示谢意。

“我还是去把旅行包放到车站那边去吧。”男人说道。女孩冲他笑笑。

“去吧。放好了马上回来，咱们一起把这些啤酒喝完。”

他拎起两只沉重的旅行包，绕过站台，走到另一条铁轨跟前。他顺着铁轨望去，却没看见火车。往回走的时候，他穿过酒吧间，看见等车的人都在喝酒，便在柜台上要了杯茴香酒，边喝边打量里面的人。他们都在心平气和地等着火车的到来。他撩开珠帘走了出去。她正坐在桌旁，冲着他微微一笑。

“你觉得好些了嘛？”他问。

“我感觉很好啊。”她说，“我又没什么问题。我感觉很好。”

［选自《海明威中短篇小说集》，（美）海明威著，毕凤春、郎锡东译，北方文艺出版社，2013 年版］

【注释】

［1］埃布罗河，位于西班牙东北部，东南流向，是西班牙最长和最大的河流。

［2］巴塞罗那，位于西班牙东北部地中海沿岸，是西班牙第二大城市、第一大商城和港口。

［3］茴香是一种无色的酒精饮料，喝起来味道有点像干草。

［4］一种银币，旧时在西班牙和拉丁美洲通用的货币单位，1 里亚尔等于 1/8 比索。

［5］苦艾酒，一种带有茴芹味的高酒精度蒸馏酒。它起源于古希腊罗马

时代，芳香浓郁，口感清淡而略带苦味。

【导读】

欧内斯特·米勒·海明威（1899—1961），美国作家、记者，被认为是20世纪最著名的小说家之一。是美国“迷惘的一代”作家中的代表人物，作品中对人生、世界、社会都表现出了迷茫和彷徨。他一向以文坛硬汉著称，代表作《老人与海》于1954年为海明威夺得诺贝尔文学奖。1961年7月2日，海明威在家中用猎枪自杀身亡。

《白象似的群山》堪称海明威中短篇小说中的经典，故事记叙了一个美国男人和一个女人在火车站等待火车时的谈话。故事中并没有明确交代故事发生的前因后果，因而使故事具有了可以多重解读的可能性，这也正是海明威作品中“冰山原则”的呈现，展示了一个经得起多重猜想的情境。

【思考与练习】

1. 作品中出现了三次关于白象的比喻，你如何理解“白象似的群山”这个比喻？

2. 文章通过男女主人公之间简单、透明的对话，如何体现了他们之间微妙的情感变化？

一个文官的死

（俄）契诃夫

在一个挺好的傍晚，有一个也挺好的庶务官，名叫伊万·德米特里奇·切尔维亚科夫[1]，坐在戏院正厅第二排，举起望远镜，看《哥纳维勒的钟》[2]。他一面看戏，一面感到心旷神怡。可是忽然间……在小说里常常可以遇到这个“可是忽然间”。作者们是对的：生活里充满多少意外的事啊！可是忽然间，他的脸皱起来，眼珠往上翻，呼吸停住……他取下眼睛上的望远镜，低下头去，于是……啊嚏！！！诸位看得明白，他打了个喷嚏。不管是谁，也不管是在什么地方，打喷嚏总归是不犯禁的。农民固然打喷嚏，警察局长也一样打喷嚏，就连三品文官偶尔也要打喷嚏。大家都打喷嚏。切尔维亚科夫一点也不慌，拿出小手绢来擦了擦脸，照有礼貌的人的样子往四下里瞧一眼，看看他的喷嚏搅扰别人没有。可是这一看不要紧，他心慌了。他看见坐在他前边，也就是正厅第一排的一个小老头正用手套使劲擦他的秃顶和脖子，嘴里嘟嘟哝哝。切尔维亚科夫认出小老头是在交通部任职的文职将军[3]布里兹扎洛夫。

“我把唾沫星子喷在他身上了！”切尔维亚科夫暗想，“他不是我的上司，是别处的长官，可是这仍然有点不合适。应当赔个罪才是。”

切尔维亚科夫就嗽一下喉咙，把身子向前探出去，凑着将军的耳根小声说：

“对不起，大人，我把唾沫星子溅在您身上了……我是出于无心……”

“没关系，没关系……”

“请您看在上帝面上原谅我。我本来……我不是有意这样！”

“哎，您好好坐着，劳驾！让我听戏！”

切尔维亚科夫心慌意乱，傻头傻脑地微笑，开始看舞台上。他在看戏，可是他再也感觉不到心旷神怡了。他开始惶惶不安，定不下心来。到休息时间，他走到布里兹扎洛夫跟前，在他身旁走了一会儿，压下胆怯的心情，叽叽咕咕说：

“我把唾沫星子溅在您身上了，大人……请您原谅……我本来……不是要……”

“哎，够了……我已经忘了，您却说个没完！”将军说，不耐烦地撇了撇下嘴唇。

“他忘了，可是他眼睛里有一道凶光啊，”切尔维亚科夫暗想，怀疑地瞧着将军，“他连话都不想说。应当对他解释一下，说我完全是无意的……说这是自然的规律，要不然他就会认为我是有意啐他了。现在他不这么想，可是过后他会这么想的！”

切尔维亚科夫回到家里，就把他的失态告诉他的妻子。他觉得妻子对待所发生的这件事似乎过于轻率。她先是吓一跳，可是后来听明白布里兹扎洛夫是“在别处工作”的，就放心了。

“不过你还是去一趟，赔个不是的好，”她说，“他会认为你在大庭广众之下举动不得体！”

“说的就是啊！我已经赔过不是了，可是不知怎么，他那样子有点古怪……他连一句合情合理的话也没说。不过那时候也没有工夫细谈。”

第二天，切尔维亚科夫穿上新制服，理了发，到布里兹扎洛夫那儿去解释……他走进将军的接待室，看见那儿有很多人请托各种事情，将军本人夹在他们当中，开始听取各种请求。将军问过几个请托事情的人以后，就抬起眼睛看着切尔维亚科夫。

“昨天，大人，要是您记得的话，在‘乐园’[4]里，”庶务官开始报告说，

“我打了个喷嚏，而且……无意中溅您一身唾沫星子……请您原……”

“简直是胡闹……上帝才知道是怎么回事！您有什么事要我效劳吗？”将军扭过脸去对下一个请托事情的人说。

“他话都不愿意说！”切尔维亚科夫暗想，脸色发白，“这是说，他生气了……不行，这种事不能就这样丢开了事……我要对他解释一下……”

等到将军同最后一个请托事情的人谈完话，举步往内室走去，切尔维亚科夫就走过去跟在他身后，叽叽咕咕说：

“大人！倘使我斗胆搅扰大人，那我可以说，纯粹是出于懊悔的心情！……这不是故意的，您要知道才好！”

将军做出一副要哭的脸相，摇了摇手。

“您简直是在开玩笑，先生！”他说着，走进内室去，关上身后的门。

“这怎么会是开玩笑呢？”切尔维亚科夫暗想，“根本连一点开玩笑的意思也没有啊！他是将军，可是竟然不懂！既是这样，我也不想再给这个摆架子的人赔罪了！去他的！我给他写封信就是，反正我不想来了！真的，我不想来了！”

切尔维亚科夫这样想着，走回家去。那封给将军的信，他却没有写成。他想了又想，怎么也想不出这封信该怎样写才对。他只好第二天亲自去解释。

“我昨天来打搅大人，”他等到将军抬起问询的眼睛瞧着他，就叽叽咕咕说，“并不是像您所说的那样为了开玩笑。我是来道歉的，因为我打喷嚏，溅了您一身唾沫星子……至于开玩笑，我想都没想过。我敢开玩笑吗？如果我们居然开玩笑，那么结果我们对大人物就……没一点敬意了……”

“滚出去!!”将军脸色发青，周身打抖，突然大叫一声。

“什么？”切尔维亚科夫低声问道，吓得愣住了。

“滚出去!!”将军顿着脚，又说一遍。

切尔维亚科夫肚子里似乎有个什么东西掉下去了。他什么也看不见，什么也听不见，退到门口，走出去，到了街上，慢腾腾地走着……他信步走到家里，没脱掉制服，往长沙发上一躺，就此……死了。

［本文选自《契诃夫短篇小说选》，（俄）契诃夫著，汝龙译，人民文学出版社，1992 年版］

【注释】

［1］这个姓可以译为“蛆”。

［2］一出三幕小歌剧。

［3］帝俄时代文官，相当于三品或四品文官。

[4] 帝俄时代夏季露天花园和剧院常用的名字。

【导读】

安东尼·巴甫洛维奇·契诃夫（1860—1904），是俄国世界级短篇小说巨匠，也是俄国 19 世纪末期最后一位批判现实主义艺术大师，与莫泊桑和欧·亨利并称为“世界三大短篇小说家”。

《一个文官的死》是契诃夫的一篇短篇小说，作品描绘了小人物不幸的命运。作品主人公切尔维亚科夫在看戏时打了个喷嚏，把唾液喷在了一位将军的脖子上，此后切尔维亚科夫变得张皇失措，多次登门道歉，最后因为不安与担忧而死去。小说用极度夸张的情节描述了一个小人物的悲剧，反映出当时的社会现实。

【思考与练习】

1. 小说主人公切尔维亚科夫的死是怎么造成的？他的死揭示了怎样的社会现实？切尔维亚科夫形象的典型意义又是什么？

2. 分析切尔维亚科夫的心理活动并简单概括他的性格特征。

西蒙的爸爸[1]

（法）莫泊桑

中午十二点的铃声刚刚敲响，小学校的大门就打开了，孩子们你推我搡、争先恐后地涌出来。但是，他们并不像平日那样迅速散去，各自回家吃饭，而是在不远的地方停下，扎成堆儿说起悄悄话来。

原来今天上午，布朗绍大姐的儿子西蒙第一次来上课。

他们在家里全都听人谈起过布朗绍大姐。尽管人们在公开场合对她以礼相待，可是母亲们私下谈到她却是同情心里含着点儿轻蔑。这种情绪也感染了孩子们，虽然他们根本不知道为什么。

西蒙呢，他们并不了解他，因为他从来不出家门，也不跟他们在村里的街道上或者河边嬉闹。他们不大喜欢他，所以听一个十四五岁的伙伴说：“你们知道吗……西蒙……嘿，他没有爸爸。”他们都有些幸灾乐祸，同时十分惊奇；听完了又互相转告。那男孩子一边说着一边神兜兜地挤眉弄眼，似乎他知道的还多着哩。

布朗绍大姐的儿子这时也走出校门。

他七八岁。脸色有点苍白，很干净，样子很腼腆，甚至有些手足无措。

他正要回母亲家。这时，成群结伙的同学，一面小声议论着，一面用孩子们策划坏招儿时常有的机灵而又残忍的眼神盯着他，逐渐从四面八方走过来，最后把他团团围住。他停下脚步，呆呆地站在他们中间，既感到惊讶又觉得尴尬，不明白他们要对他做什么。这时，那个因为披露新闻获得成功而深感自豪的男孩问他：

“喂，你叫什么名字？”

“西蒙。”

“西蒙什么？”那男孩追问。

西蒙完全被弄糊涂了，他重复说：“西蒙。”

那男孩对他嚷道：“人家都是叫西蒙再加上点什么。西蒙……这，可不是一个姓呀。”

他，几乎要哭出来了，第三次回答：“我叫西蒙。”

小淘气们哄然大笑。得胜的那个男孩提高嗓门：“你们看到了吧，他果真没有爸爸。”

顿时鸦雀无声。孩子们被这件异乎寻常、无法想象、骇人听闻的事惊呆了。一个男孩居然没有爸爸！——他们像看一个怪物、一个违反自然的东西一样看着他，感到母亲们一直没有挑明的对布朗绍大姐的轻蔑，在自己身上突然增强了。

西蒙呢，他连忙靠在一棵树上，才没有栽倒。他试图辩解。但他不知道该说什么来回答他们，否认他没有爸爸这件可怕的事。他面无血色，只能随口对他们大喊：“我有，我有爸爸。”

“他在哪儿？”还是那个男孩问。

西蒙哑口无言；他确实不知道。孩子们都很兴奋，笑个不停。这些乡下孩子经常接近小动物。鸡栏里的母鸡见一个同类受伤，就马上把它咬死。他们竟也觉得有这种残酷的需要。这时，西蒙忽然发现一个邻居家的小孩，是一个寡妇的儿子，他总看见他跟自己一样，孤单一人和妈妈在一起。

“你也一样呀，”他说，“你也没有爸爸。”

“我有，”那孩子回答，“我有爸爸。”

“他在哪儿？”西蒙反击道。

“他死啦，”那孩子趾高气扬地说，“我爸爸，他躺在坟地里。”

淘气鬼们发出一片低低的赞许声，好像有个死去的父亲躺在坟地里，这一事实已经把他们的伙伴变得伟大，足以压扁那个根本没有父亲的孩子。这些捣蛋虫，他们的父亲大都是些恶棍、酒鬼、小偷，并且惯于虐待老婆的。他们有样学样，互相推挤着，把包围圈缩得越来越严实，就好像他们这些合法的儿子要施放出一种压力，把那个不合法的儿子闷死似的。

突然，站在西蒙对面的一个孩子，带着嘲弄的神情冲他伸伸舌头，对他高喊：

“没有爸爸！没有爸爸！”

西蒙揪住他的头发，使劲踢他的腿，同时狠狠咬他的脸。场面乱作一团。等两个打架的被拉开，西蒙已经被打得不轻，衣服撕破了，身上青一块紫一块，在拍手称快的小淘气们的包围中，蜷缩在地上。当他站起来，下意识地用手拂拭沾满灰尘的白罩衫时，有个孩子冲他大喊一声：

“去告诉你爸爸好了。”

这一下他心里感到全垮了。他们比他强大，打败了他。而他无法反击他们，因为他意识到自己真的没有爸爸。他自尊心很强，试图强忍住难受的眼泪；可是没有几秒钟，就憋得透不过气，虽然没有哭出声，却剧烈地抽搐起来，身子急促地颤抖。

敌人们发出一阵残忍的哄笑。就像欣喜若狂的野人一样，他们本能地牵起手，环绕着他一边跳舞，一边像唱叠句般地反复叫喊着：“没有爸爸哟！没有爸爸哟！”

可是西蒙突然停止抽泣。他勃然大怒。脚边有几块石头；他捡起来，使劲向那些虐待他的人扔去。两三个孩子被石块击中，号叫着抱头逃窜。他那么气势汹汹，其余的孩子也都大为惶恐。人多也怕红脸汉；他们胆怯了，顿时散伙，逃之夭夭。

只剩下他一个人了，这没有父亲的小男孩撒开腿向野外跑去，因为他想起一件事，让他在头脑里做出一个重大决定：他要投河自尽。

原来他想起一个星期以前，一个靠乞讨为生的穷汉，因为已经身无分文，跳了河。把他的尸体捞起来的时候，西蒙正好在那里。这个不幸的人，平时西蒙觉得他很可怜，又肮脏又丑陋；但这时他脸变得白皙了，长长的胡须湿润了，睁开的两眼宁宁静静的，那副安详的神情给他留下深刻的印象。周围有人说：“他死了。”又一个人补了一句：“他现在倒像很幸福呢。”西蒙也想跳河，因为他没有父亲，就像那个不幸的人没有钱一样。

他来到河边，看着流水。几条鱼在清澈的流水中疾速地窜游嬉戏，不时地轻盈一跃，衔住水面上飞舞的小虫。他不再哭，而去看那些鱼，它们的表演引起他强烈的兴趣。不过，正像暴风雨平息的过程中偶尔会突然掠起几阵狂风，吹得树木咔吱作响，然后才消逝在天边。“我要跳河，因为我没有爸爸”这个念头伴着一股剧烈的悲痛，又涌上他的心头。

天气和暖宜人。温柔的阳光照晒着青草。河水像明镜似的闪着光。有那么几分钟的时间，西蒙觉得舒服极了，也感到痛哭之后常有的困倦；他恨不得就在那里，在那草地上，在温暖的阳光下，睡上一会儿。一个绿色小青蛙跳到他的脚边，他试图捉住它，青蛙逃开了。他接连抓了三次都失败。最后他总算抓住它的两条后腿。看着这小动物竭力挣扎想要逃脱的样子，他笑出声来。那青蛙先是蜷拢两条大腿，然后用力一弹，两腿猛然一伸，像两根棍子一样挺直；与此同时，它那带一道金箍的眼睛瞪得圆圆的，两只像手一样舞动的前爪向空中扑打着。这让他联想到一种用窄窄的小木片彼此交叉钉成的玩具，就是通过同样的运动，牵动着插在上面的小兵操练的。这时，他想到了家，想到了妈妈，一阵心酸，又哭起来。他浑身颤抖着，跪下，像临睡前那样念起祈祷文。但是他没法念完，因为他抽泣得那么急促，那么厉害，他已经神昏意乱。他什么都不再去想，周围的一切也都视而不见了，只顾着哭。

突然，一只壮实的手搁在他的肩头，一个洪亮的声音问他："什么事让你这么伤心呀，小家伙？"

西蒙回过头去。一个长着黑胡须和黑色卷曲头发的高个儿工人和善地看着他。他眼泪汪汪、喉咙哽噎着回答：

"他们打我……因为……我……我……没有爸爸……没有爸爸。"

"怎么会，"那人微笑着说，"每个人都有爸爸呀。"

孩子强忍悲伤，语不成声地接着说："我……我……我……没有。"

这时那工人变得严肃起来。他认出这是布朗绍大姐的孩子，虽然他刚到此地不久，也隐约耳闻些她过去的事。

"好啦，"他说，"别难过啦，孩子，跟我回去找妈妈吧。你会有……一个的。"

他们上路了，大汉挽着小孩的手。那汉子又露出了微笑。去见见据说是当地数得着的漂亮妹子布朗绍大姐，他不会不开心；也许他心里还在对自己说：失过足的妞儿很可能重蹈覆辙呢。

他们来到一个干干净净的白色小房子前面。

"就这里，"孩子说，然后叫了声："妈妈！"

一个女子走出来。她神情严肃地停在门口，仿佛在防止一个男人跨进门槛，因为她已经在那房子里遭到另一个男人背弃。工人顿时敛起他的笑容，他立刻明白，跟这个脸色苍白的大姑娘是开不得玩笑的。他有些不知所措，手捏着鸭舌帽，结结巴巴地说：

"瞧，太太，我把您的孩子送回来了，他在河边迷路了。"

可是西蒙扑进母亲的怀里，一边又哭起来一边说：

“不是的，妈妈，我是想跳河，因为别人打了我……打了我……因为我没有爸爸。”

年轻女子脸红得发烫，心如刀割；她紧紧搂住孩子，眼泪唰唰流到面颊。工人深受感动，站在那里，不知怎样走开才好。这时，西蒙突然跑过来，对他说：

“您愿意做我的爸爸吗？”

一阵沉默。哑口无言、脸羞得通红的布朗绍大姐，身子倚着墙，两手按着胸口。孩子见人家不回答，追问道：

“您要是不愿意，我就回去跳河。”

工人只当是说着玩，笑着回答：

“我当然愿意喽。”

“您叫什么？”孩子于是问，“别人再问起您的名字，我好回答他们呀。”

“菲力普。”男子汉回答。

西蒙沉默片刻，好把这名字牢牢记在心里，然后张开双臂，十分欣慰地说。

“好啦！菲力普，您是我的爸爸啦。”

工人把他抱起来，猛地在他双颊上吻了两下，就大步流星地离去。

第二天，西蒙走进学校，迎接他的是一片恶意的笑声；放学时，那个大孩子正想故伎重演，西蒙像扔石块似的，劈头带脸扔过去这句话：“我爸爸叫菲力普。”

周围响起一片开心的号叫。

“菲力普谁？……菲力普什么？……菲力普是个啥呀？……你这个菲力普是从哪儿搞来的？”

西蒙根本不屑于回答；他怀着坚定不移的信念，用挑战的眼光望着他们。他已经做好了准备，宁愿拼死一战，也不愿在他们面前逃跑。老师替他解围，他才回到母亲家。

在此后的三个月里，高个儿工人菲力普经常在布朗绍大姐家附近走过，有时见她在窗边做针线，就鼓起勇气上前去和她搭话。她礼貌地回答他，不过总是很庄重，从来不跟他说笑，不让他进她家门。然而，像所有的男人一样，他也有点儿自命不凡，总觉得她跟他说话的时候，脸儿比平时红一些。

可是，名声一旦坏了是很难恢复的，即使恢复了也依旧十分脆弱，尽管布朗绍大姐谨言慎行，当地已经有人在说长道短了。

西蒙呢，他非常爱他的新爸爸，几乎每天晚上都要在他下工后和他一起散步。他天天按时上学，从同学们中间走过时态度非常庄严，不去理睬他们。

然而，有一天，曾经带头攻击他的那个大孩子对他说：

“你撒谎，你并没有一个叫菲力普的爸爸。”

“为什么没有?”西蒙气呼呼地问。

大孩子搓着手，接着说：

“因为你要是真有这样一个爸爸，他就应该是你妈妈的丈夫。”

面对这个正确的推理，西蒙心慌了，不过他还是回答：“反正他是我的爸爸。”

“也许吧，”大孩子嘲笑着说，“不过，他不完全是你的爸爸。”

布朗绍大姐的孩子低下头，若有所思地向卢瓦宗老爹的铁匠铺走去。菲力普就在那里干活。

那铁匠铺就好像掩藏在树丛里。铺子里很暗，只有一个大炉膛的熊熊火光强烈地映照着五个赤着臂膀的铁匠，在铁砧上击打着，发出震耳的丁当声。他们站在那里，仿佛一群燃烧的精灵，注视着他们正任意改变形状的铁块；他们沉重的思想也随着铁锤一起一落。

西蒙进去的时候谁也没看见他，他悄悄走过去拉了拉他朋友的衣服。后者回过头来。工作戛然而止，大家都关心地看着。就在这不寻常的寂静中，响起西蒙细弱稚嫩的声音：

“喂，菲力普，米绍大婶的儿子刚才对我说，你不完全是我的爸爸。”

“为什么?”那工人问。

孩子十分天真地回答：“因为你不是我妈妈的丈夫。”

谁也没有笑。菲力普伫立着，两只硕大的手拄着立在铁砧上的锤柄，脑门贴在手背上。他在沉思。四个伙伴看着他。在这些巨人中间显得很渺小的西蒙，焦虑地等待着。突然，一个铁匠发出了所有人的心声，对菲力普说：

“尽管遇到过不幸，布朗绍大姐的确是个善良、勤劳的姑娘；一个正直的人娶了她，倒是个挺体面的媳妇呢。”

“这是实在话。”另外三个人说。

那工人继续说：

“如果说这姑娘失过足，难道是她的过错吗？人家原来口口声声要娶她的。我就认识不止一个女人，从前有过类似经历，如今很受人尊敬哩。”

“这是实在话。”那三个人齐声回应。

那人又接着说：“这可怜的姑娘一个人拉扯孩子，受了多少苦；她除了上教堂，从不出家门，又流过多少泪，这就只有天主知道了。”

“这也是实在话。”另外几个人说。

这以后，除了风箱扇动炉火的呼哧声，就什么也听不见了。突然，菲力普弯下腰，对西蒙说：

“去告诉你妈妈，我今晚要去跟她谈谈。”

说罢他就推着孩子的肩膀送他出去。

他又走回来干活。不约而同地，五把铁锤一起落在铁砧上。他们就这样锤打，直到天黑，个个都像那些得心应手的铁锤，坚强，有力，而又欢快。不过，就像在节日里，主教座堂大钟的鸣响总要胜过其他的教堂；菲力普的铁锤有节奏地击打，发出震耳的铿锵，盖过其他的锤声。而铁匠本人呢，站在飞溅的火花里，热情洋溢地锻造着，两眼耀动着光芒。

他来叩响布朗绍大姐的家门时，已经是满天星斗。他身着节日才穿的那件罩衫和一件鲜亮的衬衣，胡须刚刚修剪过。年轻女子出现在门口，带着为难的表情对他说：“菲力普先生，天都黑了到这里来，可不好呀。”

他想回答，可是他结结巴巴不知道怎么说才好，尴尬地面对着她。

她接着说：“再说，您一定明白，再也不能让人说我的闲话了。”

这时，他毅然地说：

“那又有什么关系，如果您愿意做我的妻子！”

没有半个字的回答，不过他听到在昏暗的屋里有个人倒下去的声音。他连忙走进去。已经睡在床上的西蒙听到接吻声和母亲的几句轻声细语。接着，他突然被他朋友的双手抱了起来，后者用他大力士的臂膀举着他，大声对他说：

“你告诉他们，你的同学们，你的爸爸是铁匠菲力普·雷米；谁要是欺负你，他就揪谁的耳朵。”

第二天，同学们都到齐了，就要开始上课，小西蒙站了起来；他脸色苍白，嘴唇颤抖着，用响亮的声音说：“我的爸爸是铁匠菲力普·雷米，他说谁要是再敢欺负我，他就揪谁的耳朵。”

这一次，再也没有人笑，因为大家都认识这个铁匠菲力普·雷米；有他这样一个爸爸，人人都会感到骄傲的。

［选自《莫泊桑短篇小说选》，（法）莫泊桑著，张英伦译，人民文学出版社，2010 年版］

【注释】

［1］本篇首次发表于 1879 年 12 月 1 日的《政治、文学、哲学、科学和经济改革》，后编入一八八一年出版的中短篇小说集《泰利埃公馆》。

【导读】

莫泊桑（1850—1893），法国作家，与欧·亨利、契诃夫一起被誉为“世界短篇小说三大巨匠”。文学成就以短篇小说最为突出，侧重摹写人情世态，构思布局别具匠心，细节描写、人物语言和故事结尾均有独到之处。《羊脂球》、《一家人》、《我的叔叔于勒》、《米隆老爹》、《两个朋友》、《项链》等都是思想性和艺术性完美结合的短篇佳作。

《西蒙的爸爸》是莫泊桑短篇小说中的一个另类，它用温情和纯真温暖人的心灵，给人以沉甸甸的感动。作者从平凡的生活中捕捉到了神奇，通过描绘普通人生活中戏剧性的瞬间展现人间百态，文笔似经过千锤百炼，达到出神入化的境界。

【思考与练习】

1. 简单概括西蒙从“没有爸爸”到“有了爸爸”的心理变化过程。

2. 概括本文的主题思想，谈谈你对菲利普认子娶亲的行为作何感想？文中塑造“西蒙的爸爸”这一形象，使用了什么表现手法？说明其长处。

卡拉维拉斯县驰名的跳蛙

（美）马克·吐温

我的一个朋友从东部写信给我，我按照他的嘱咐访问了性情随和、唠唠叨叨的老西蒙·惠勒，去打听我那位朋友的朋友利奥尼达斯·斯迈利的下落，我在此说说结果吧。我暗地里有点疑心这个利奥尼达斯·斯迈利是编出来的；也许我的朋友从来不认得这么一个人，他不过揣摩着如果我向老惠勒去打听，那大概会使他回想到他那个丢脸的吉姆·斯迈利，他会鼓劲儿唠叨着什么关于吉姆的该死的往事，又长又乏味，对我又毫无用处，倒把我腻烦得要死。如果安的这种心，那可真是成功了。

在古老的矿区安吉尔小镇上那家又破又旧的小客栈里，我发现西蒙·惠勒正在酒吧间火炉旁边舒舒服服打盹，我注意到他是个胖子，秃了顶，安详的面容上带着引人欢喜的温和质朴的表情。他惊醒过来，向我问好。我告诉他我的一个朋友委托我打听一位童年的挚友，名叫利奥尼达斯·斯迈利，也就是利奥尼达斯·斯迈利牧师，听说这位年轻的福音传道士一度是安吉尔镇上的居民，我又说，如果惠勒先生能够告诉我任何关于这位利奥尼达斯·斯迈利牧师的情况，我会十分感激他的。

西蒙·惠勒让我退到一个角落里，用他的椅子把我封锁在那儿，这才让我坐下，滔滔不绝地絮叨着从下一段开始的单调的情节。他从来不笑，从来不皱眉，从来不改变声调，他的第一句话就用的是细水长流的腔调，他从来不露丝毫痕迹让人以为他热衷此道；可是在没完没了的絮叨之中却始终流露着一种诚挚感人的语气，直率地向我表明，他想也没有想过他的故事有哪一点显得荒唐或者离奇；在他看来，这个故事倒真是事关重大，其中的两位主角也都是在勾心斗角上出类拔萃的天才人物。对我来说，看到一个人安闲自得地信口编出这样古怪的奇谈，从不露笑，这种景象也是荒谬绝伦的了。我先前说过，我要他告诉我他所了解的利奥尼达斯·斯迈利牧师的情况，他回答如下。我随他按他自己的方式讲下去，一次也没有打断他的话。

"从前，这儿有一个人，名叫吉姆·斯迈利，那时候是四九年冬天，也许是五〇年春天，我记不准了，不知怎么的，不过我怎么会想到冬又想到春呢，因为我记得他初来矿区的时候，大渠还没有完工，反正，不管怎么样吧，他是你从来没见过的最古怪的人，总是找到一点什么事就来打赌，如果他能找到什么人跟他对赌的话；要是他办不到，他情愿换个个儿。只要对方称意，哪一头都适合，只要他赌上了一头，他就称心了。可是他很走运，出奇地走运，多少次总是他赢的。他总是准备好了，单等机会；随便提起哪个碴，他都没有不能打赌的，正像我刚才跟你说的，你可以随便挑哪一头。如果遇到赛马，赛完时你会发现他发了财，或者输得精光；遇到狗打架，他要打赌；遇到猫打架，他要打赌；遇到小鸡打架，他要打赌；哎，即使遇到两只小鸟停在篱笆上，他也要跟你赌哪一只先飞走；要是遇上野营布道会，那他是经常要到的，他会在沃克尔牧师身上打赌，他认为沃克尔牧师是这一带最擅长劝善布道的，可也真是的，真是位善心的人。甚至如果他看见一个金龟子开始向那儿走，他也会跟你打赌要多久它才会走到它要去的地方，如果你答应他了，他会跟着那个金龟子走到墨西哥，不过他不会去弄清楚它要到那儿去或者在路上走多久。这儿的许多小伙子都见过这个斯迈利，都能跟你谈起他的事情。哎，对他这个人，这都从来没有关系，他什么都要赌，这个倒霉透了的家伙。有一回，沃克尔牧师的老婆得重病，躺了好久，仿佛他们都救不了她了；可是有一天早晨，牧师来了，斯迈利问起她身体怎样，牧师说她好多了，感谢上帝无限慈悲，身子轻松多了，靠老天保佑，她还会好的。斯迈利想也没想先说，'唔，我愿意赌上两块半，她不会好，怎么也不会。'

"这个斯迈利有一匹牝马，小伙子们管它叫做十五分钟驽马，不过这是闹着玩的，你知道，因为，当然啦，它总比这个快点。尽管它这么慢，又总是得气喘啦，马腺疫啦，要不就是肺病啦，还有这个那个毛病的，斯迈利倒常在它身上赢钱。他们常常开头先让它二三百码，然后算它在比赛，可是到了比赛临了儿那一截，它总是会激动起来，不要命似的，欢腾着迈步过来啦，它会柔软灵活地撒开四蹄，一会儿腾空，一会儿跑到栅栏那边，踹起好多灰尘，而且要闹腾一大阵，又咳嗽，又打喷嚏，又擤鼻涕，可它总是正好先出一头颈到达看台，跟你计算下来的差不离儿。

“他还有一只小不点儿的小巴儿狗，瞧那样子，你会认为一钱不值，只好随它去摆出要打架的神气，冷不防偷点什么东西。可是只要在它身上压下赌注，它就是另外一种狗了，它的下巴会伸出来，像轮船的前甲板似的，牙齿也呲出来，像火炉似的闪着凶光。别的狗也许要来对付它，吓唬它，咬它，让它摔倒两三跤，可是安德鲁·杰克逊[1]，这是那条狗的名字，安德鲁·杰克逊从来不露声色，像是心安理得，也不指望有什么别的，那一面的赌注于是一个劲地加倍呀加倍，直到钱全拿出来了，这时候，猛然间，它会正好咬住另外那条狗的后腿弯，啃紧了不放，不只是咬上，你明白，而是咬紧了不放，直到他们认输，哪怕要等上一年。斯迈利拿这条狗打赌，最后总是赢家，直到有一回他套上了一条狗，这条狗压根没有后腿，因为都给圆锯锯掉了，等到事情闹得够瞧的了，钱都拿出来了，它要施展最得意的招数了，它这才一下子看出它怎么上了当，这条狗怎么，打个比方说，把它诓进门了，它于是露出诧异的样子，后来就有点像泄气了，它再也不想打赢了，终于给弄得凄惨地脱了一层皮。它朝斯迈利望了一眼，仿佛说它的心都碎了，这完全是斯迈利的错，不该弄出这么一没后腿的狗让它来施展招数，它打架主要依靠这一招，于是它一瘸一拐了一会儿，躺下死了。它是条好狗，这个安德鲁·杰克逊，它要是活下去，它会给自己扬名的，因为它有本事，它有天才——我知道它有才，因为它从来没有得到过好机会，可是像它这样在那种条件下能用这种办法打架的狗，如果说它没有才气，那也说不过去。我一想到它最后的一仗，想到打成了那个样子，我总是觉得难过。

“唔，这个斯迈利还养了些逮耗子的小猎狗，小公鸡，雄猫，还有形形色色的东西，闹得你不安，你无论拿出什么东西，他都不会没有跟你那个凑成一对的东西来跟你打赌。有一天，他捉住了一只青蛙，把它带回家了，他说他打算教育它；于是一连三个月他什么事也不干，只管待在他的后院里，教那只青蛙学会蹦蹦跳跳。你可以拿得稳，他也真让它学会了。他只要在那只青蛙后面轻轻戳一下，接下去你就会看见它在半空里打转，像个油炸面饼圈，你会瞧见它翻一个斤斗，也许翻两个，如果它起跳得顺当的话，还会跳下来四爪落地，稳稳当当，跟猫一样。他让它跳起来去捉苍蝇，让它经常练习，所以，凡是它看得见的苍蝇，每一次它都能捉住。斯迈利说，青蛙所需要的全靠教育，它差不多什么都办得到，我倒也相信他。嗨，我瞧见过他把丹尼尔·韦伯斯特[2]

放在这儿的这块地板上，丹尼尔·韦伯斯特是这只青蛙的名字，他大喊一声，‘苍蝇，丹尼尔，苍蝇！’你连眨眼也来不及，它就一下子跳起来，捉住柜台那儿的一只苍蝇，又噗的一声重新落在地板上，扎扎实实，像一团泥巴，它落下来以后还用后脚来搔脑袋旁边，若无其事，仿佛它做的就是随便哪个青蛙也会做的，没有一点儿稀奇。你从来没见过像它这样又谦虚又耿直的青蛙，尽管它有那么高的天赋。等到要公公正正肩并肩比跳的时候，它能一蹦老远，让你见过的它的任何同类都比不上。肩并肩比跳是它的拿手好戏，你明白吧；遇到这种情形，斯迈利只要还有一分钱，也会在它身上押上赌注。斯迈利觉得他的青蛙神气得不得了，他也应当觉得自豪，那些走南闯北，哪儿都去过的人全说它压倒了他们所见过的任何青蛙。

“啊，斯迈利把这个畜生放在一个有洞的小方匣子里，有时还常把它带到镇上打个赌。有一天，有一个家伙，在矿区上人地生疏的一个家伙，他偶然碰见斯迈利和他那只匣子，他说，

“‘你在那个匣子里装的什么东西？’

“于是斯迈利说，带着点漫不经心的口气，‘也许是只鹦鹉，也许是只金丝雀，也许吧，不过它都不是，它不过是一只青蛙。’

“那个家伙拿过匣子，仔细地瞧了瞧，把它转过来转过去，然后说，‘唔，倒也是的。啊，它有什么用处？’

“‘啊，’斯迈利随口不当回事地说，‘它只有一个用处，我认为，在卡拉维拉斯县里它能比随便哪个青蛙跳得更远。’

“那个家伙又拿起匣子，又仔仔细细瞧了很久，于是把它还给斯迈利，不慌不忙故意说，‘哦，我看不出这只青蛙有哪一点比别的青蛙好一点。’

“‘也许你看不出，’斯迈利说，‘也许你了解青蛙，也许你不了解青蛙，也许你有经验，也许你不过是个业余玩玩的，可以这么说吧。总之，我有我的看法，我愿意赌四十元，它能比卡拉维拉斯县里随便哪只青蛙都跳得远。’

“那个家伙琢磨了一会，然后说，像有点为难似的，‘啊，我在这儿是个外乡人，我没有青蛙，要是我有一只青蛙，我愿意跟你打赌。’

“于是斯迈利说，‘那没有关系，那没有关系，要是你愿意拿着我的匣子待一会儿，我就去给你找来一只青蛙。’于是那个家伙拿起匣子，把他的四十元和斯迈利的放在一起，坐下来等着。

“他坐在那儿待了好一阵，想了又想，于是把青蛙取出来，撬开它的嘴，用一只小茶匙把它喂足了打鹌鹑的铁砂，喂得几乎到了下巴颏，再把它放到地板上。斯迈利走到泥塘，在淤泥里溅来溅去好久，最后他捉到了一只青蛙，把它带回去交给了那个家伙，他说：

“‘现在，要是你准备好了，把它放在丹尼尔旁边，让它的前爪跟丹尼尔的并齐了，我来发命令。’于是他说，‘一——二——三——跳！’他和那个家伙都从后面碰了青蛙一下，新青蛙跳出去了，可是丹尼尔吸了口气，竖起它的肩膀——这样——像个法国人，不过这也没有用——它挪不动，它像铁砧子一样牢牢地定在那儿，它动也不能动，跟抛锚在那儿不差一点儿。斯迈利大吃一惊，他也觉得可恶，可是他一点也不知道这是怎么回事，当然啦。

“那个家伙拿起钱，动身就走，在他正要走出门口的时候，他用拇指在肩上猛然一甩——像这样——朝着丹尼尔，他又不慌不忙故意说，‘哦，我看不出这只青蛙有哪一点比别的青蛙好一点。’

“斯迈利站着搔他的脑袋，向下对丹尼尔瞧了很久，最后，他说，‘我真是纳闷，究竟为什么这只青蛙会出岔子——我倒想知道它是不是出了什么事；它好像鼓胀得很厉害，不知怎么的。’他抓住丹尼尔的颈背，一边把它拎起来，一边说，‘哎唷，我敢赌咒，它少不了有五磅重咧！’他把它倒翻个儿，于是它喷出了两捧铁砂。这时候，他知道是怎么回事了，他气极了，他把青蛙放下立刻去追那个家伙，可是他从来没有捉住那个家伙。于是……”

（说到这里，西蒙·惠勒听见前院里有人叫他的名字，站起来去瞧要他干什么。）他在走出去之前转过身来对我说，“你就坐在你那儿，外乡人，放心待着吧——我去不了多一会儿。”

不过，请你原谅，我看把这个有事业心的流浪汉吉姆·斯迈利的经历继续说下去未必能使我得到许多关于利奥尼达斯·斯迈利牧师的消息，我就起身走了。

我在门口遇到爱交际的惠勒刚刚回来，他硬要留着我长谈，并且向我介绍：

“哦，这个斯迈利还有一头独眼的黄母牛，它没有尾巴，只不过那么一小截，像根香蕉似的，还有……”

“哦，让斯迈利和他那倒霉的母牛见鬼去吧！”我和颜悦色地轻轻地说，跟这位老先生告别之后我就走开了。

［选自《马克·吐温短篇小说集》，（美）马克·吐温著，董衡巽等译，北京燕山出版社，2011 年版］

【注释】

［1］本是美国第七任总统（1829—1837）名，此处用作狗名。

［2］本是美国政治家（1782—1852）名，此处用作青蛙名。

【导读】

马克·吐温（1935—1910），美国作家、演说家，真实姓名是萨缪尔·兰亨·克莱门，“马克·吐温”是他的笔名。代表作品有《百万英镑》、《哈克贝利·费恩历险记》、《汤姆·索亚历险记》等小说。马克·吐温是美国批判现实主义文学的奠基人，他的主要作品大多已有中文译本。2006 年，马克·吐温被美国的权威期刊《大西洋月刊》评为影响美国的 100 位人物第 16 名。

《卡拉维拉斯县驰名的跳蛙》形象地勾勒出当时正在开发的美国西部地区社会风貌，借助悬念和突转的手法，别出心裁地描写了赌徒的生活，淋漓尽致地揭露了人们赌博的心态、赌博的内幕、赌博的机关技巧和赌博的恶果，反映出美国当时凸显的各种社会问题，尖锐讽刺了资本主义社会的虚伪和黑暗。作者文笔幽默夸张，使小说充满了喜剧元素，营造出强烈的幽默效果。

【思考与练习】

1. 小说揭示了美国 19 世纪下半叶哪些社会问题？
2. 分析吉姆·斯迈利这个人物形象的典型意义。

麦琪的礼物[1]

（美）欧·亨利

一元八角七分。就这么多。其中有六毛钱还全是钢镚儿。这些小钱都是每回一分两分从卖杂货、卖菜、卖肉的那里死劲儿抠下来的，当时这样锱铢必较，人家嘴上不说，肚子里怎么损她是可想而知的，到最后她脸上也不免有些挂不住了。黛拉数了三遍，都是一元八角七分。可第二天就是圣诞节了。

明摆着是一点办法都没有，除了倒往那张破旧的小榻上去哭上一顿。黛拉也就是这样做了。这不免使一种哲学思考油然而生：人生三大元素无非是哭泣、抽噎与微笑，其中占压倒优势的还得算是抽噎。

女主人的悲伤正从第一阶段降至第二阶段，趁这个当口，就让我们来对这个家做一番巡视吧。一套带家具的出租房，租金每周八元。这地方并不真的乞求你给它一个说法，但是对于寻找丐帮窝点的人来说，乞丐那个词儿，也确实已经到你嘴边了。

楼下门廊里有一个信箱，但是从来不见有一封信投进去，有一个电铃揿钮，但是没有活人能把它揿响。边上还贴了一张名片，印着“詹姆斯·狄林翰·杨”这个名字。

“狄林翰”，夹在当中的名号，还是当初主人每周拿三十元手头阔绰时，一时高兴往里加的。如今收入缩水，成了二十元，这几个字也显得蔫头耷脑了，仿佛正在郑重考虑，是不是别那么张牙舞爪，就老老实实，用一个“狄”字得了。不过每次詹姆斯·狄林翰·杨先生回家进入套间时，他那位太太，也就是方才介绍过的“黛拉”，总是亲热地叫他“吉姆”，并且紧紧地拥抱他。这一切自然是非常美好的。

黛拉哭完了，拿起破粉扑儿，把脸收拾了一下。她站在窗前，呆呆地瞅着一只灰猫沿着灰色的围篱进入那个灰蒙蒙的后院。明天就是圣诞节了，她只有一块八毛七分钱可以用来给吉姆买一件礼物。几个月以来，她紧攒慢攒，也就只有这个数。每星期二十块钱很不经花。花销总比她计算的要多。每回都是这样。只有一块八毛七分能给吉姆买礼物。她的吉姆。在构想给他买件什么像样的东西上，她度过了多少快乐时光呀。一件既讲究又珍稀和贵重的东西——总得大致够水平，能配得上吉姆的身份才行。

房间两个窗户之间的墙上有一面壁镜。列位看官想来是见识过八元租金套间里的壁镜的。一位细瘦异常还得身手不凡的人，仰仗多次的快速拼接，才可能对自己的形体有个大致上不错的印象。黛拉亏得身材苗条，总算是掌握了这门技艺。

她突然从窗前把身子一扭，站到壁镜跟前。她的双目灼灼发光，可是二十秒钟之内她的脸又变得黯然失色。她迅速地解开头发，让一头秀发直直地垂披下来。

列位看官须知，有两样东西，是詹姆斯·狄林翰·杨夫妇视若至宝的。一样是吉姆的金表，那是经由他祖父和父亲之手，一路传给他的。另一样，那就是黛拉的秀发了。倘若住在天井对面的套间里的是示巴女王[2]，黛拉只需哪天洗过头后把长发垂到窗户外面去晾吹，那么，女王陛下全部的奇珍异宝就不值一提了。假使看门的是所罗门王，地下室里堆满了他所有的金银财宝，吉姆每回经过时只要把金表掏出来看时间，你就看那位老国王如何又气又妒，直拔自己的胡子吧。

此刻，黛拉美丽的头发披满了她的全身，天然有点波纹，闪闪发光，像一帘棕色的小瀑布。头发直抵膝盖下面，宛如一袭锦袍。接着她把头发简单地往上拢了拢，怏怏的，有点神经质。她也曾迟疑了一分钟，站定不动，此时，有一两粒泪珠溅落在破旧的红地毯上。

穿上破旧的栗色外衣，戴上破旧的栗色帽子，裙裾一转一甩，她飘一样地步出房门，下了楼梯，走进街道，眼角处那两颗泪珠仍然在晶莹闪亮。

在一块招牌的前面她停住脚步，牌子上写的是："莎弗朗尼夫人——头发用品，一概齐全。"黛拉冲上台阶，一边喘气，一边定下神来。夫人是个大块头，白得不大正常，冷冰冰的，跟"莎弗朗尼"[3]可没有一丁点儿共同之处。

"我的头发你要买吗？"黛拉问道。

"头发我收的，"夫人说，"脱掉帽子，让我看看货色品相怎么样。"

棕色瀑布倾泻而下。

"二十块钱。"夫人说，一边老练地把厚厚的头发托起来细看。

"快把钱给我。"黛拉说。

哦，接下去的那两个小时简直是插上了玫瑰色的翅膀飞驰而过的。嗨，咱就先不去管这样比喻是否牵强附会了。反正黛拉为了给吉姆买合适的礼物，把大小店铺都搜索了个遍。

她终于找到它了。它简直就是专为吉姆一个人量身定做的。别的任何哪家店里都没有这样的东西，她都把那些地方搜个底朝天了嘛。那是一根白金怀表短链，设计简朴大方，全靠质地本身显示它的高贵，而不做华而不实的表面文章——精品全都是这样的。它甚至都配得上"那只金表"了。她一见到，就知道它非吉姆莫属了。它跟他的人品都很相近呢。又文静又高贵——这两个形容词用在二者身上都是恰到好处的。店家要二十一元才肯把东西给她，揣着剩下的八角七分她匆匆忙忙地往家里赶。金表配上那根链子，吉姆在任何场合下都可以堂而皇之地看时间了。那只表固然气派，因为是用一根旧皮带凑合系着的，他只能瞅空子偷偷瞄上一眼呢。

黛拉回到家中，她的陶醉感略略消退，代之而起的是审慎与理智。她取出烫发铁钳，点燃煤气，着手补救慷慨加上爱情所造成的损失。那可永远是一项巨大的工程呀，看官诸君——庞大艰巨的工程呀。

不到四十分钟，她脑袋上就密密麻麻地布满了紧贴头皮的小发卷，变得活像是个逃学的小学生。她对着镜子，长久、仔细、挑剔地审视自己的映像。

"如果吉姆在看我第二眼之前没把我杀掉的话，"她自言自语地说，"他准会说我跟科尼岛游乐场的合唱队女郎没什么两样了。可是又有什么别的办法呢——噢！拢共只有一元八角七分，又能怎么样呢？"

七点钟的时候，咖啡已经煮好，煎锅也已经放在炉子上加热，就等肉排放下去了。

吉姆是从不晚回来的。黛拉把表链对折，握在手里，在他进来必定要经过的桌子角上坐下。接着，她听到一层楼梯处响起了他的脚步声，有一小会儿，她的脸都变白了。她一向有为日常小事做很简单的默祷的习惯，此时，她悄声祈祷说："求求您了，上帝，让他觉得我仍然是美丽的吧。"

门开了，吉姆走进来，又把门关上。他显得挺单薄，非常一本正经。可怜的人儿，他才二十二岁——就得养家糊口了！他得添一件新的大衣，他连手套都没有。

吉姆在门内站着，一动不动，就像一条猎狗嗅到了鹌鹑的气味。他眼睛盯住黛拉，脸上有一种她读不懂的表情，这可把她吓住了。那不是愤怒，不是惊讶，不是责备，不是恐惧，也不是黛拉预料的任何一种神情。他仅仅是定定地盯看着她，脸上带着种怪异的表情。

"吉姆，亲爱的，"她喊道，"别这样盯着我看。我把头发剪掉卖了，因为不送你一件礼物，这个圣诞节我是无法过的。头发还会再长出来的——你不会介意的，对不对？我就是非得这样做不可。我的头发长起来快得很哪。说'圣诞快乐！'呀。吉姆，让我们高高兴兴的好不好。你绝对猜不到我给你寻觅到一件多么精彩——一件多么漂亮、精彩的礼物的。"

"你把头发剪掉啦？"吉姆吃力地问道，好像他已经绞尽脑汁，却仍然未能把这点显而易见的事情弄明白似的。

"剪下来卖掉了，"黛拉说，"难道你还不是一样喜欢我吗？我还是我呀，即使剪掉了头发，对不对？"

吉姆好奇地朝房间里四下张望。

"你说你头发没有了？"他白痴般傻乎乎地问道。

"你不用找了，"黛拉说，"头发卖掉了，我告诉你已卖掉了，也就是没有了。今儿是平安夜，小伙子。对我好点嘛，因为那是为了你而卖掉的。我头发有多少或许能数清，"她接着往下说，柔美的声音里突然多了几分一本正经的激情，"可是我对你的爱有多少，那是无人数得清的呀。肉排我可以往锅里放了吗，吉姆？"

吉姆仿佛猛地从恍惚中清醒过来。他把他的黛拉紧紧地抱在怀里。看官请耐心稍待片刻，且容说故事的往另一枝上多饶舌几句。一星期八块钱或是每年一百万——这之间有什么区别？一位数学家或是一位巧舌如簧的才子也不见得能给你正确的回答。麦琪带来了珍贵的礼物[4]，可是咱们的那件不包括在其中。到底是什么呢，一会儿之后便自见分晓。

吉姆从大衣口袋里摸出一包东西，往桌子上一扔。"对我可别往岔路上想呀，黛儿，"他说，"我是绝对不会因为头发长短，有没有去掉脸上的汗毛，用什么洗发液，就会减少一点点对我的姑娘的爱的。你只消打开这小包东西，就会明白一开头我为什么变傻了。”

白皙的手指和灵敏的动作把细绳与包纸拆了开来。紧着而来的是一声狂喜的尖叫；接下去呢，唉，又迅速转成女性所特有的歇斯底里的流泪与哭泣了，这就有劳套间的男主人赶紧千方百计地去劝慰了。

因为摊在桌子上的是“那套发卡”——一整套的梳形发卡，包括两鬓用的和脑后用的，正是陈列在百老汇路一个橱窗里让黛拉眼热了很长时间的物件。漂亮极了，纯正的玳瑁制品，周边镶有宝石——颜色去配刚刚失去的头发，真是再合适也没有。这套发卡价格不菲，这她是知道的，所以尽管心里渴念，但是从来不敢妄想真的能一旦拥有。宝物如今归她所有了，可是指望去装饰的那头秀发却离她而去了。

不过她还是把发卡抱在胸前，终于，她能够把泪汪汪的眼睛抬起来，绽出一个笑容，说：“我的头发会长得很快的，吉姆。”

忽然，黛拉像只给火烫着的小猫，跳了起来，嘴里喊道：“哦，哦!”

吉姆还没看到给他的漂亮礼物呢。她热切地摊开手掌，把东西显示给他。稳重的贵金属闪了一下亮，仿佛也反映出了她快乐、热烈的心情。

“像不像位贵族佳公子呀，吉姆？我走遍全城才寻见它的。你现在每天都得把表掏出来看上百来遍了。把表拿给我。让我看看配在一起模样如何。”

吉姆没有这样做，相反，他往长沙发上一靠，双手垫在脑后，眯眯笑着。

“黛拉，”他说，“先把咱们的圣诞礼物放一放，让它们自己待一会儿。东西太好了，暂时不用为好。我卖掉了表，好买给你的发卡。现在可以让肉排下锅了吧。”

那三位麦琪，如你们所知，是有智慧的贤人——无比聪明的博士——他们带来礼物，奉献给出生于马槽的圣婴。他们开创了圣诞节互赠礼物的习俗。由于他们聪明过人，万一礼物有相不中的，也有权去退换。说故事的笨嘴拙舌，给列位看官讲了一个平淡无奇，既不大喜大悲，亦无大起大落的故事，叙述住在经济公寓里的两个傻孩子，极不聪明地为了对方，牺牲了家中最珍贵的物件。但是在下要对当今世上的聪明人说的是，在普天底下所有馈赠礼物的人当中，还得数此二人最为聪明。在所有送礼与收礼的芸芸众生里，还是这两位最最明智呀。不论天涯何处，最聪明的还是他们。他们即是贤人麦琪了。

［选自《欧·亨利短篇小说集》，（美）欧·亨利著，李文俊等译，北京燕山出版社，2006年版］

【注释】

［1］麦琪，指《圣经》中向新出生的耶稣奉献礼物的东方三贤人。

［2］据《圣经·旧约·列王纪上》说，示巴女王曾带了许多香料、宝石与黄金去觐见所罗门王，用难解的谜语去测试他的智慧。

［3］意大利诗人塔索（1544—1595）所作《被解放的耶路撒冷》中的人物。她是个舍己救人的典型。

［4］据《圣经》载，麦琪（东方三贤人）送给圣婴的礼物是黄金、乳香与没药。

【导读】

欧·亨利（1862—1910），美国短篇小说家、美国现代短篇小说创始人，其主要作品有《麦琪的礼物》、《警察与赞美诗》、《最后一片叶子》、《二十年后》等。他的作品有“美国生活的百科全书”之誉。

在众多的人性描写之中，《麦琪的礼物》能让你真正领略到人性的魅力。有些人认为金钱是万能的，其实，真挚的感情才是无价的，是无法用金钱衡量的。《麦琪的礼物》描写的是一对贫困的年轻夫妇互赠圣诞礼物的故事，作品中男女主人公为了给对方买到称心的礼物而舍去了自己最心爱的物品，虽然礼物会失掉原有的价值，但他们却换来了人世间最珍贵的礼物，那就是对彼此的真情。

【思考与练习】

1. 小说中男女主人公为了对方而牺牲了他们各自最宝贵的东西，从中你悟到了什么？

2. 如何理解“麦琪的礼物”？

泄密的心

（美）爱伦·坡

对！——我神经过敏，非常，非常过敏，十二万分过敏，过去是这样，现在也是这样；可您干吗偏偏说人家疯了呢？犯了这种病，感觉倒没失灵，倒没迟钝，反而敏锐了。尤其是听觉，分外灵敏。天上人间的一切声息全都听得见。阴曹地府的种种声音也在耳边。那么怎是疯了呢？听！瞧我跟您谈这一切，有多精神，有多镇静。

我说不好这念头最初怎么钻进脑子里来的；但一想起来，白天黑夜就念念不忘。可惜没什么目的。可没什么怨恨。我爱那老头。他压根没得罪我。他压根没侮辱我。我也不贪图他的金银财宝。大概是那只眼睛作祟吧！不错，正是那只眼睛作祟！他长了一只鹰眼——浅蓝色的，蒙着层薄膜。只要瞅我一眼，我就浑身发毛；因此心里渐渐——逐步逐步——打定主意，结果他的性命，好永远不再瞅见那只眼睛。

瞧，问题就在这儿。您当我疯了。疯子可什么也不懂。可惜您当初没瞧见我。可惜没瞧见我干得多么聪明——做得多细心，多周到，多做作！

我害死老头前一个礼拜中，对他倒是空前体贴。天天晚上，半夜光景，我把他门锁一扭，打了开来——啊，真是悄无声息！房门掀开条缝，刚好探进脑袋，就拿盏牛眼灯塞进门缝，灯上遮得严严密密，无缝无隙，连一丝灯光都漏不出，接着头再伸进去。啊，您要瞅见我多么巧妙地探进头去，包管失声大笑！我慢慢探着头，一寸一寸地慢慢伸进门，免得惊醒老头。花了个把钟头，整个脑袋才探进门缝里，恰好看见他躺在床上。哈！——难道疯子有这么聪明？我头一伸进房里，就小心翼翼——啊，真是万分小心——小心地打开灯上活门，因为铰链吱轧响呢——我将活门掀开条缝，细细一道灯光刚好射在鹰眼上。这样一连干了整整七夜，天天晚上都恰好在半夜时分，可老见那只眼闭着；就无从下手，因为招我生气的不是老头本人，是他那只“白眼”。每当清晨，天刚破晓，我就肆无忌惮地走进他卧房，放胆跟他谈话，亲亲热热地喊他名字，问他晚上是否睡得安宁。所以您瞧，他要不是个深谋远虑的老头，决不会疑心天天晚上恰好在十二点钟，我趁他睡着探进头去偷看他。

到了第八天晚上，我比往日还要小心地打开房门。就是表上长针走起来也要快得多呢。那天晚上，我才破题儿头一遭认清自己本领有多高强，头脑有多聪明。心头那分得意简直按捺不住。倒想想看，我就在他房外，一寸一寸打开门，可这种秘密举动和阴谋诡计他连做梦都没想到。想到这儿，我禁不住扑哧一笑；大概他听到了；因为他仿佛大吃一惊，突然翻了个身。这下您总以为我回去了吧——才没呢。他生怕强盗抢，百叶窗关得严严密密，房里漆黑，伸手不见五指，我知道他看不见门缝，就照旧一步一步，一步一步推开门。

我刚探进头，正要动手掀开灯上活门，大拇指在铁皮扣上一滑，老头霍地坐起身，破口嚷道：“谁?”

我顿时不动，也没做声。整整一个钟头，就是纹丝不动，可也没听到他躺下。他照旧坐在床上，侧耳静听；正跟我天天晚上，倾听墙里报死虫[1]的叫声一般。

不久，耳边听到微微一声哼，我知道只有吓得没命才这么哼一声。既不是呻吟，也不是悲叹——才不是呢！——每逢吓得魂飞魄散，心底里才憋不住发出这么低低一声。这我倒听惯了。不知多少个晚上，恰好在半夜时分，四下里万籁无声，我总是毛骨悚然，心坎里不由涌起这声呻吟，激荡出阴森森的回响，就此更加害怕了。刚才说过，这早就听惯了。我知道老头怎么股心情，虽然暗自好笑，可还是同情他。我知道他乍听到微微一声响，在床上翻过身，就一直睁着眼躺着；心里愈来愈怕；拼命当做是场虚惊，可总是办不到，他一直自言自语："不过是烟囱里的风声罢了——只是耗子穿过罢了。"或者说："只不过是蛐蛐叫了一声罢了。"对，他老是这么东猜西想，聊以自慰；可也明白这全是枉费心机。这全是枉费心机；因为眼前死神就要来临，大模大样走着，一步步逼近，找上他这冤鬼。正是那看不见面目的死神，惹得他心里凄凄凉凉，才觉得我的脑袋在房里，看虽没看到，听也没听见。

我沉住气，等了好久，既然没听到他躺下，就决定将灯掀开条小缝，极小，极小的一道缝。我动手掀开灯上活门——您可想不出，有多鬼鬼祟祟，鬼鬼祟祟——一点一点掀开，缝里终于射出蒙蒙一线光，像游丝，照在鹰眼上。

那只眼睁着呢，睁得老大，老大；我愈看愈火。我看得一清二楚——整个眼睛只是一团暗蓝，蒙着层怕人的薄膜，吓得我心惊胆战；可是，老头的脸庞和身体却都看不见：因为鬼使神差似的，灯光恰好射在那鬼地方。

瞧，我不是早跟您讲过，您把我错看做发疯，其实只是感觉过分敏锐罢了？——啊，刚才说过，我耳边匆匆传来模模糊糊一阵低沉声音，恰似蒙着棉花的表声。那种声音我倒也听惯了。正是老头的心跳。我愈听愈火，就好比咚咚战鼓催动了士气。

就是在这时，我照旧沉住气，依然不动。气都不透一口。我掌住灯。灯光尽量紧紧射在鹰眼上。这工夫，吓人的扑通扑通的心跳愈来愈厉害了。一秒秒钟过去，愈跳愈快，愈跳愈快，愈跳愈响，愈跳愈响。老头管保吓得半死了！刚才说过，愈来愈响，一秒钟比一秒钟响！——明白了吗？不是早跟您说过，我神经过敏：确实过敏。眼下正是深更半夜，古屋里一片死寂，耳听得这种怪声，禁不住吓死。可我依旧沉住气，纹丝不动地站了片刻。不料扑通扑通声竟愈来愈响，愈来愈响！我看，那颗心准要炸开。这时又不由提心吊胆——街坊恐怕会听到吧！老头的大限到啦！我哇的嚷了一声，打开灯上活门，一箭步进了房。他哎哟一声尖叫——只叫了那么一声。霎时间，我将他一把拖到地板上，推倒大床，压在他身上。眼看一下子完了事，心里乐得笑了。谁知，闷声闷气的心跳声竟不断响了半天。可没招我生气；隔着堵墙，这种声音倒听不到。后来终于不响了。老头死喽。我搬开床，朝尸首打量了一番。可不，他咽气了，连口气也没有。我伸手按在他心口，搁了好久。一跳也不跳。连口气也没有。那只眼睛再也不会折磨人啦。

您还当我发疯的话，容我交代了匿藏死尸的妙计，就不会这么想了。夜尽了，我悄无声息地赶紧动手。先将尸首支解开来：砍掉脑袋，割掉手脚。

我再撬起房里三块地板，将一切藏在两根间柱当中。重新放好木板，手法非常利落，非常巧妙，什么人的眼睛都看不出有丝毫破绽，连他的眼睛也看不出。没什么要洗刷的，什么斑点都没有，丝毫血迹都没有。我干得才谨慎呢，没留下一点痕迹。全盛在澡盆里了——哈！哈！

一切干好，已经四点钟——天色还跟半夜一般黑呢。钟打四下，大门外猛然传来一阵敲门声。我稀松平常地下楼去开门，——现在有什么好怕的呢？门外进来三个人，他们彬彬有礼地自我介绍，说是警官。有个街坊在夜间听到一声尖叫，疑心出了人命案子，报告了警察局，这三位警官就奉命前来搜查屋子。

我满脸堆笑，——有什么好怕的呢？我对这三位先生欢迎了一番，就说，我刚才在梦里失声叫了出来。我讲，老头到乡下去了。我带着三位来客在屋里上上下下走了个遍。请他们搜查，仔细搜查。后来还领到老头的卧房里，指给他们看他的家私好好放着。我心头有恃无恐，就热诚地端进几把椅子，请他们在这间房里歇腿，我心头又是洋洋得意，就大胆地端了椅子，在埋着冤鬼尸首的地方坐下。

三位警官称心了。我这种举止不由他们不信。我也就十二万分安心。他们坐着，闲聊家常，我是有问必答。但没多久，只觉得脸色愈来愈白，巴不得他们快走。头好疼呵，还感到耳朵里嗡嗡地响；无奈他们照旧坐着，照旧聊天。嗡嗡声听得更清楚了；不断响着，听得更清楚了；我想摆脱这种感觉，嘴里谈得更畅；谁知嗡嗡声不断响着，反而变得毫不含糊；响着，响着，我终于明白原来不是耳朵里作怪。

不消说，我这时脸色雪白了；可嘴里谈得更欢，还扯高了嗓门。不料声音愈来愈大——怎么办呢？这是匆匆传来的模模糊糊一阵低沉声音——简直像蒙着棉花的表声。我直喘粗气；可三位警官竟没听到。我谈得更快，谈得更急；谁知响声反而无休无止地愈来愈大。我站起身，连鸡毛蒜皮的小事都尖声尖气地争辩，一边还舞手拍脚；谁知响声反而愈来愈大。他们干吗偏不走呢？我拖着沉重的脚步在房里踱来踱去，仿佛他们三人的看法把我惹火了；谁知响声反而愈来愈大。啊，天呐！怎么办呢？我唾沫乱溅，大肆咆哮，咒天骂地！让椅子就地摇动，在木板上磨得嘎嘎响，可是那响声却压倒一切，而且继续不断，愈来愈大。愈来愈响，愈来愈响，愈来愈响！那三人竟照旧高高兴兴聊着，嘻嘻哈哈笑着。难道没听见？老天爷呵！——不，不！听见的！——疑心了！——有数了！——正在笑话我这样心惊胆战呢！——我过去是这么看法，现在还是这么看法。可什么都比这种折磨强得多！什么都比这种奚落好受得多！这种假惺惺的笑我再也受不了啦！只觉得不喊就要死了！——瞧——又来了！——听！愈来愈响！愈来愈响！愈来愈响！愈来愈响！——

“坏蛋！”我失声尖叫，“别再装蒜了！我招供就是！——撬开地板！——这儿，这儿！——他那颗可恶的心在跳呢！”

［选自《爱伦·坡短篇小说集》，（美）爱伦·坡著，陈良廷、徐汝椿、马爱农译，人民文学出版社，2008 年版］

【注释】

［1］报死虫，昆虫名，一般居于古屋，钻在家具或木器中，发嗒嗒声，迷信的人便认为是报死之声，其实可能是该虫求爱时，头敲在木头上的声音。

【导读】

埃德加·爱伦·坡（1809—1849），19 世纪美国诗人、小说家和文学评论家，也是推理小说的开山鼻祖，以神秘故事和恐怖小说闻名于世。

《泄密的心》是爱伦·坡恐怖小说的代表作，作者注重剖析作品中的人物心理，将杀人者的心理变化写得丝丝入扣，将作案过程娓娓道来，但却没有表达作者的丝毫褒贬之意。作者用极度夸张的手法表达了犯罪者的病态心理，让读者战栗，达到预期的恐怖效果。

【思考与练习】

1. 小说对死亡主题和孤独异化主题进行了精心构筑，你如何理解文中的“眼睛”和“心跳声”？

2. 作者在文中运用细腻的心理描写手法展示了主人公的内心世界，阅读文章仔细品味这种手法的独到之处。

灯　笼

（日）太宰治

我越是辩解，人们就越是不相信我。所谓之人，每一个都在提防我。原本去看望对方，只是出于思念，想见个面而已，可他们却对我报以奇怪的眼神，像是在追问我，你来有何贵干。真让人受不了。

我已经哪儿也不想去了。就算是去附近的澡堂，我也会专挑黄昏的时候。是的，我不想被任何人瞧见。可就算如此，在这仲夏时节，我的浴衣雪白地漂浮在暮色中，还是会觉得特别扎眼，让我手足无措，困惑得要死。昨天和今天，气温明显转凉，已经进入了该穿哔叽布料的季节了，所以，我打算立马换上黑色的单衣。穿着这身衣装，度过秋、冬、春三季后，又会是夏天，我将不得不重新穿上白色浴衣走在大街上。倘若如此，这不是太过分了吗？我有一个心愿就是，至少在明年夏天之前，可以身着牵牛花纹的浴衣大摇大摆地走在路上，可以化着淡妆穿行在庙会拥挤的人群中。一想到那种快乐，我的心此刻就禁不住怦怦直跳。

我偷了别人的东西。这没错！我并认为自己做了好事。但是……不，还是让我从头道来吧。我是在对神灵说话。我不指望人们会相信我说的。而愿意相信的人，就相信好了。

我是穷木屐匠的独生女儿。昨天夜里，我正在厨房里切葱时，突然从背后的空地里传来了小孩子的哭叫声："姐姐!"那哭声听起来是那么可怜，我不禁停住手，陷入了思考。要是我也有个那么依恋我、哭喊着要我的弟弟或妹妹，兴许我就不会这么落寞了吧。一想到这里，被葱味熏着了的眼睛顿时热泪盈眶。我用手背揩了揩眼泪，不料，葱味刺激着泪腺，反倒让眼泪越发流个不停，真不知如何是好。

"那个任性的姑娘终于犯花痴了。"

从理发店传出这种流言，是在今年的叶樱时节。那时，瞿麦花、菖蒲花也被摆上了庙会的夜店，真的是好快乐。一到黄昏，水野先生就会来接我。而我不等天黑便换上和服，化好妆，在家门口反复地进进出出。附近的人们一看见我那副模样，就悄悄指着我，交头接耳地笑着说："那个木屐匠家的咲子开始犯花痴了。"不过，这是我后来才渐渐知道的。或许父母也依稀有所察觉吧，但什么也没说。今年我快二十四岁了，但既没有出嫁，也没有招到女婿。想来，家里贫寒也是原因之一吧，不过，再一点就是，母亲曾是这个城里一个有权势的地主的小妾，在和父亲好上后，便不顾地主的前恩，私奔到父亲家，不久便生下了我。据说我的五官既不像地主，也不像父亲，这无形中缩小了我的结交范围。有一阵子，在人们眼里，我几乎成了见不得人的人。因为是这种家庭的女儿，没有因缘也是理所当然的吧。不过，凭着我的这副长相，就算是出生在有钱的华族家里，没准儿也照样是缺乏姻缘的命吧。即便这样，我也并不恨自己的父亲，也不恨自己的母亲。我就是父亲的亲生女儿。不管别人说什么，我都坚信不疑。父亲和母亲都对我百般疼爱。我也常常安慰父母。父母都是软弱的人，就连对我这个亲生女儿也避让三分。我认为，对软弱胆怯的人，需要大家一起去好好呵护。为了父母，不管多么痛苦多么悲凉，我都要忍耐下去。但自从认识水野先生之后，我在孝敬父母上也有所慢怠了。

说起来都不好意思。水野先生比我小五岁，是商业学校的学生。但还是请宽恕我吧，因为我别无他法。说来，和水野先生认识，是在今年春天。当时我左眼害了眼病，去附近看眼科医生，在医院的候诊室里见到了他。我是一个天生容易一见钟情的女人。他和我一样，左眼上缠着绷带，很不舒服地紧锁着眉头，不断翻弄着小小辞典的页码，在查阅着什么。他的样子看起来是那么可怜。我因为也缠着眼带，情绪有些抑郁，正透过候诊室的窗户眺望着外面的椎树。椎树的嫩叶被强烈的热气浪裹挟住，看上去仿佛燃烧着蓝色的火焰。外界的一切都恍如是在遥远的神话国度里。而水野先生的脸就俨然来自天上，尽显美丽和尊贵。我想，之所以有这种感觉，肯定也是眼带在使魔法吧。

水野先生是个孤儿。没有人待他像亲人。原本他们家是一个规模不小的药材批发商，但母亲在水野还是婴儿时就过世了，而父亲在他十二岁时也离开了人间。从那以后家道中落，两个哥哥和一个姐姐分别被远亲带走，而身为小儿子的水野被药店的掌柜收留下来。虽说如今在上商业学校，但好像每天都过得很抑郁和落寞。他亲口对我说过，只有和我一起散步的时候，才是快活的。单说日常需要的物品，他也常常捉襟见肘。这不，今年夏天，他说和朋友约好了，要去滨海游泳，但脸上看不到半点高兴的样子，反倒一副被打蔫了的神情。就在当晚，我偷了东西，偷了一条男式泳裤。

我悄悄走进城里规模最大的大丸百货店，装着随意挑选女士便服的样子，随手把背后的黑色泳裤拽过来夹在腋下，静静地离开了百货店。可不等我走出两三间[1]的距离，身后就传来了“喂，喂”的叫喊声。顿时，我被一阵惊恐感攫住了，真想“哇”地大叫一声，立马疯了般的撒腿就跑。“小偷！”刚听见背后的这声大喊，肩膀就被猛地一拍，身体跟着打了个趔趄。就在我回头的瞬间，脸上也挨了一拳。

我被带到了警局。在警局前面，聚集了一片黑压压的人群，全都是城里熟悉的面孔。我的头发散乱着，大腿也从浴衣的裙裾下露了出来。我知道，此刻自己惨不忍睹。

警察让我坐在警局里面一个铺着榻榻米的小屋里，开始问各种问题。那是一个二十七八岁的讨厌警察，有着白皙的皮肤和细长的脸型，还戴着一副金边眼镜。在大致问过我的名字、地址、年龄后，他一一记录在了簿子上。突然，他嗤笑着问道：

“这是犯第几次了？”

我顿时毛骨悚然，一阵发冷。我实在找不到应答的话语。再磨蹭下去，就会被关进牢房，冠以重罪的。一定要巧妙地为自己开脱才好。我拼命搜寻着开脱的理由，却不知道该说什么才好，就恍如身在雾中，别提有多么恐怖了。最后，终于迸出了一句吼叫般的话语，就连自己都备感唐突。不过，一旦开了口，就像狐狸附身了似的，开始滔滔不绝地说个不休，俨然是疯了的节奏。

不要把我关进牢房！我不是个坏人。我都快二十四岁了。这二十四年来，我很孝顺，一直用心地伺候父母。我哪里不好了？从没有人在背后指责过我。水野先生是个很棒的人。要不了多久，就会成为了不起的人。这我知道。我就是不想让他没面子。他和朋友约好了，要去海滨游泳的。我希望他能跟其他人一样，有条像样的泳裤去海滨。这有什么不对的？是的，我是个混蛋。尽管混蛋，但还是想把水野先生打扮得漂漂亮亮的。他是个出身高贵的人。和其他人不一样。只要他能漂漂亮亮地走到社会上，我就心满意足了。我有自己的工作。不要把我关进牢房。二十四岁之前，我没有做过一件亏心事。不是一直拼命照料着软弱的父母吗？不要，不要。不要把我关进牢房。没理由把我关进牢房的。二十四年来，我努力了又努力，只因一念之差，动了手。不能仅仅因为这个，就把我之前的二十四年，不，我的整个一生都全盘毁掉啊。这可不行。这是不对的。我觉得这太荒唐了。这一生，就因为一次不小心让右手移动了一尺，就能构成偷盗成性的证据吗？这也太过分了。太过分了。不就是两三分钟的事儿吗？我还年轻。我今后的路还长着呢。我会像以前一样忍耐着，继续过艰难的穷日子。仅此而已。我什么都没变。还是昨天那个咲子。就凭一条泳裤，会给大丸百货店带来多大的麻烦呢？有些人就算骗了别人，诈了别人一千、两千日元，不，即使让别人破了产，不也照样受到别人的称赞吗？牢房究竟是为谁而设立的？尽是穷人被关进牢房里。在我看来，强盗也是值得同情的。因为他们不够狡猾，不像有些人那样靠欺骗别人来过好日子，而渐渐被逼上绝路，才做出那样的傻事，去抢劫两三个日元。并且，还因此不得不被投入牢房，关上五年、十年。啊，真是荒唐！荒唐！荒唐！怎么会这样？啊，真的是太荒唐了。

我一定是疯了吧？肯定是的。警察铁青着脸，目不转睛地盯着我。我突然对这个警察萌生了好感。我一边哭，一边勉强露出了微笑。看来，我是被当成了精神病人。警察小心翼翼地把我带到了警察署。那天夜里，我被留在了拘留所。到了早晨，父亲来接我，把我带回了家里。在回家的路上，父亲什么也没说，只悄声问了句："他们打你了吗？"

看见当天的晚报，我的脸倏地红到了耳根。上面刊登着我的事儿，标题是："顺手牵羊也有三分理，变态左翼少女大讲美丽词句。"耻辱还不仅仅如此，附近的人们开始在我家四周来回晃荡，最初我也不知道为什么，等我察觉到他们都是来窥探我的时候，我不禁直打哆嗦。我渐渐明白了，自己那个小小的动作引发了多么大的事件。当时，如果家里有毒药的话，没准我已经不假思索地喝了下去；如果周围有竹林的话，或许我早已平静地潜入其中，上吊自尽了吧。没过两三天，我们家就关掉了店门。

不久，我就收到了水野先生的信：

我是这个世界上最信任咲子的人。只是咲子教养不足。虽说咲子是个诚实的女性，但在环境上还是有所缺失。我一直努力试图帮你改掉那些地方，但毕竟有些东西很难改变。人不能没有学问。前些天和朋友一起去海滨游泳，关于上进心对于人的必要性，我们讨论了很长时间。用不了多久，我们就会变得伟大起来吧。所以，咲子，你以后也要谨言慎行，哪怕只有万分之一，也要为犯下的罪孽赎罪，向社会深刻地道歉。社会上的人，只会憎恶其罪，而不会憎恶其人。水野三郎（读后，请一定将本信烧毁，连同信封一道。切记。）

以上就是那封信的全文。是的，我忘了，水野先生原本是有钱人家的孩子。

如坐针毡的日子一天天过去了，眼下的天气已经变得这么凉了。今夜，父亲说，别因为电灯这么暗，搞得大家心情郁闷，就把六铺席房间的电灯换成了五十烛光的灯泡。于是，一家三口人就在明亮的灯光下，一起用晚餐。母亲不停地念叨着“啊，好刺眼，好刺眼”，一边把拿筷子的手搭在额头上，煞是兴奋地嚷嚷着。我在一旁负责给父亲斟酒。原来，我们的幸福，就是给房间换个灯泡这样简单的东西。我就这样悄然自语着，但也并不感到有多么凄凉，反而觉得，就着这简朴的电灯，我们一家就如同绚丽的走马灯一样。啊，想来偷窥，就来吧！我们一家三口是美丽的。我的心中涌起了一种静谧的喜悦，甚至想把这一切告诉给在庭院里鸣叫的小虫子。

［选自《人间失格》，（日）太宰治著，杨伟译，作家出版社，2015年版］

【注释】

［1］间是日本中世纪以来测量土地用的惯用单位，因时代不同长度略有变化。根据1891年制定的度量衡法，1间约等于1.818米。

【导读】

太宰治（1909—1948），本名津岛修治，日本小说家。太宰治是日本战后无赖派文学代表作家，父亲是日本当时的高官，整日公务繁忙，母亲则体弱多病，因此他自幼由姑母及保姆照顾长大。中学时期成绩优秀，喜爱文学。从学生时代起已希望成为作家，后写出了《富岳百景》、《斜阳》、《人间失格》等作品，成为日本流行作家。作品内容多涉及病态心理或自杀倾向，近年来更是受到读者的瞩目。

《灯笼》是太宰治作品中比较另类的一个短篇小说，描写了一个名叫咲子的女孩为了让男朋友体面地去赴约而偷男士泳裤被发现，并被定罪为“变态左翼少女”的事件。作品一如既往地通过表现人物的病态心理揭示人性的善恶。

【思考与练习】

1. 本文标题中的“灯笼”与文章内容有什么必然联系？“灯笼”有什么象征意义？

2. 试分析人与人之间相处的最基本原则。

快乐王子

（爱尔兰）王尔德

快乐王子的雕像高高地耸立在城市上空一根高大的石柱上面。他浑身上下镶满了薄薄的黄金叶片，明亮的蓝宝石做成他的双眼，剑柄上还嵌着一颗硕大的闪闪发光的红宝石。

世人对他真是称羡不已。“他像风标一样漂亮，”一位想表现自己有艺术品位的市参议员说了一句，接着又因担心人们将他视为不务实际的人，其实他倒是挺务实的，便补充道，“只是不如风标那么实用。”

“你为什么不能像快乐王子一样呢？”一位明智的母亲对自己那哭喊着要月亮的小男孩说，“快乐王子做梦时都从没有想过哭着要东西。”

“世上还有如此快乐的人真让我高兴。”一位沮丧的汉子凝视着这座非凡的雕像喃喃自语地说着。

“他看上去就像位天使。”孤儿院的孩子们说。他们正从教堂走出来，身上披着鲜红夺目的斗篷，胸前挂着干净雪白的围嘴儿。

“你们是怎么知道的？”数学教师问道，“你们又没见过天使的模样。”

“啊！可我们见过，是在梦里见到的。”孩子们答道。数学教师皱皱眉头并绷起了面孔，因为他不赞成孩子们做梦。

有天夜里，一只小燕子从城市上空飞过。他的朋友们早在六个星期前就飞往埃及去了，可他却留在了后面，因为他太留恋那美丽无比的芦苇小姐。他是在早春时节遇上她的，当时他正顺河而下去追逐一只黄色的大飞蛾。他为她那纤细的腰身着了迷，便停下身来同她说话。

“我可以爱你吗？”燕子问道，他喜欢一下子就谈到正题上。芦苇向他弯下了腰，于是他就绕着她飞了一圈又一圈，并用羽翅轻抚着水面，泛起层层银色的涟漪。这是燕子的求爱方式，他就这样地进行了整个夏天。

“这种恋情实在可笑，”其他燕子吃吃地笑着说，“她既没钱财，又有那么多亲戚。”的确，河里到处都是芦苇。

等秋天一到，燕子们就飞走了。

大伙走后，他觉得很孤独，并开始讨厌起自己的恋人。“她不会说话，”他说，“况且我担心她是个荡妇，你看她老是跟风调情。”这可不假，一旦起风，芦苇便行起最优雅的屈膝礼。“我承认她是个居家过日子的人，”燕子继续说，“可我喜爱旅行，而我的妻子，当然也应该喜爱旅行才对。”

“你愿意跟我走吗？”他最后问道。然而芦苇却摇摇头，她太舍不得自己的家了。

“原来你跟我是闹着玩的，”他吼叫着，“我要去金字塔了，再见吧！”说完他就飞走了。

他飞了整整一天，夜晚时才来到这座城市。“我去哪儿过夜呢？”他说，“我希望城里已做好了准备。”

这时，他看见了高大圆柱上的雕像。

“我就在那儿过夜，”他高声说，“这是个好地方，充满了新鲜空气。”于是，他就在快乐王子两脚之间落了窝。

“我有黄金做的卧室，”他朝四周看看后轻声地对自己说，随之准备入睡了。但就在他把头放在羽翅下面的时候，一颗大大的水珠落在他的身上。“真是不可思议！”他叫了起来，“天上没有一丝云彩，繁星清晰又明亮，却偏偏下起了雨。北欧的天气真是可怕。芦苇是喜欢雨水的，可那只是她自私罢了。”

紧接着又落下来一滴。

“一座雕像连雨都遮挡不住，还有什么用处？”他说，“我得去找一个好烟囱做窝。”他决定飞离此处。

可是还没等他张开羽翼，第三滴水又掉了下来，他抬头望去，看见了——啊！他看见了什么呢？

快乐王子的双眼充满了泪水，泪珠顺着他金黄的脸颊淌了下来。王子的脸在月光下美丽无比，小燕子顿生怜悯之心。

“你是谁？”他问对方。

“我是快乐王子。”

“那么你为什么哭呢?”燕子又问，“你把我的身上都打湿了。”

“以前在有颗人心而活着的时候，”雕像开口说道，“我并不知道眼泪是什么东西，因为那时我住在逍遥自在的王宫里，那是个哀愁无法进去的地方。白天人们伴着我在花园里玩，晚上我在大厅里领头跳舞。沿着花园有一堵高高的围墙，可我从没想到去问墙那边有什么东西，我身边的一切太美好了。我的臣仆们都叫我快乐王子，的确，如果欢愉就是快乐的话，那真是快乐无比。我就这么活着，也这么死去。而眼下我死了，他们把我这么高高地立在这儿，使我能看见自己城市中所有的丑恶和贫苦，尽管我的心是铅做的，可我还是忍不住要哭。”

“啊！难道他不是铁石心肠的雕像?”燕子对自己说。他很讲礼貌，不愿大声议论别人的私事。

“远处，”雕像用低缓而悦耳的声音继续说，“远处的一条小街上住着一户穷人。一扇窗户开着，透过窗户我能看见一个女人坐在桌旁。她那瘦削的脸上布满了倦意，一双粗糙发红的手上到处是针眼，因为她是一个裁缝。她正在给缎子衣服绣上西番莲花，这是皇后最喜爱的宫女准备在下一次宫廷舞会上穿的。在房间角落里的一张床上躺着她生病的孩子。孩子在发烧，嚷着要吃橘子。他的妈妈除了给他喂几口河水外什么也没有，因此孩子老是哭个不停。燕子，燕子，小燕子，你愿意把我剑柄上的红宝石取下来送给她吗?我的双脚被固定在这基座上，不能动弹。”

“伙伴们在埃及等我，”燕子说，“他们正在尼罗河上飞来飞去，同朵朵大莲花说着话儿，不久就要到伟大法老的墓穴里去过夜。法老本人就睡在自己彩色的棺材中。他的身体被裹在黄色的亚麻布里，还填满了防腐的香料。他的脖子上系着一圈浅绿色翡翠项链，他的双手像是枯萎的树叶。”

“燕子，燕子，小燕子，”王子又说，“你不肯陪我过一夜，做我的信使吗?那个孩子太饥渴了，他的母亲伤心极了。”

“我觉得自己不喜欢小孩，”燕子回答说，“去年夏天，我到过一条河边，有两个顽皮的孩子，是磨坊主的儿子，他们老是扔石头打我。当然，他们永远也别想打中我，我们燕子飞得多快呀，再说，我出身于一个以快捷出了名的家庭；可不管怎么说，这是不礼貌的行为。”

可是快乐王子的满脸愁容叫小燕子的心里很不好受。“这儿太冷了，”他说，“不过我愿意陪你过上一夜，并做你的信使。”

“谢谢你，小燕子。”王子说。

于是燕子从王子的宝剑上取下那颗硕大的红宝石，用嘴衔着，越过城里一座连一座的屋顶，朝远方飞去。

他飞过大教堂的塔顶，看见了上面白色大理石雕刻的天使像。他飞过王宫，听见了跳舞的歌曲声。一位美丽的姑娘同她的心上人走上了天台。“多么奇妙的星星啊，”他对她说，“多么美妙的爱情啊！”

“我希望我的衣服能按时做好，赶得上盛大舞会，”她回答说，“我已要求绣上西番莲花，只是那些女裁缝们都太懒了。”

他飞过了河流，看见了高挂在船桅上的无数灯笼。他飞过了犹太区，看见犹太老人们在彼此讨价还价地做生意，还把钱币放在铜制的天平上称重量。最后他来到了那个穷人的屋舍，朝里面望去。发烧的孩子在床上辗转反侧，母亲已经睡熟了，因为她太疲倦了。他跳进屋里，将硕大的红宝石放在那女人桌子上的顶针旁。随后他又轻轻地绕着床飞了一圈，用羽翅扇着孩子的前额。“我觉得好凉爽，”孩子说，“我一定是好起来了。”说完就沉沉地进入了甜蜜的梦乡。

然后，燕子回到快乐王子的身边，告诉他自己做过的一切。“你说怪不怪，”他接着说，“虽然天气很冷，可我现在觉得好暖和。”

“那是因为你做了一件好事。”王子说。于是小燕子开始想王子的话，不过没多久便睡着了。对他来说，一思考问题就老想睡觉。

黎明时分他飞下河去洗了个澡，“真是不可思议的现象，”一位鸟禽学教授从桥上走过时开口说道，“冬天竟会有燕子！”于是他就此事给当地的报社写去了一封长信。每个人都引用他信中的话，尽管信中的很多词语是人们理解不了的。

“今晚我要到埃及去。”燕子说，一想到远方，他就精神百倍。他走访了城里所有的公共纪念物，还在教堂的塔顶上坐了好一阵子。每到一处，麻雀们就叽叽喳喳地相互说：“多么难得的贵客啊！”所以他玩得很开心。

月亮升起的时候他飞回到快乐王子的身边。“你在埃及有什么事要办吗？”他高声问道，“我就要动身了。”

“燕子，燕子，小燕子，”王子说，“你愿意陪我再过一夜吗？”

“伙伴们在埃及等我呀，”燕子回答说，“明天我的朋友们要飞往第二瀑布，那儿的河马在纸莎草丛中过夜。古埃及的门农神安坐在巨大的花岗岩宝座上，他整夜守望着星星，每当星星闪烁的时候，他就发出欢快的叫声，随后便沉默不语。中午时，黄色的狮群下山来到河边饮水，他们的眼睛像绿色的宝石，咆哮起来比瀑布的怒吼还要响亮。”

“燕子，燕子，小燕子，”王子说，“远处在城市的那一头，我看见住在阁楼中的一个年轻男子。他在一张铺满纸张的书桌上埋头用功，旁边的玻璃杯中放着一束干枯的紫罗兰。他有一头棕色的鬈发，嘴唇红得像石榴，他还有一双睡意蒙眬的大眼睛。他正力争为剧院经理写出一个剧本，但是他已经给冻得写不下去了。壁炉里没有柴火，饥饿又弄得他头昏眼花。”

“我愿意陪你再过一夜，”燕子说，他的确有颗善良的心。“我是不是再送他一块红宝石？”

“唉！我现在没有红宝石了，”王子说，“所剩的只有我的双眼。它们由稀有的蓝宝石做成，是一千多年前从印度出产的。取出一颗给他送去。他会将它卖给珠宝商，好买回食物和木柴，完成他写的剧本。”

“亲爱的王子，”燕子说，“我不能这样做。”说完就哭了起来。

“燕子，燕子，小燕子，”王子说，“就照我说的话去做吧。”

因此燕子取下了王子的一只眼睛，朝学生住的阁楼飞去了。由于屋顶上有一个洞，燕子很容易进去。就这样燕子穿过洞来到屋里。年轻人双手捂着脸，没有听见燕子翅膀的扇动声，等他抬起头时，正看见那颗美丽的蓝宝石放在干枯的紫罗兰上面。

“我开始受人欣赏了，”他叫道，“这准是某个极其钦佩我的人送来的。现在我可以完成我的剧本了。”他脸上露出了幸福的笑容。

第二天燕子飞到下面的海港，他坐在一艘大船的桅杆上，望着水手们用绳索把大箱子拖出船舱。随着他们“嘿哟！嘿哟！”的声声号子，一个个大箱子给拖了上来。“我要去埃及了！”燕子嚷道，但是没有人理会他。等月亮升起后，他又飞回到快乐王子的身边。

“我是来向你道别的。”他叫着说。

“燕子，燕子，小燕子，”王子说，“你不愿再陪我过一夜吗？”

“冬天到了，”燕子回答说，“寒冷的雪就要来了。而在埃及，太阳挂在葱绿的棕榈树上，暖和极了，还有躺在泥塘中的鳄鱼懒洋洋地环顾着四周。我的朋友们正在巴尔贝克古城的神庙里建筑巢穴，那些粉红和银白色的鸽子们一边望着他们干活，一边相互倾诉着情话。亲爱的王子，我不得不离你而去了，只是我永远也不会忘记你的，明年春天我要给你带回两颗美丽的宝石，弥补你因送给别人而失掉的那两颗。红宝石会比一朵红玫瑰还红，蓝宝石也比大海更蓝。”

“在下面的广场上，”快乐王子说，“站着一个卖火柴的小女孩。她的火柴都掉在阴沟里了，它们都不能用了。如果她不带钱回家，她的父亲会打她的，她正在哭着呢。她既没穿鞋，也没有穿袜子，头上什么也没戴。请把我的另一只眼睛取下来，给她送去，这样她父亲就不会揍她了。”

“我愿意陪你再过一夜，”燕子说，“但我不能取下你的眼睛，否则你就变成个瞎子了。”

“燕子，燕子，小燕子，”王子说，“就照我说的话去做吧。”

于是他又取下了王子的另一只眼珠，带着它朝下飞去。他一下子落在小女孩的面前，把宝石悄悄地放在她的手掌心上。“一块多么美丽的玻璃呀！”小女孩高声叫着，她笑着朝家里跑去。

这时，燕子回到王子身旁。“你现在瞎了，”燕子说，“我要永远陪着你。”

“不，小燕子，”可怜的王子说，“你得到埃及去。”

“我要一直陪着你。”燕子说着就睡在了王子的脚下。

第二天他整日坐在王子的肩头上，给他讲自己在异国他乡的所见所闻和种种经历。他还给王子讲那些红色的朱鹭，它们排成长长的一行站在尼罗河的岸边，用它们的尖喙去捕捉金鱼；还讲到司芬克斯，它的岁数跟世界一样长久，住在沙漠中，通晓世间的一切；他讲到那些商人，跟着自己的驼队缓缓而行，手中攥着琥珀做的念珠；他讲到月亮山的国王，他皮肤黑得像乌木，崇拜一块巨大的水晶；他讲到那条睡在棕榈树上的绿色大蟒蛇，要二十个僧侣用蜜糖做的糕点来喂它；他又讲到那些小矮人，他们乘坐扁平的大树叶在湖泊中往来横渡，还老与蝴蝶发生战争。

“亲爱的小燕子，”王子说，“你为我讲了好多稀奇的事情，可是更稀奇的还要算那些男男女女们所遭受的苦难。没有什么比苦难更不可思议的了。小燕子，你就到我城市的上空去飞一圈吧，告诉我你在上面都看见了些什么。”

于是燕子飞过了城市上空，看见富人们在自己漂亮的洋楼里寻欢作乐，而乞丐们却坐在大门口忍饥挨饿。他飞进阴暗的小巷，看见饥饿的孩子们露出苍白的小脸没精打采地望着昏暗的街道。就在一座桥的桥洞里面两个孩子相互搂抱着想使彼此温暖一些。“我们好饿呀！”他俩说。“你们不准躺在这儿。”看守高声吼道，两个孩子又蹒跚着朝雨中走去。

随后他飞了回来，把所见的一切告诉给了王子。

“我浑身贴满了上好的黄金片，”王子说，“你把它们一片片地取下来，给我的穷人们送去。活着的人都相信黄金会使他们幸福的。”

燕子将足赤的黄金叶子一片一片地啄了下来，直到快乐王子变得灰暗无光。他又把这些纯金叶片——送给了穷人，孩子们的脸上泛起了红晕，他们在大街上欢欣无比地玩着游戏。“我们现在有面包了！”孩子们喊叫着。

随后下起了雪，白雪过后又迎来了严寒。街道看上去白花花的，像是银子做成的，又明亮又耀眼；长长的冰柱如同水晶做的宝剑垂悬在屋檐下。人人都穿上了皮衣，小孩子们也戴上了红帽子去户外溜冰。

可怜的小燕子觉得越来越冷了，但是他却不愿离开王子，他太爱这位王子了。他只好趁面包师不注意的时候，从面包店门口弄点面包屑充饥，并扑扇着翅膀为自己取暖。

然而最后他也知道自己快要死去了。他剩下的力气只够再飞到王子的肩上一回。“再见了，亲爱的王子！”他喃喃地说，“你愿意让我亲吻你的手吗？”

“我真高兴你终于要飞往埃及去了，小燕子，”王子说，“你在这儿待得时间太长了。不过你得亲我的嘴唇，因为我爱你。”

“我要去的地方不是埃及，”燕子说，“我要去死亡之家。死亡是长眠的兄弟，不是吗？”

接着他亲吻了快乐王子的嘴唇，然后就跌落在王子的脚下，死去了。

就在此刻，雕像体内传出一声奇特的爆裂声，好像有什么东西破碎了。其实是王子的那颗铅做的心已裂成了两半。这的确是一个可怕的寒冷冬日。

第二天一早，市长由市参议员们陪同着散步来到下面的广场。他们走过圆柱的时候，市长抬头看了一眼雕像，“我的天哪！快乐王子怎么如此难看！”他说。

“真是难看极了！”市参议员们异口同声地叫道，他们平时总跟市长一个腔调。说完大家纷纷走上前去细看个明白。

“他剑柄上的红宝石已经掉了，蓝宝石眼珠也不见了，他也不再是黄金的了，”市长说，“实际上，他比一个要饭的乞丐强不了多少！”

“的确比要饭的强不了多少。”市参议员们附和着说。

“还有在他的脚下躺着一只死鸟！”市长继续说，“我们真应该发布一个声明，禁止鸟类死在这个地方。”于是市书记员把这个建议记录了下来。

后来他们就把快乐王子的雕像给推倒了。“既然他已不再美丽，那么也就不再有用了。”大学的美术教授说。

接着他们把雕像放在炉子里熔化了，市长还召集了一次市级的会议来决定如何处理这些金属。“当然，我们必须再铸一个雕像。”他说，“那应该就是我的雕像。”

“我的雕像。”每一位市参议员都争着说，他们还吵了起来。我最后听到人们说起他们时，他们的争吵仍未结束。

“多么稀奇古怪的事！”铸像厂的工头说，“这颗破裂的铅心在炉子里熔化不了。我们只好把它扔掉。”他们便把它扔到了垃圾堆里，死去的那只燕子也躺在那儿。

“把城市里最珍贵的两件东西给我拿来。”上帝对他的一位天使说。于是天使就把铅心和死鸟给上帝带了回来。

“你的选择对极了，”上帝说，“因为在我这天堂的花园里，小鸟可以永远地放声歌唱，而在我那黄金的城堡中，快乐王子可以尽情地赞美我。”

［选自《快乐王子：王尔德童话全集》，（爱尔兰）奥斯卡·王尔德著，王林译，译林出版社，2008年版］

【导读】

奥斯卡·王尔德（1854—1900），爱尔兰作家，被誉为“才子和戏剧家”，王尔德有过人的自信和天赋，虽然他的晚年极为潦倒，但他的艺术成就仍使他成为世界经典的艺术大师。在他创作生涯中《温德米尔夫人的扇子》和《理想的丈夫》等戏剧能代表他事业的巅峰。其创作的9篇童话，结集为《快乐王子和其他故事》、《石榴屋》两部童话集。

《快乐王子和其他故事》是王尔德第一部童话集，包括《快乐王子》、《夜莺与玫瑰》、《自私的巨人》、《忠诚的朋友》和《神奇的火箭》。王尔德的童话讲述性很强，读他的童话犹如听一位说书人娓娓讲述一则生动的故事。《快乐王子》中的美丽灵魂不可避免地面临死亡的结局（王子失掉华丽的外表和灿烂的笑容被扔进锅炉、小燕子冻死），但是他们都因为爱和美而永恒。所以，当美在毁灭的同时，灵魂得到了升华，留给我们的仍是一幅充满了希望的美丽画面。

【思考与练习】

1. 童话反映了“牺牲自我、助人为乐”的主题。通过这一主题作者表达了怎样的人生理想？

2. 上帝对天使说“你的选择对极了”，如何理解这句话？

佛罗伦萨的小抄写员

（意）亚米契斯

这是一个讨人喜欢的佛罗伦萨孩子，叫朱利奥，十二岁，上小学四年级，黑头发，白脸庞，在家里排行老大。他父亲是铁路职员，有一大家子要养活，可工资不高，一家人生活过得很拮据。父亲对朱利奥十分宠爱，什么都顺着他，但在学习方面对他要求严格，希望他毕业后能够早日得到一份工作，来分担家里的负担。为了能早日成才，朱利奥抓紧一切时间，刻苦学习。尽管朱利奥学习已经很用功了，但当父亲的还是不断告诫他要加倍努力。

父亲已经上了年纪，再加上工作特别辛苦，苍老得很快。但是，为了养家糊口，他除了自己必须要做的本职工作之外，还到处寻找兼职工作，为人家抄抄写写，每天晚上都要伏案工作。最近，他从一家出版报纸和连载图书的出版社得到了一份工作，要求他把订户的名字和地址用标准大字抄写在纸条上，每五百个纸条三里拉。这份工作非常累人，父亲常常在吃午饭的时候跟家里人发牢骚，什么“我的眼睛越来越看不清楚了”、“这份兼职工作要了我的命了”之类的话。一天，朱利奥对父亲说：“爸爸，让我替你干吧，你知道，我的字跟你的字一模一样。”可是父亲回答说：“不行，孩子，你得学习呀。上学念书比替我抄东西重要多了，浪费你一个小时的时间都会让我后悔的。谢谢你了，我不能让你干，这件事就不要再说了。”

儿子知道，像这样的事情，再怎么跟父亲说也没用，于是没有再坚持。可他是怎么做的呢？他知道他父亲一般都是在半夜准时停止抄写，走出他的小书房，回到自己的房间去睡觉。这种情况他听到了好几次。一到半夜，挂钟响过十二下，马上就能听到椅子挪动的声音，接着就是父亲缓慢的脚步声。一天夜里，等父亲一上床，儿子就悄悄穿上衣服，摸着黑走进小书房，点亮油灯，坐在堆着白纸条和地址簿的书桌前，模仿着父亲的笔迹抄写起来。这是他非常乐意干的活儿，既高兴又有点害怕，抄好的纸条越积越多。他不时放下笔，搓搓手，然后继续抄写，写得更快了。他一边抄还一边侧耳听听动静，不时发出微笑。他抄写了一百六十张纸条，该有一个里拉了！于是他停了下来，把笔放回原处，熄灭油灯，蹑手蹑脚地回到床上睡觉。

第二天中午，父亲坐在饭桌前心情特别好。他什么都没觉察到。他做抄写纸条的工作就像机器一样，是按钟点计算的，到时间就住手，第二天才去数抄了多少纸条。那天吃饭的时候，他拍着儿子的肩膀说：

“嘿，朱利奥，你父亲还跟以前一样是把好手！昨天晚上，两个小时的时间，我干的活儿足足比平时多出三分之一。我的手还是那么利索，眼睛也还好使。”朱利奥听了心里十分高兴，虽然什么话也没说，但心里想：“我可怜的爸爸，除了能帮他挣钱，我还能让他得到这样的满足，还能让他觉得自己年轻了。那么好吧，继续干吧。”

在成就感的鼓舞下，第二天夜里，钟敲过十二下后，朱利奥又起床跑去抄写。就这样，他干了好几夜。他的父亲还是什么都没有觉察到，只是有一次吃晚饭的时候嘀咕了几句：“真是奇怪了，最近咱家的灯油怎么耗得这么快！”朱利奥听了心里一震，好在父亲没有再说下去。于是，他还是继续在夜里抄写。

然而每天都这么熬夜，朱利奥的睡眠显然就不够了。他早晨起床的时候感到疲倦，晚上做作业的时候困得睁不开眼。终于有一天晚上，他有生以来头一次趴在作业本上睡着了。

“怎么回事？打起精神来！”父亲拍着手冲他喊道，“赶紧写你的作业！”朱利奥被喊醒了，接着写他的作业。可是第二天晚上，以及接下来的几天里，情况还是一样，而且更糟糕。他一看课本就打盹儿，起床起得比平时晚，上课提不起精神来，就好像厌倦学习似的。父亲先是观察他，然后是为他担心，最后是斥责。以前可是从来用不着斥责他的。

一天早上，父亲对儿子说：“朱利奥，你老跟我支支吾吾的，你怎么像变了个人似的。我不喜欢你这个样子。你听着，咱家的希望都寄托在你身上了。你要明白，你的表现让我失望！”

朱利奥从来都没有受到过这么严厉的斥责，他动摇了。“说得没错儿，”他心想，“不能再这样下去了，不能再瞒着父亲了。”

可是那天晚上吃饭的时候，他父亲兴高采烈地说：“你们知道吗，我这个月抄写纸条比上个月多挣了三十二里拉！”说着，他从桌子底下拿出一包点心，这是他为了跟孩子们一起庆祝他得到的额外收入特意买的，大家都鼓起掌来。

于是，朱利奥又恢复了信心，心里说：“可怜的爸爸，我还得接着瞒你。我白天会更努力地学习，但是夜晚我还要为你，为全家人干活儿。”

父亲又说：“多挣了三十二里拉，我真高兴！可是他，”父亲指着朱利奥，“却让我失望。”朱利奥默默地听着父亲的责备，强忍着才没让眼泪流出来，但同时在心里却有一种强烈的愉快感。

朱利奥继续尽力干活儿，但是干这个活儿太辛苦了，日复一日，越来越难以坚持了。两个月下来，父亲还是不断责骂朱利奥，对他越来越没好气。有一天甚至跑到学校找老师了解情况。老师说：“他学还是学，人也聪明，就是不像以前那么上心了，上课打哈欠，打瞌睡，注意力不集中。写作文三言两语，匆匆写完，字也写得潦草。唉，他其实可以学得更好。”

那天晚上，父亲把朱利奥叫到一旁，话说得非常严厉，以前从来没有这么说过他：“朱利奥，你看看我是怎么工作的，为了这个家我没日没夜的，可你却不听我的话，你心里没有我，没有你的弟弟妹妹，没有你的母亲。”

“不是这样，爸爸，不要说了！”朱利奥哭着说，他想把一切都坦白出来，可是父亲打断了他的话说：“咱家的情况你都清楚，你知道人人都要做出努力，人人都要作出牺牲。你看看我，不得不加倍工作。这个月我本来指望铁路上会给我一百里拉的奖金，可是今天早上我得知，这个奖金我拿不到了！”

听到这个消息，朱利奥立刻就把本来都到了嘴边的话咽了回去。他在心里坚定地说："爸爸，我什么都不告诉你了，为了能够帮你干活儿，我得保守秘密。至于我给你带来的痛苦，我会另想办法来补偿。我在学校一定好好学习，争取晋级。现在最重要的是帮你挣钱养家，减轻你的负担，免得你过于劳累。"

又过去了两个月，朱利奥还是在夜里帮父亲干活儿，白天疲惫不堪。父亲仍然不停地责骂儿子。更糟糕的是，父亲对朱利奥越来越冷淡，连话都不愿意跟他多说，还回避与他对视，就好像朱利奥是一个已经指望不上的坏孩子似的。这一切，朱利奥都觉察到了，心里非常痛苦。每次父亲转过身去不理他，他都会偷偷伸出小脸，送去一个吻，心中充满着同情和忧伤。由于痛苦和劳累，朱利奥人变瘦了，脸色变得苍白了，学习越来越吃力。他十分清楚，这样的情况总有一天要结束，每天晚上他都对自己说："今天夜里我不起来了。"可是每当钟敲过十二下，到了他该下决心罢手的时刻，他又感到内疚，躺在床上他觉得好像有一个义务没有尽到，好像偷了父亲和家人一个里拉。于是他又从床上爬起来。他想，不定哪天夜里，他父亲突然醒来，发现他正在干活儿，或者连数了两次抄写的纸条，无意中发现了事情的真相，到那时，无须他主动坦白，一切都将自然而然地结束。他实在没有勇气吐露真情。他仍然这样继续着夜里的工作。

然而有一天晚上，父亲说了一句让朱利奥伤心的话。吃晚饭的时候，母亲看着他，觉得他的脸色比平常更憔悴、更苍白了，就对他说："朱利奥，你是不是病了？"然后转过头去，焦急地对父亲说："朱利奥病了，瞧他的脸色多难看哪！我的孩子，你怎么啦？"

父亲瞥了一眼朱利奥说："精神不振作，身体也好不了。过去他是个勤奋的学生，孝顺的儿子，身体就不是这个样子。"

"可是他现在病了呀！"妈妈喊道。

"我才不管他呢！"父亲回答。

这句话就像刀子扎在心上一样，让可怜的朱利奥难过。唉，父亲再也不管他了！想当初，父亲只要听到他咳嗽一声都会心疼哪。也就是说，父亲现在似乎不再爱朱利奥了，朱利奥在父亲的心里已经无足轻重了……"不，我的父亲，"朱利奥心如刀绞，"现在真是一切都完了，我不能没有你的爱，我要重新得到你的爱，我要把一切都告诉你，不再欺瞒你了，我要像以前那样好好学习，不管发生了什么，只要你还像从前那样爱我就行。这一次我是下定决心了！"

尽管如此，那天夜里，朱利奥还是从床上爬起来了，不为别的，就因为已经习惯了。起来后，他又来到了小书房，这是他带着满足和温情偷偷做了这么多工作的地方，他想在夜深人静的时候再看几眼这个地方，向这个地方道声别。坐在小书桌前，点亮油灯，看着桌上的白纸条，想到自己将不再抄写那些已经熟悉的城市名和人名了，他不禁生出无限的伤感来。他猛地抓起笔，又想像往常那样干起来。然而，他在伸出手的时候碰到了一本书，书掉到了地上。他的血一下子涌到了脑门子上。千万别把父亲吵醒啊！当然，他并没有做什么坏事，而且他已经决定向父亲坦白一切。可是……一想到父亲的脚步声在黑暗中越来越近，一想到自己在这个时候，在寂静中，被抓个正着，一想到母亲会被惊醒，一想到父亲发现这一切之后会多么愧疚，朱利奥害怕了。他屏住呼吸侧耳倾听，什么声音也没听到。他把耳朵凑到身后的门锁孔前，还是什么动静也没有。全家人都在睡觉，父亲什么也没听到。

于是，朱利奥平静下来，接着抄写。纸条越积越多。楼下空旷的街道上传来警察有节奏的脚步声，接着是一辆马车突然停车的嘎吱声，过了一会儿又是一队马车缓慢通过的嘈杂声，再后来是一片寂静，偶尔从远处传来几声狗叫。

朱利奥抄呀写呀。此时此刻，他的父亲就在他的身后。其实书掉到地上的时候父亲就已经听到了，只是他没有马上起来，一直等到那队马车驶过的时候才走进小书房，车队驶过的嘈杂声音盖住了他的脚步声和咯吱作响的开门声。父亲就站在那里，白发苍苍的头凑在朱利奥那一头黑发的小脑袋上方。看着笔在纸条上飞快地移动，父亲一下子全明白了，全想起来了，全理解了，心中不禁生出绝望的愧疚和无限的温情。他一动不动地站在儿子身后，屏住呼吸……突然，朱利奥惊叫了一声，原来是两条颤抖的胳膊搂住了他的脑袋：

“是爸爸！爸爸，原谅我吧，原谅我吧！”朱利奥喊道，他感觉到父亲在啜泣。

“请求原谅的该是我呀。”父亲抽噎着回答，边说边亲吻着儿子的前额，“我全明白了，全知道了，应该是我请求你的原谅呀，我的好孩子，跟我来，跟我来。”父亲轻轻推着朱利奥，甚至可以说是抱着他来到母亲的床前。母亲已经醒了，父亲把朱利奥送到母亲的怀里，说：“好好亲亲咱们这个天使儿子吧，三个月来，他夜里不睡觉，帮着我干活儿，给我们挣钱，可我竟然还伤他的心哪！”母亲把他紧紧搂在怀里，半天说不出话来，好一会儿才开口说：“赶紧睡觉去吧，孩子，赶紧休息去吧，快把他抱到床上去！”

父亲把他抱起来，送回他自己的房间里，把他放在床上，一边喘着气一边给他放好枕头，铺好被子。

“谢谢爸爸，谢谢爸爸！”朱利奥连声说，“你也睡去吧，我心里非常高兴，睡去吧，爸爸！”

然而，父亲还是想看着他入睡。他坐在儿子的床边，抓住他的一只手，对他说："睡吧，孩子，睡吧！"朱利奥实在是累了，很快就睡着了。这一觉睡了好长时间，他几个月来头一次睡得这么安稳，连睡梦中都在笑。他睁开眼睛的时候，太阳早就升起来了。他先是感觉到，紧接着就看到，父亲那白发苍苍的头靠在床栏杆上正在酣睡。原来整整一夜，父亲就是这样度过的——前额靠着朱利奥的前胸。

［选自《爱的教育》，（意）亚米契斯著，徐力源译，中国少年儿童出版社，2006 年版］

【导读】

埃迪蒙托·德·亚米契斯（1846—1908），意大利著名儿童文学作家。亚米契斯的著作《爱的教育》是一部以一个意大利小学生日记形式为主的日记体小说。

《佛罗伦萨的小抄写员》是《爱的教育》中一部尤为知名的短篇小说，作者以优美的文笔叙述了小主人公朱利奥偷偷帮助父亲抄写邮签挣钱的故事。作者对父子之间的深情叙述得细腻生动，达到了理想的境地。

【思考与练习】

1. 小说通过描写小主人公朱利奥默默忍受父亲误解责怪，偷偷帮父亲抄写邮签挣钱养家的事，表现了他怎样的美德？

2. 小说在表现小主人公优秀的思想品质时，是按什么发展顺序进行叙述的？简单说明事件的发展顺序。